Sepp Maier

"Ich bin doch kein Tor"

Hoffmann und Campe

CIP-Kurztitelaufnahme der Deutschen Bibliothek

Maier, Sepp:
„Ich bin doch kein Tor“ / Sepp Maier
1. Auflage – Hamburg: Hoffmann und Campe, 1980
ISBN 3-455-08823-6

Schutzumschlaggestaltung Jan Buchholz und Reni Hinsch
Gesetzt aus der Garamond-Antiqua
Gesamtherstellung Richterdruck, Würzburg
Printed in Germany

Inhalt

Vorwort 9
Anpfiff 13

Nicht auf Rosen gebettet 15
»Stiefel wichsen kann ich schön . . .« 16
Ein Ball aus lauter Lumpen 19
Moare ist an allem schuld 21
Mütterliche Watschn, väterliche Standpauken 23
Ein Tausch unter Brüdern 25
Arbeitslos 26
Ein Doppelleben 29
Ein folgenschwerer Armbruch 30
Was? Der schmale Hering! 32
. . . sind keine Herrenjahre. Wirklich nicht! 34
Wir Kellerkinder 36
Striptease für ein Abendessen 38
Eine Freundin? Gift für junge Spieler! 40
Vor dem Jugendrichter 42
Im Nationaltrikot 44
Tolpatsch auf Freiersfüßen 45
Franz Beckenbauer, Spion in Liebesdingen 48
Ein Fußballer wird erwachsen 53
Meine Freunde, die Herren Reporter 54
Der erste Unfall 57
Der Tod der Mutter 60

Erste Halbzeit 63

Premiere als Profi 65

Tschik Cajkovski 68
Cup der Cupsieger 72
Ein Genie namens Franz 82
Ein böser Dämpfer 85
Die Achse ist komplett 86
Die Angst des Torwarts vor der Agnes 91
Urlaub voller Zittern und Zagen 93
Lokalrivalen 96
Weltmeisterschaft auf der Ersatzbank 101
Statist auf internationaler Bühne 102
Gaudibursch der Fußballnation 105
Alle Sicherungen brennen durch 108
Trainerseelen 111
Alles verboten 112
Lohn der Schinderei 115
Morgens um sieben ist die Welt noch in Dortmund 119
Agressivität im Stadion 122
Weltmeisterschaft: der zweite Anlauf 127
Uns Uwe 130
Die Revanche 133
Ein denkwürdiger Krimi 135
Frischer Wind in München 139
Trainer und Kumpel: Udo Lattek 141
Siamesische Zwillinge: Paul Breitner und Uli Hoeneß 145
Trotz Krankheit im Tor 148
Eskapaden in der Provinz 152
Geld und gute Worte 155
Hobby als Beruf 156
Jetzt ist Schluß mit dem Fußball 158
Aufwärtstrend 160
Gesamtdeutscher Fußballgipfel 161
Fußball als Kriegsersatz 164

Wie die Weltmeister 169
Prämien-Poker 169
Das Kind im Manne 171
»Verdammte Sauferei« 172
Väterchen Franz 175
Auf zum letzten Gefecht ... 178
... und zum Nachspiel 181

Zweite Halbzeit 185

Sinkt das Bayern-Schiff? 187
Frankenstein in Magdeburg 188
Der laufende Meter 193
Ein Traumberuf? 194
Dettis Feuertaufen 199
Wenn einer eine Reise tut 206
Aber das Fleisch ist schwach 211
Der Kaiser in der Krise 211
Das geht auf die Knochen 215
Fußballinvaliden 222
Die Angst des Schützen beim Elfmeter 225
Ulis Fehltritt 225
Zwei Abschiede: Beckenbauer und Cramer 229
Buenas noches, Argentina 233
Die Sternstunde der Kraftbolzer 234
Revolution in München 241
Teile und herrsche 243
Der Präse tritt zurück 247

Schlußpfiff 255

Der Unfall 257
Servus Sepp 277

Für Agnes
Für wen sonst?

Vorwort

Der Linksaußen und der Torwart, das sind immer die Verrückten in einer Fußballmannschaft. Bei dem einen kann im Hirn irgendwas nicht ganz richtig sein, weil er mit dem verkehrten Bein gegen den Ball haut, und der andere muß gleich ein irrer Depp sein, denn wer schmeißt sich auch noch freiwillig in den Dreck?

Ich habe seit meinem fünfzehnten Lebensjahr im Tor gestanden, mich öfter als eine halbe Million Mal in den Dreck geworfen. Läßt das Rückschlüsse auf meinen Geisteszustand zu?

Und da wir gerade bei Zahlen sind: zwanzig Jahre im Tor, vierzehn in der Bundesliga, dreizehn in der Nationalmannschaft. Ein eifriger Beobachter hat es ausgerechnet, das waren 51 120 Minuten Spielzeit bei 473 Einsätzen in der Bundesliga und 95 Begegnungen im Trikot der Bundesrepublik Deutschland.

Was wichtiger ist: In all den Jahren habe ich mir trotz allem, was immer wieder passierte, die Freude am Spiel bewahrt. Natürlich habe ich mit dem Fußball mein Geld verdient, aber zu allem Überfluß hat es mir auch noch Spaß gemacht.

Jetzt ist Schluß damit.

Am 14. Juli 1979 hatte ich meinen Unfall: Sechs Rippen, das Brustbein und der Arm gebrochen, ein Riß im Zwerchfell, die Leber in die Lunge eingedrungen. Eigentlich hätte ich tot sein müssen, sagten die Ärzte. Dusel, nichts als Dusel.

Früher habe ich einmal gesagt: Ich spiele so lange, wie der Franz Beckenbauer und der Gerd Müller mich im Rollstuhl aufs Spielfeld schieben können.

Der harmlose Witz war urplötzlich ein bißchen makaber geworden.

Vielleicht hatte der erzwungene Abschied ja auch sein Gutes. Wer weiß, sonst hätte ich mich vom Verein womöglich überreden lassen, noch lange weiterzumachen, und dabei den Absprung verpaßt. So behält man mich – hoffentlich – wenigstens in guter Erinnerung.

Mein Fußballerleben hat schließlich eh länger gedauert als üblich. Klar, es gibt ein paar Ausnahmen: Fritz Walter und Bobby Charlton spielten noch mit achtunddreißig, mein großes Vorbild Lew Jaschin stand noch als Vierzigjähriger im Tor, und Stanley Matthews hielt gar bis fünfzig durch. Aber damit ist die Liste schon fast erschöpft, mit fünfunddreißig war ich schon einer der Senioren unter den Spitzenspielern.

Normalerweise bist du Anfang dreißig weg vom Fenster – wenn du überhaupt so lange bei der Stange bleibst und nicht vorher mit kaputten Knochen in Rente gehen mußt.

Denn das übersehen die vielen Neider nur allzu gerne, wenn sie sich über unser Einkommen aufregen: Berufsfußball ist ein riskanter Job. Wer am Ende seiner Laufbahn kein halber Krüppel ist, hat verdammtes Glück gehabt. Aber unsere hochbezahlte Arbeit ist auch ein wirtschaftliches Risiko: Wenn ein Spieler es in seinen zehn, höchstens zwölf aktiven Jahren nicht schafft, für den Rest seines Lebens vorzusorgen, ist er angeschmiert. Denn während andere sich eine Existenz aufbauten, hat er ja Fußball gespielt.

Noch ein Vorteil des verfrühten Abbruchs: Zum erstenmal in meinem erwachsenen Leben habe ich Zeit für mich, für meine Familie. Meine Tochter Alexandra, immerhin neun Jahre alt, kannte ich ja kaum. Als sie geboren wurde, war ich gerade mit der Nationalmannschaft auf dem Balkan unterwegs, danach bekam sie mich höchstens eine halbe Stunde am Tag zu sehen.

»Fußball ist unser Leben« ist nicht nur der Titel einer Schallplatte, die wir einmal aufgenommen haben. Es ist die nüchterne, häufig nur schwer zu verkraftende Wirklichkeit.

Einen weiteren Luxus, der vorher undenkbar war, kann ich mir jetzt leisten: Ich habe Zeit nachzudenken.

Dabei fallen mir dann eben nicht nur die überwältigenden Triumphe ein, die Hattricks, die gehaltenen Elfmeter. Diese Höhepunkte hat es in meinen mehr als fünfzehn Profi-Jahren natürlich zuhauf gegeben. Aber in der gleichen Zeit mußte ich auch jede Menge Tiefschläge wegstecken, vieles runterschlucken, immer wieder die Zähne zusammenbeißen. Ich habe es erlebt, daß hochbegabte Spieler an diesem Beruf kaputtgingen, daß Mannschaftskameraden aus Brotneid übereinander herfielen, daß menschlich und sportlich hervorragende Trainer und Fußballer über Nacht abserviert wurden und in Nullkommanichts vergessen waren.

Nachdenken konnte ich jetzt auch über den Menschen Sepp Maier, den kaum einer kennt, der über dem Ballfänger und Gaudiburschen der Nation ständig vergessen wird. Nur der Franz Beckenbauer hat das gespannt: »Sepp Maier ist ein Mann, der gegen sein Mißtrauen ankämpfen muß. Seine Heiterkeit hat immer auch einen ernsten Hintergrund, er braucht sie, um Schwierigkeiten zu überwinden«, hat er einmal geschrieben.

Aber so ernst und besinnlich wollen wir gleich zu Beginn auch wieder nicht sein.

Jedenfalls habe ich das, was mir in diesem letzten Jahr seit dem 14. Juli 1979 so eingefallen ist, einfach zusammengeschrieben. Dieses Buch enthält, was mir aus meinem Fußballerleben beachtenswert erscheint, nicht immer systematisch, von den Anfängen in Haar bis zu meinem Abschiedsspiel am 3. Juni 1980.

Auf geht's.

Anpfiff

Nicht auf Rosen gebettet

»Du gehörst nach Haar« oder »Der ist wohl aus Haar entsprungen« sind Redewendungen, bei denen in Bayern jeder weiß, was gemeint ist. Haar beherbergt nämlich die bekannteste Nervenklinik des Freistaates. Dort bin ich aufgewachsen. Und das bekam ich während meiner Jugend auch ständig auf die Semmel geschmiert.

Haar liegt im Einzugsgebiet von München, an der Bahnlinie nach Rosenheim. Heute ist es ein Wohnsilo, bei Kriegsende war es ein Dorf mit knapp 8000 Einwohnern, darunter sogar ein paar Evangelische. Meine Mutter war Pflegerin in der »Anstalt«, und mein Vater arbeitete dort in der Verwaltung.

Sie hieß Maria, er hörte auf den Namen Josef – also schien die glückliche Verbindung schon von anderer Stelle vorherbestimmt. Doch was Maria und Josef von Haar in die Welt gesetzt hatten, war alles andere als ein liebes, vom Himmel auserkorenes Jesulein.

Immerhin wurde auch ich in der Fremde geboren. Weil der Vater mit nur geringer Begeisterung das Großdeutsche Reich verteidigen half, kehrte die Mutter sicherheitshalber mit dem ältesten Sohn Horst zurück in ihr Heimatdorf: Metten in Niederbayern. Das lag nicht so dicht bei der Großstadt, da wurde nicht soviel gebombt und geschossen. Die Wahrscheinlichkeit, den Endsieg zu überleben, war entsprechend höher.

Dort bekam sie am 28. Februar 1944 wieder Nachwuchs, wieder einen Buben, den der Pfarrer auf den Namen Josef Dieter taufte.

Der Name hat mich schon damals so gründlich geärgert, daß ich mitten in der feierlichen Zeremonie lauthals zu brüllen anfing. Aha, haben die Leute eingesehen, mit dem Burschen muß man behutsam umgehen. Also probierten sie es mit »Sepp«, sahen meine freundliche Reaktion. Und dabei ist es dann geblieben. Sepp Maier, bitte sehr, mit weichem ai. Den Josef Dieter wollen wir schnell wieder vergessen.

1947 kam der Vater aus der Gefangenschaft zurück, nahm den Posten in der Klinik wieder an. Die ganze Familie kehrte heim nach Haar.

»Stiefel wichsen kann ich schön . . .«

Ich erinnere mich noch genau an unsere erste Wohnung in der Bahnhofstraße. Morgens ging der vier Jahre ältere Horst schon in die Schule, während ich Knirps in den Kindergarten direkt unter unserer Wohnung trottete. Das Fräulein wollte unsere Gedanken von den ständig knurrenden Mägen ablenken, und dafür waren ihr die Schmankerln aus dem Schatzkästlein des altbayerischen Kulturguts gerade recht. Wir büffelten an einem Theaterstück, und ich mußte einen etwas merkwürdigen Text aufsagen, irgend etwas vom Stiefelputzen.

Die Stunde der ersten Aufführung: große Aufregung, alle Familien, alles, was in Haar gut und teuer war, hatte sich eingefunden.

Stiefel und Bürste in der Hand, stand ich auf der zusammengebastelten Bühne, sollte eine Probe meines schauspielerischen Könnens liefern. »Stiefel wichsen kann ich schön . . .« Weiter kam ich nicht. Der Text war wie weggeblasen. Alles wurde zappenduster. Feierabend.

Meine kleinen Mitspieler meinten es gut mit mir, zischelten mir alle möglichen Sätze zu. Ein Riesendurcheinander war das. Ich verstand überhaupt nichts mehr, putzte verbissen meine Stiefel und heulte dann vor lauter Wut los.

Trotzdem war der Hang zur Schauspielerei damit geweckt. Außerdem habe ich mir damals noch etwas in meinen winzigen Dickschädel gesetzt: Nie wieder würde ich mich auslachen lassen. Wenn du vor Publikum auftrittst, mußt du an dir arbeiten. So hat dieses an sich lächerliche Kindheitserlebnis sicher dazu beigetragen, einen Grundzug meines Charakters zu prägen: Was du anpackst, mußt du auch zu Ende bringen – und es möglichst besser machen als die Konkurrenz.

Auf meinen späteren Beruf übertragen, hieß das: eiserner Fleiß im Training, weitermachen bis zum Umfallen, niemals aufgeben. Alles andere, die große Show auf dem Platz, der elegante Flug durch den Torraum – das kommt dann von selber.

Denn Profi-Fußball bedeutet vor allem eines: Das Publikum sucht die Identifikation mit dem Spieler, mit der Mannschaft, die Aufregung, die Emotionen, die jeden Zuschauer aus seinem Alltagstrott herausreißen.

Wenn wir eine solche Atmosphäre im Stadion schaffen wollen, müssen wir dafür beträchtliche Opfer bringen. Wir trainieren wie die Verrückten, Woche für Woche tragen wir unsere Haut zu Markte, riskieren unsere Gesundheit und damit die Existenz unserer Familien. Sicher werden wir hoch bezahlt dafür. Aber wie lange? Fünf Jahre, acht Jahre, zehn Jahre? In dieser Zeit ist unsereins gezwungen, sich den Grundstock zu schaffen für das spätere Leben, für die Jahre danach. Denn die Zeit, in der wir Höchstleistungen bringen können, sind die kostbarsten Jahre überhaupt. Das sind die Jahre, in denen die Weichen für den weiteren Werdegang gestellt werden, Jahre, in denen andere ihre Berufsausbildung abschließen.

Und wir, die Berufsfußballer, die angeblich Verhätschelten der Nation, denen das Geld nur so nachgeschmissen wird? Welchen Stellenwert genießen wir in der heutigen Gesellschaft? Nehmen wir die großen Vereine der Bundesliga. Jeder Club hat seine Jugendmannschaften mit drei- bis vierhundert Aktiven. Diese Zahl muß man mit achtzehn multiplizieren. Bei einem Schnitt von ungefähr dreihundert Jugendlichen kommen wir auf über fünftausend Spieler, von denen die meisten hoffen, mal in der ersten Mannschaft zu spielen. Wie viele bringen es dann zum Stammspieler, wie viele halten sich die erforderlichen Jahre in den Clubs, und wer wird schon Nationalspieler? Von diesen wenigen bringen es nur ein paar zum Stammspieler der Nationalmannschaft.

Und erst dann fangen sie an, wirklich Geld zu verdienen. Das unendlich große Heer der Namenlosen, das sich genau wie wir Woche für Woche im Training zerreißt, ein Fußballeben lang auf die Chance hofft, Gesundheit und Jahre für ein Traumziel opfert, sollte jeden Spötter zum Schweigen bringen, der immer wieder behauptet: »Fußballer? Na ja. Was man nicht im Kopf hat, das hat man in den Beinen.«

Die gnadenlose Auslese, die Woche für Woche nur den Besten auf dem Platz überleben läßt, ist genauso brutal und um einiges ehrlicher als die Machtkämpfe in den Chefetagen der großen Wirtschaftsunternehmen.

Ein Ball aus lauter Lumpen

Fünf Jahre war ich alt, da ging es los mit dem Fußball. Kindergartenalter. Unser Ball war zusammengenäht aus alten Lumpen, aber wir haben ihn geliebt wie die Kinder heutzutage die elektrische Eisenbahn. Ich war schon immer ein gelenkiger Kerl, ging in den Turnverein und machte da gleich Furore. Man muß sich das mal vorstellen, ein Dreikäsehoch, noch nicht mal in der Schule, aber schon Haarer Superstar am Barren, beim Bockspringen und im Bodenturnen. Später habe ich es dann sogar zum Kreisjugendmeister gebracht. Die Urkunde hab' ich heute noch.

Mein ehrgeiziges Ziel auf dem Fußballplatz hieß: Sepp Maier, der berühmte Mittelstürmer. Tore wollte ich machen, nie im Leben welche verhüten. Mein Instinkt muß mir das damals zugeflüstert haben. Umjubelt wird der, der die Tore schießt. Knallt er ein paarmal neben den Kasten, wird ihm das beim ersten Treffer wieder verziehen. Der Torwart dagegen kann 89 Minuten halten wie ein Weltmeister. Dann macht er einen kleinen, unkorrigierbaren Fehler, und schon ist er der Tor der Nation. Soweit habe ich damals mit meinen fünf, sechs, sieben, acht Jahren natürlich nicht gedacht, dennoch, ins Tor ging ich immer nur dann, wenn der etatmäßige Torwart keine Lust hatte, wenn das Spiel zu scheitern drohte, oder – wenn es richtig dreckig war. Da hatte ich meinen Spaß dran, mich richtig reinzuschmeißen, daß der Schlamm nur so spritzte.

Man erinnere sich. Wir sind noch immer in der Nachkriegszeit. Das Wirtschaftswunder nimmt schon Konturen an, hat die Familie Maier aber übersehen. Mein Vater verdiente zwar recht gut – so um die fünfhundert Mark im Monat –, aber wir hatten inzwischen nochmals Familienzuwachs bekommen. Mit dem Hans, der vier Jahre jünger ist als ich, waren wir jetzt drei Brüder. Da hieß es rechnen mit jeder Mark. Und so wurde nur der Große jedes Jahr neu eingekleidet, und wenn ich dann in seine Sachen hineingewachsen war, mußte ich sie auftragen, egal, ob Anzug, Hemd oder Schuhe.

Nun habe ich im Sommer sowieso nie Schuhe getragen, da bin ich immer barfuß rumgelaufen. Und an Kleidern hatten wir alle nur ein Schulgewand und ein Sonntagsgewand. Aber ich war so irrsinnig wütend, weil ich dauernd die alten Klamotten meines Bruders anziehen mußte, so stocksauer, daß ich sie mit Fleiß ruiniert habe.

Mittags um zwölf war die Schule aus, und bis drei Uhr sind wird dann auf der Wiese rumgesprungen, haben aus den Ranzen Tore gebaut. Da war was los, das kannst du dir nicht vorstellen. Mit Wonne habe ich mich in den Dreck geschmissen, am schönsten fand ich es, wenn es ordentlich geregnet hatte, wenn ich mich im Morast richtig suhlen konnte.

Wie ich ausschaute, wenn ich dann heimkam, kann sich jeder leicht ausmalen. Da war die Hölle los, es hagelte Watschn und Vorwürfe: »Der Horst hat das Gewand monatelang getragen, du bloß einen Tag, und schon ist alles völlig hin, lauter Löcher, alles in Fetzen!«

Das war's ja gerade! Ich konnte es halt nicht ausstehen, die gebrauchten Sachen meines Bruders aufzutragen. Dadurch fühlte ich mich zurückgesetzt, zweitrangig, wie einer aus dem letzten Glied, und das habe ich noch nie leiden können. Auch wenn es mir damals noch nicht klar war, aber wahrscheinlich wollte ich meine Mutter für diese Benachteiligung bestrafen.

Sobald ihr ärgster Zorn verraucht war, hat die Ärmste sich alle Mühe gegeben, die Sachen wieder zusammenzuflicken. Und ich? Kaum hatte ich die Kleider wieder an, da ging es ab in den Garten. Wir waren inzwischen nämlich umgezogen, bewohnten eine schöne Dienstwohnung mit einem großen Garten und einer ewig langen Mauer.

Gegen die habe ich dann geschossen und bin den Bällen nachgehechtet, immer dahin, wo es am dreckigsten war. Torwarttraining nannte ich das, um meine Mutter wieder zu beruhigen. Damals habe ich meine Reflexe geweckt und geschärft. Ich bin sicher, mein kindlicher Trotzkopf war ein Meilenstein zum späteren Weltmeister.

Moare ist an allem schuld

Vor dem Fußballspielen mußte ich notgedrungen jeden Morgen in die Schule. Das fand ich aber nicht einmal besonders lästig, denn ich hatte ein so gutes Verhältnis zu meinen Lehrern, daß ich als Kind selber Lehrer werden wollte.

Dabei war ich immer der Sündenbock. Wenn einer was ausgefressen hatte, aber noch kein Täter feststand, war regelmäßig ich der Schuldige.

»Moare«, brüllte Lehrer Meisel dann. Und wenn Meisel bei offenem Fenster brüllte, war das in einem Umkreis von zweihundert Metern deutlich zu hören. »Moare, was hast wieder angestellt?«

Na ja, völlig grundlos war der Verdacht meistens nicht. In achtzig Prozent der Fälle war ich tatsächlich der Übeltäter gewesen. Zur Strafe mußte ich dauernd nachsitzen. Auf diese Weise habe ich mindestens ein Schuljahr zusätzlich abgesessen.

Oder es setzte die gefürchteten »Tatzn«, die zischenden Stockschläge auf die Hand.

»Komm raus! Kriegst a Tatzn.«

»Na, i mag net.«

»Wart, i hoi di ab!«

Unter großem Hallo wurde dann Fangen gespielt, Lehrer Meisel immer dicht hinter mir, quer über die Bänke.

Mein Vater brachte mir aus der Klinik immer die schönen Halbmeterlineale mit, damit konnte ich lange Striche ziehen, ohne abzusetzen. Die mißbrauchte Meisel dann für seine Strafaktionen. Drei Stück hat er mir zerbrochen.

Ein Trost: Ich bekam die Tatzn immer nur auf die linke Hand. Mit der Rechten mußte ich schließlich schreiben.

Für meine Eltern war ich schon eine rechte Plage. Als fromme, gottesfürchtige Leute bestanden sie darauf, daß ich regelmäßig in die Kirche ging. Wenn ich am Sonntagnachmittag nach Hause kam, fragten sie mich immer, was der Pfarrer denn angehabt habe. Das Gewand wechselte der ja ständig. Also habe ich mich vor der Kirche auf die Lauer gelegt, mir die Farbe des Kragens gemerkt – und bin abgehauen zum Fußballspielen.

Ein paarmal habe ich versucht, diese umständliche Prozedur zu vereinfachen. Denn der Horst ging eh immer in die Kirche, und da fand ich, er könnte mir einen brüderlichen Gefallen erweisen und mir verraten, was der Herr Pfarrer angehabt hatte. Aber da war nichts drin. »Kommt nicht in Frage. Du gehst gefälligst selber zur Messe.« Richtig grantig konnte der werden.

Später erfuhr ich von meinen Schulkameraden, die als Ministranten Dienst taten, daß sie abends und vor allem sonntags immer die Glocken läuten durften. Das war eine große Sache. Sechs bis sieben Meter zum Anziehen, und wenn die große Glocke dann in Schwung kam und man sich am Zugseil festhielt, hat es einen immer hinaufgerissen, an die drei bis vier Meter in die Höhe. So einen Spaß konnte ich mir nicht entgehen lassen.

Also wurde ich Ministrant.

Das war eine Konkurrenz. Wir waren zehn Buben, jeder wollte läuten, aber der Mesner hat immer nur zwei, am Sonntag vier von uns gebraucht.

Und wenn ich da nicht dabei war – mein Gott, war ich dann sauer! Nach drei Wochen hatte ich die Nase voll und bin wieder abgesprungen.

Von da an habe ich die Kirche regelmäßig geschwänzt. Bis ich zur Beichte mußte. Den Herrn Pfarrer konnte ich nicht anlügen, und um seinen Vorwürfen zu entgehen, bin ich in den Wochen vor der Beichte wieder in die Kirche gegangen. Das war ausgerechnet zur Zeit der Maiandacht. Jeden Abend in die Kirche. Ich war froh, als der Mai vorbei war und ich in meiner freien Zeit wieder Fußball spielen konnte, sehr zum Mißvergnügen meiner Mutter, die jetzt wieder einen Berg Wäsche zu bewältigen hatte.

Damals gab's bei uns keine Waschmaschine. Jeden Freitagabend wurde im Keller der große Kessel aufgesetzt. Da ging es drunter und drüber. Mein Vater ist an diesen Abenden erst gar nicht nach Hause gekommen.

Als Bub weiß man das alles natürlich nicht so recht zu würdigen, aber wenn ich jetzt zurückblicke, muß ich schon sagen, daß meine Eltern jede Menge Opfer für meine Fußball-Leidenschaft gebracht haben.

Mütterliche Watschn, väterliche Standpauken

Damals war halt alles noch viel härter als heutzutage, wo die Vereine sogar den Jugendspielern die gesamte Ausrüstung besorgen und in Schuß halten. Als ich bereits beim

FC Bayern in der Jugend spielte, mußten wir Spielgewand und Trainingsanzug immer zum Waschen mit nach Hause nehmen. Wenn ich dann häufig erst um Mitternacht heimkam, hat die Mutter sich glatt noch hingestellt und die verdreckten Klamotten picobello gewaschen. Der Vater hat mir dann die Fußballstiefel geputzt. Am nächsten Morgen lag alles geschniegelt und gebügelt in der Tasche. Ich brauchte mich um nichts zu kümmern.

Meine Mutter hatte ja schon Jahre vorher, als der Horst geboren wurde, mit der Arbeit als Krankenpflegerin aufgehört, aber mit drei Bazis wie uns war sie in dieser verrückten, hektischen Nachkriegszeit natürlich trotzdem überarbeitet und nervös. Wenn's irgend etwas gab, hat sie nicht lange nachgefragt, sondern erst einmal zugehauen. Mei, die war vielleicht schlagfertig, eine echte Virtuosin der altbayerischen Watschn! Batsch, batsch, jeden Tag gab es ein paarmal Zunder, das gehörte richtig zum Tagesablauf, daran waren wir einfach gewöhnt. Gerecht wurden die Prügel auf meinen großen Bruder und mich verteilt, nur der Kleine bekam weniger ab.

Vom Vater habe ich weniger Schelte und Schläge gekriegt, aber wenn der mal loslegte, dann flogen die Fetzen, da hat's gestaubt, daß einem die Seele aufging. Außerdem hatte der so eine Art, uns Buben ernst oder betrübt anzusehen, das war viel schlimmer als jede deftige Tracht.

Meine Mutter war eine ganz schmächtige, zierliche Frau, aber durchgesetzt hat die sich schon, da brauchst dir nichts denken. Trotzdem, wenn ich irgendein Problem hatte, bin ich immer zu ihr gegangen, nicht zum Vater. Bei ihr fand ich immer ein offenes Ohr. Nur wenn es ums Essen ging, war jede Diskussion sinnlos.

Samstags haben wir beispielsweise regelmäßig sehr spät zu Mittag gegessen, so gegen zwei Uhr. Aber die Jugendvorstellung im Kino fing schon um halb eins an – »Zorros Geisterreiter« und solche Schinken. Mein Gott, ums Verrecken gern wäre ich da reingegangen. Kurz nach zwölf standen meine Spezis an der Haustür.

»Sepp, kommst mit ins Kino?«

»Nein, ich muß essen.«

Damit war der Tag für mich gestorben. Die anderen im Kino, ich bei den breiten Nudeln mit Tomatensoße. Die gab es ausnahmslos jeden Freitag, und am nächsten Tag wurden sie noch einmal aufgewärmt. Noch heute wird mir ganz schummerig, wenn ich an dieses Gericht nur denke.

Ein Tausch unter Brüdern

Ich war sechs Jahre alt, da schenkte mir der Vater zu Weihnachten eine Uhr. Der Horst bekam einen Fußball.

Eine Uhr ist ja viel mehr wert, aber ich war so enttäuscht über das Geschenk, daß mir beinahe die Tränen kamen. Ich wollte unbedingt den Ball haben.

Wenn ich irgendwas wirklich will, dann kann ich sehr hartnäckig sein. Ich weiß heute nicht mehr, mit welchen Mitteln ich es geschafft habe, aber schließlich konnte ich den Bruder zum Tausch überreden. Ball gegen Uhr.

Ich war am Ziel meiner Wünsche.

Jetzt war etwas los.

Zum erstenmal in meinem Leben kostete ich ein gewisses Machtgefühl aus. Ich hatte etwas, was die anderen heftig begehrten. Wer an meinem kostbaren Besitz teilhaben wollte, der mußte sich meinen Regeln unterwerfen. Das hieß, ich diktierte die Mannschaftsaufstellung, bestimmte, wer kicken durfte und wer Fan spielen mußte.

Das war eine interessante Erfahrung. Buben, die ich kaum kannte, mit denen ich selten etwas zu tun gehabt hatte, waren plötzlich übermäßig freundlich zu mir. Man las mir die bescheidensten Wünsche von den Augen ab, ließ mich beispielsweise vor dem Schulunterricht die Hausaufgaben abschreiben, man lachte über meine Witze und spendierte mir ab und zu ein Pausenbrot.

Das war im kleinen ein Vorgriff auf die Welt der Erwachsenen, wo der Chef eines Unternehmens oder ein Prominenter ebenso hofiert wird wie damals der Maier Sepp mit seinem Ball.

Nur habe ich mich nie korrumpieren lassen. Bei mir spielte immer nur der Beste, was mich nicht hinderte, die Aufmerksamkeiten der anderen zu akzeptieren. Schließlich muß man mit allen zurechtkommen. Verkrachen konnte ich mich mit niemandem. Was hätte mir schließlich der Ball genutzt, wenn ich keine Mitspieler gehabt hätte?

Der Ball war mein Heiligtum. Jeden Abend habe ich ihn poliert, vor jedem Spiel wurde er eingefettet. Sogar ins Bett habe ich ihn mitgenommen. Ich war halt richtig verliebt.

Arbeitslos

Gespielt haben wir immer auf der Wiese vor unserem Haus. Da war nur ein Riesenproblem: Wir hatten keine richtigen Tore auf dem Bolzplatz, immer nur Wäschestangen, die bei jedem Lattenschuß umknickten. Wenn die Frauen Waschtag hatten, dann war es aus mit dem Fußball. So was ist natürlich kein Zustand. In der Spielerversammlung haben wir es dann beschlossen: richtige Tore müssen her.

In der Nähe von unserem Bolzplatz gab es ein Sägewerk. Heimlich sind wir da reingeschlichen und haben uns die passenden Balken ausgesucht und weggeschleppt. Eine Dummheit war das, so kurz nach dem Krieg, wo doch alle Dinge streng rationiert waren. Wir haben uns natürlich nichts dabei gedacht.

Im nachhinein könnte man darüber lachen, hätte uns nicht mein Vater beim Holzschleppen überrascht. Wir waren doch alle schmächtige, kleine Buben, die keuchend und mit angeschwollenen Stirnadern die Last zum Bolzplatz bugsierten. Der Vater schüttelte erst den Kopf, als er uns sah, dann spuckte er kräftig in die Hände, nahm uns die Balken ab und brachte sie für uns auf die Wiese. Ein sogenannter Spezi der Familie – noch heute ein wichtiger Mann in Haar – hat ihn daraufhin angezeigt.

Holzdiebstahl. Ein schweres Vergehen.

Die Sache zog weite Kreise und kam auch der Anstaltsleitung zu Ohren. Mein Vater wurde entlassen. Wir verloren die Dienstwohnung. Vier Jahre lang war er arbeitslos. Und das alles nur wegen meiner Leidenschaft für den Fußball.

Harte Zeiten waren für uns angebrochen.

Nachkriegszeit, Vater arbeitslos, die Mutter den Haushalt und die Kinder am Hals. Von jetzt an war Schmalhans Küchenmeister. Ein Glück, daß es Onkel Emil und Tante Liesl gab, die jede Woche mit Schokolade, Bonbons, Obst ankamen und uns zu Weihnachten und Ostern reichlich beschenkten. Und den Onkel Alfons, der in Metten ein Fuhrunternehmen betrieb, Holzladungen zu den Papierfabriken im bayerischen Raum transportierte und einmal pro Woche mit seinen Beifahrern bei uns Station machte. Er gab meiner Mutter Geld, sagte, er würde am nächsten Tag mit seinen Leuten vorbeikommen.

»Koch uns was, Maria.« Dabei sah er uns Buben an.

»Was wollt ihr denn essen?«

»Ah, Gulasch«, kam's zurück wie aus einem Munde. Denn das Geld reichte immer für einen Riesentopf, und wir hatten dann noch ein paar Tage was gegen den gröbsten Hunger.

Der Vater hatte nun zwangsläufig viel freie Zeit, sich mit uns zu beschäftigen. Im Garten hinter dem Haus schoß er mir die Bälle zu, prüfte meine Form. Und das war nötig. Schließlich spielte ich mit meinen acht Jahren schon als Feldspieler in der Schülermannschaft des TSV Haar.

Ein Doppelleben

Damals dachte ich natürlich nicht mal im Traum daran, Fußballspielen zu meinem Beruf zu machen. Das war bei mir ganz einfach Spaß an der Bewegung, Freude am Spiel. Schließlich war ich auch noch ein begabter Turner, und meine Begeisterung für körperliche Betätigung kannte damals keine besonderen Vorlieben. Das ging so weit, daß ich – als man mir im Fußballverein sagte, für die Schülermannschaft des TSV sei ich noch zu jung – kurzerhand beschloß, den Ball erst einmal Ball sein zu lassen und zu turnen. Aber der Heiß Franz, unser damaliger Jugendleiter, muß das Talent in mir gewittert haben. Jedenfalls beantragte und erhielt er vom Bayerischen Fußballverband für mich eine Sondergenehmigung. Mit acht Jahren in die Schülermannschaft, wo andere erst mit zehn hindurften. Das war eine tolle Sache. Von da an spielte ich jede Position im Feld. Im Tor habe ich nur ab und zu während des Trainings ausgeholfen. Wenn sie mir dann ein paar Tore reingehauen haben, wollte ich nicht mehr. Selber Tore schießen, Stürmer sein, das war mein erklärtes Ziel. Bloß nicht ins Tor.

In der Schülermannschaft fing das technische Training an. Den Ball stoppen und köpfen, mit der Brust stoppen, dann den Ball mitnehmen, Torschuß aus vollem Lauf. Kondition haben wir nie trainiert. Die hatte jeder von uns. Wir haben ohnehin täglich drei bis vier Stunden auf der Wiese Fußball gespielt. Weiß nicht mehr, wie ich das ausgehalten habe. Nichts im Magen, aber gerannt, geschossen, geschwitzt, ohne jede Müdigkeitserscheinung.

Wenn ich mir dagegen heute das Jugendtraining anschaue, kann ich nur den Kopf schütteln. Die werden gedrillt, lernen Disziplin, Hände an die Hosennaht, Deutschlandlied vorwärts und rückwärts. Und vor allem bolzen sie Kondition. Zehn- bis fünfzehnmal dreißig Meter hohe Hügel rauf und runter. Dann die Dauerläufe, beinahe wie die Profis. Das ist der reinste Unfug. Sollen sie sich doch die Kondition während des Spiels aneignen, so wie wir das gemacht haben. Dabei verbindet sich der natürliche Spieltrieb mit einem gesunden Aufbau der Muskulatur.

Ein folgenschwerer Armbruch

Mit vierzehn Jahren begann ich meine Lehre bei den Wandererwerken in Haar. Maschinenschlosser, das ist ein solider Beruf, meinte der Vater, der inzwischen wieder eine Anstellung gefunden hatte.

Er arbeitete – zuerst schwarz, dann regulär – in einem Elektrogeschäft, und somit waren wir die ersten in Haar, die einen Fernseher zu Hause hatten. In der Zeit damals kamen die ersten großen Fußballübertragungen. Natürlich hatte ich die Nase immer an der Mattscheibe. Und da sah ich das erste Mal den großen Jaschin. Damals war es noch erlaubt, den Torwart im Fünfmeterraum anzugehen, und Jaschin hatte die Gewohnheit entwickelt, den Ball zu fangen, sich auf die Knie fallenzulassen, den Kopf einzuziehen, so daß es beinahe aussah, als wollte er sich zwischen den Schultern verkriechen. Als ich dann wieder rausging und an irgendeiner Mauer mein privates Torwarttraining aufnahm, knallte ich den Ball gegen die Wand, hechtete dem Ball hinterher, ließ mich fallen und zog den Kopf ein, obwohl kein Mensch, der mich hätte treten können, in der Nähe war. Wer mich damals beobachtet hat, der dachte sicher: »Aha, einer aus der Anstalt.«

Das erste Lehrjahr war gerade vorbei, da fand ein denkwürdiges Pokalspiel statt. TSV Haar gegen die zweite Jugendmannschaft vom FC Bayern München. Und wie es das Schicksal so wollte – im Training hatte der etatmäßige Torwart unserer Mannschaft, der Göschl Ludwig, sich die Hand gebrochen. Nun stand unser Jugendleiter da und hatte keinen Tormann. Weiß der Himmel, wie er gerade auf seinen Mittelstürmer verfallen ist, aber es ist nun mal passiert.

»Sepp, du mußt ins Tor.«

»Was, ich? Ich hab' doch gar kein Training. Nein, Herr Heiß, das können Sie mir nicht antun. Ich komm' ja kaum zur Torlatte rauf.«

»Das ist mir wurscht. Gegen die Bayern verlieren wir sowieso.«

Nach diesen aufmunternden Worten stellte ich mich also zwischen die Pfosten.

Wir haben 0:12 verloren.

Aber der Reinfall hat mir eher genutzt als geschadet. Denn der Bayerntrainer, der Weiß Rudi, war ganz begeistert von mir.

»Wie heißt denn du?«

»Ich bin der Herr Maier.«

»Schmarrn. Deinen Vornamen will ich wissen.«

»Sepp. Aber wenn Sie meinen, daß ich mich von Ihnen jetzt auslachen lasse . . . Ich bin gar kein Torwart.«

Er sah mich lange an, zwinkerte mir zu und sagte: »Weißt du was? Ohne dich hätten die Haarer 25 oder 30:0 verloren.«

Mir blieb die Luft weg, und er war plötzlich ernst. »Willst du nicht zum FC Bayern kommen?«

An seinem ernsten Ton merkte ich, daß er wirklich meinte, was er sagte.

»Aber ich bin doch ein Feldspieler, der beste Stürmer von Haar.«

»Du bist der geborene Torwart. Du hast die Reflexe und den Instinkt.«

Ich war noch immer wie benommen. »Aber zum FC Bayern? Da spielen doch drei- oder vierhundert Burschen in der Jugend. Da komme ich doch nie zum Zug.«

»Ich weiß nicht, wie fleißig du bist, Sepp. Aber Qualität setzt sich überall durch. Und die scharfe Konkurrenz erst macht den Klassespieler.« Er gab mir die Hand, schlug mir auf die Schulter. »Überleg dir's gut. Und wenn du willst . . . Du bist willkommen.«

Was? Der schmale Hering!

Weg war er. Und ich stand da wie der berühmte Ochs vorm Berg. Was sollte ich bloß machen? Weg vom Dorfverein, wo mich jeder kannte? Zum FC Bayern? Aber der Trainer hatte ja gesagt, daß man nur am Widerstand wächst. Das sah ich alles ein. Aber von Haar zur Säbener Straße, zur Anlage der Münchner Bayern, das sind gut und gerne fünfundzwanzig Kilometer. Ich hatte nicht einmal ein Fahrrad, und die öffentlichen Verkehrsverbindungen waren damals noch ziemlich unterentwickelt.

Also nutzte ich meine Bedenkzeit und blieb vorerst, wo ich war. Als Feldspieler beim TSV. Der Göschl Ludwig war inzwischen wieder gesund, und ich freute mich über meine Erfolge als Torjäger.

Da schlug das Schicksal ein zweites Mal zu. Eines schönen Tages brachte der Postbote einen Brief vom Bayerischen Fußballverband: ». . . laden wir hiermit Herrn Sepp Maier ein, als Torwart Nummer eins die oberbayerische Jugendauswahl im Spiel gegen Salzburg zu vertreten. Treffpunkt: Sonntagfrüh, acht Uhr, am Stiglmayerplatz . . .« Unterschrift: Rudi Weiß, FC Bayern München.

Das war's. Und da konnte ich natürlich nicht widerstehen. Als ich zum Treffpunkt kam, haben sich die anderen über mich totgelacht. »Das soll ein Torwart sein? Der schmale Hering? Schau dir mal deinen Konkurrenten an. Den Joppa von Bayern München.«

Das war natürlich ein Kerl. Wie wir in Bayern zu sagen pflegen, ein richtiger Lackl. Kunststück, der war auch schon achtzehn Jahre alt.

Es hat geregnet und geschüttet, was der Himmel nur hergab, als wir in Salzburg eintrafen. Der Joppa stand in der ersten Halbzeit zwischen den Pfosten, und als wir 1:0 führten, schickte der Weiß mich ins Tor. Wieder haben die Leute gelacht, als sie mich sahen. »Hoffentlich wird der nicht angeschossen, der fliegt mitsamt dem Ball durch die Maschen.« Langsam bekam ich eine Mordswut.

Ich habe mich in den Dreck geschmissen, daß der Schlamm nur so spritzte. Aber das Schönste: Die Salzburger bekamen in »meiner« Halbzeit zwei Elfmeter. Und beide hab' ich gehalten. Wir gewannen das Spiel 3:1.

Der Trainer hat bloß gegrinst und mir wieder zugezwinkert.

Auf der Rückfahrt im Bus, ja, was soll ich sagen . . . Auf der Rückfahrt, da war ich König. Fünf oder sechs Bayernspieler waren im Bus mitgefahren. »Mensch, Sepp! Spinnst du, daß du freiwillig in Haar versauerst? Komm zu uns. Da hast du doch alle Möglichkeiten.«

Und dieses Gespräch nach dem großen persönlichen Erfolg hat mich schließlich überzeugt.

Zusammen mit dem Horst, meinem Bruder, kaufte ich ein Moped für hundertfünfzig Mark. Wir teilten uns den Kaufpreis. Ich war motorisiert und kam zum FC Bayern München.

... sind keine Herrenjahre. Wirklich nicht!

Jetzt wird jeder denken, aha, nun geht's los mit der großen Karriere. Irrtum! Jetzt fing die Arbeit an.

Ich stand bei den Wandererwerken im zweiten Lehrjahr. 44 Stunden hatte damals die Arbeitswoche. Das hieß von 6.45 bis 16.30 Uhr täglich Dienst in der Fabrik. Fünfzehn Minuten Frühstückspause und eine halbe Stunde fürs Mittagessen. Dienstag bis Freitag dann von 18 bis 21 Uhr Training an der Säbener Straße. An- und Abmarsch jeweils eine halbe Stunde mit dem Moped.

Die Fahrtkosten bekamen wir nicht ersetzt, Schuhe und Trainingszeug mußten wir selber kaufen und waschen, und ein Paar Fußballschuhe kostete schon vierzig Mark. Die haben wir bei unserem Vereinsschuster anfertigen lassen. Für Markenstiefel hätten wir noch einen Zwanziger mehr berappen müssen. Zum Vergleich: Ich verdiente damals fünfunddreißig Mark im Monat, und zehn Mark mußte ich zu Hause abgeben, für Kost und Logis.

Nach dem Training kamen die Spielersitzungen im Café Knoll. Da wurde es nicht selten zehn oder gar halb elf, bis ich heimfahren konnte.

Dienstags mußte ich noch in die Berufsschule am Elisabethplatz. Da blieb mir nichts anderes übrig, als schon um fünf Uhr morgens aufzustehen. Den Religionsunterricht in der ersten Stunde habe ich dann regelmäßig verschlagen. Im Werk war es ähnlich. Manchmal war ich so fertig, weil ich kaum geschlafen hatte, daß ich stundenlang halb bewußtlos auf dem Klo gesessen bin, bloß um ein bißchen Schlaf nachzuholen. Vier oder fünf Lehrlinge waren wir damals in der Schaberei. Gute Kumpels. Die weckten mich immer mit Faustschlägen an der Tür, damit ich mich wenigstens zur Mittagspause draußen blicken ließ.

Der Meister war schon aufmerksam geworden. »Wo steckst du denn die ganze Zeit?«

»Die schicken mich immer Semmeln und Bier holen, die . . .«

». . . die sollen sich gefälligst ihre Sachen mitbringen oder selber besorgen. Schließlich hast du deine Arbeit.«

Ich konnte nur zustimmend nicken, und da ich inzwischen auf dem Örtchen einigermaßen ausgeschlafen hatte, benutzte ich die Mittagspause, um mit den anderen Lehrlingen auf der Wiese Fußball zu spielen. Verrückt, nicht wahr? Aber ohne diese Besessenheit hätte ich auch nie das leisten können, was die Leute später von Sepp Maier erwarteten.

Das war schon eine harte Zeit, dieses Doppelleben in der Fabrik und auf dem Fußballplatz. Bei mir ist dabei vor allem die Lehre zu kurz gekommen, obwohl mir die Arbeit mit dem Werkzeug auch Spaß gemacht hat. Übrigens habe ich bis heute diesen Hang zur handwerklichen Beschäftigung. Wenn am Motor oder am Fernseher etwas kaputt ist, versuche ich immer, alles selbst zu richten – auch, wenn ich hinterher zwei Apparate daraus gemacht habe.

Unter den anderen Lehrlingen und den Gesellen bei Wanderer waren etliche, die besuchten Fortbildungskurse, wollten Ingenieure werden oder überlegten andere Möglichkeiten, in ihrer Arbeit weiterzukommen. Einen solchen beruflichen Ansporn habe ich nie gehabt.

Natürlich habe ich mir auch Ziele gesetzt, aber die

lagen auf meinem eigenen Gebiet, dem Fußball. Ende der fünfziger Jahre war es halt eine Selbstverständlichkeit, daß jeder einen Abschluß in seinem Beruf brauchte, aber so richtig ernst genommen habe ich nur den Sport.

Allerdings bedeutete das keineswegs, daß ich klar vor Augen gehabt hätte, mein weiteres Leben als Berufsfußballer zu fristen. Eine solche Zukunftsperspektive war damals gar nicht vorstellbar. Es gab noch keine Bundesliga, keine hochbezahlten Profis. Wenn ich bedenke, daß die Nationalspieler 1954 für den Gewinn der Weltmeisterschaft in Bern als Belohnung einen Kühlschrank oder einen Fernseher bekommen haben. Schlag heute mal den Bayern oder der Nationalmannschaft so eine Prämie vor – da läuft dir die ganze Runde prustend auseinander.

Wir Kellerkinder

Zu der Zeit stellte sich für einen jungen Burschen gar nicht die Wahl: Arbeit oder Berufsfußball. Allerhöchstens konntest du dir sagen: Wenn du ganz hart an dir arbeitest und richtig gut wirst, besser als all die anderen in der Jugend oder bei den Amateuren, und wenn du obendrein Glück hast, dann wirst du vielleicht – vielleicht! – Vertragsspieler bei deinem Verein. Dann brauchst du bloß noch halbtags zu arbeiten, den Rest der Zeit kannst du Fußball spielen und kriegst für jeden Punktgewinn noch eine Prämie. Aber das waren nie mehr als siebenhundert Mark im Monat, damit konntest du nicht über den Kirchturm hupfen. Ich war also ganz darauf eingestellt, mein Leben lang an der Werkbank zu stehen, den Fußball aus Spaß und als Zubrot zu betreiben.

Meinen Mitspielern ging es ähnlich. Und ich halte das

auch für ein grundsätzliches Problem. Ein großer Fußballer kannst du nur werden, wenn du von deiner Familie keine riesige Unterstützung zu erwarten hast. Sonst wirst du zu faul, zu phlegmatisch.

Wir dagegen haben uns einfach gesagt: Wenn du dich anstrengst, wirst du zu diesem oder jenem Lehrgang eingeladen, da bekommst du dreißig Mark Taschengeld und brauchst eine Woche lang nicht zu arbeiten. Dreißig Mark waren damals viel Geld für mich, dafür mußte ich bei Wanderer fast einen Monat schuften, damit konnte ich mir auch mal was leisten. Also habe ich mich natürlich angestrengt wie ein Teufel.

Wenn du dagegen reiche Eltern hast, dann kriegst du meinetwegen hundert Mark in der Woche vom Vater, dann brauchst du das Geld vom DFB nicht, dann packst auch nicht so zu, kriegst nie den richtigen Biß. »Hungrig« mußt du sein, sonst wirst du im Fußball nichts. Ich habe noch nie gehört, daß der Sohn eines Fabrikanten oder eines Doktors ein Top-Spieler geworden ist. Wir sind eigentlich alle Kellerkinder, kommen aus einfachen Verhältnissen. Nur unter unseresgleichen haben wir Kinder die Mitspieler gefunden, denen kein Platz zu dreckig, kein Schienbein zu empfindlich, keine Mühe zu groß war. Wir wissen alle voneinander, daß wir aus dem gleichen derben Holz geschnitzt sind. So erbittert wir auf dem Spielfeld auch gegeneinander kämpfen – uns verbindet die Herkunft, der harte Kampf um das, was wir allen schwierigen Umständen zum Trotz erreicht haben.

Eines kommt noch hinzu: In jedem Fußballerleben gibt es dauernd Situationen, bei denen du die Lust verlieren kannst – wenn du mit dem Trainer zusammenrasselst, bei den Funktionären oder auch den Kameraden aneckst. Da sagst dir doch, ach, leckts mich, ich mag nicht mehr. Stammt man nun aus gutsituierten Verhältnissen, kommt man wahrscheinlich zu dem Schluß: dann laß ich's halt bleiben, das hab' ich nicht nötig, da geh' ich doch lieber zum Vater in die Firma oder nehme einen anderen gutdotierten Job an. Fußball spielen kann ich auch bei den Amateuren, oder ich verlege mich gleich auf Tennis oder Golf.

So einer geht dann bestimmt den einfacheren Weg. Unsereins dagegen hat sich durchbeißen müssen, und da sagt man sich auch in den größten Schwierigkeiten: Dafür hast du jahrelang alles auf dich genommen, hast alles geschluckt, deine ganze Freizeit geopfert. Und jetzt aufgeben, am Nullpunkt anfangen? Da müßte ich doch übergeschnappt sein. Ich beiß die Zähne zusammen und mach weiter.

Außerdem haben fast alle erfolgreichen Fußballer Berufe erlernt, in denen man nicht gerade mit Samthandschuhen angefaßt wird, in denen man sich notgedrungen daran gewöhnt, auch mal etwas einzustecken: der Horst Szymaniak beispielsweise hatte als Bergmann gearbeitet, Mucki Brenninger und Katsche Schwarzenbeck waren Buchdrucker, Gerd Müller war Weber, Bernd Dürnberger Maurer, und mein Freund Bulle Roth hatte sich vor seiner Profi-Laufbahn als Landwirt betätigt. Uns allen ist nichts geschenkt worden, bei der Arbeit nicht, und erst recht nicht im Sport.

Striptease für ein Abendessen

Als ich das erste Mal an der Säbener Straße zum Training erschien, hatten die Bayern-Spieler, die mich von Salzburg her kannten, schon groß die Werbetrommel für mich gerührt und dafür allen möglichen Spott geerntet. Denn der höhnische Slogan lautete: »Wir kriegen einen Klassetorwart aus Haar.« Nun, ich erwähnte es schon, Haar ist im bayerischen Raum ein Begriff als Klinik für Geisteskranke. Als ich spindeldürrer Wurzelzwerg dann auftauchte und mich als neues Talent vorstellte, hatte ich die hohen Erwartungen restlos erfüllt. Brüllendes Gelächter begrüßte mich in der Kabine. Draußen auf dem Platz wurde es immer leiser, und bei Trainingsschluß klopften mir auch die größten Witzbolde auf die Schulter.

Ich hatte mich durchgesetzt.

Ich war also das jüngste Mannschaftsmitglied. Meine Kollegen hatten fast alle ausgelernt. Der Brenninger Dieter, genannt »Mucki«, hatte als Buchdrucker beispielsweise schon seine hundert Mark, der Großkapitalist. Dagegen stand ich mit meinem kümmerlichen Lohn ziemlich mickrig da. Nach dem Training konnte ich mir höchstens mal 'ne Limo leisten, während die anderen in Spiegeleiern mit Schinken schwelgten.

Ich erinnere mich noch genau. Es war Ende November. Auf dem Platz draußen lag hoher Schnee. Ich saß mit den anderen am Tisch. Mein Magen knurrte so laut, daß er die Gespräche meiner Kollegen übertönte, die die Spiegeleier in sich hineinschaufelten.

»Ah, das war gut«, seufzte der Brenninger und wischte sich den Mund. »So was braucht man, damit man sich nicht erkältet bei dem Sauwetter.«

»Schmarrn«, konterte ich. »Wenn einer gesund ist, dann macht ihm das Wetter auch nichts aus. Ich würde mir glatt zutrauen, noch naß von der Dusche nackert eine Runde im Schnee zu drehen.«

»Ach, was redst denn!«

»Glaubst mir's nicht?«

»Angeber.«

»Was wettst?«

»Eine doppelte Portion Eier mit Schinken.«

Ich, die Zähne zusammengebissen, runter unter die Dusche, und während die anderen lachend am Fenster standen und sich über den verrückten Maier amüsierten, verdiente der sich sein warmes Abendessen.

Auch das war ein Vorgeschmack auf den Beruf des Fußballers, der einfach alles, stürmischen Applaus oder Pfeifkonzerte, wie nichts wegstecken muß, wenn er sich durchsetzen will. Das Publikum ist unbarmherzig. Die Zuschauer wollen sich amüsieren, wollen ihren Kitzel, den der Spieler ihnen – für entsprechendes Entgelt – auch liefert. Ich trauere deshalb auch nicht eine Sekunde um meine überharte Jugend. Die Umstände haben mir den Biß gegeben, die Kraft beispielsweise für 442 Bundesligaspiele in Serie – das sind dreizehn Spieljahre –, die ich mit ausgeschlagenen Zähnen durchgestanden habe. Meinen Kameraden habe ich damals eine Leistung geboten, die mir freiwillig keiner nachgemacht hätte, und damit habe ich mir mein Essen verdient. Später im Bayerntrikot und im Nationaldreß war das nicht viel anders.

Nur eine Frage der Größenordnung.

Eine Freundin? Gift für junge Spieler!

Meine Eltern waren natürlich wütend auf mich, über die Art, wie ich Raubbau mit meiner Gesundheit trieb.

»Schau dich nur an«, schimpfte mein Vater, »schon jetzt schaust aus, als hättest die Schwindsucht. Spät in der Nacht erst – wo du längst ins Bett gehörst – kommst heim. Wir kriegen dich gar nicht mehr zu sehen. Sogar am Wochenende bist du bei den Bayern.«

Das stimmte.

Samstags habe ich bei der Ersten Jugend als Torwart gehalten, sonntags – nur so zum Spaß – in der Zweiten Jugend als Feldspieler meinen alten Ambitionen gefrönt, einmal war ich sogar Torschützenkönig. Mit Gewalt wollte ich auf meine eingebildeten Talente als Stürmer aufmerksam machen; es hat nichts genutzt.

»Was, der Maier im Sturm? Nichts da. Der gehört ins Tor.« Mach was dagegen.

Zwischen dem fünfzehnten und achtzehnten Lebensjahr kannte ich überhaupt kein Privatleben. Wenn andere sich am Wochenende auf den Tanzböden vergnügten, war ich auf dem Sportplatz. Während der Woche war ich viel zu müde, um an irgendwelche Eskapaden auch nur zu denken. Mit Mädchen hatte ich damals überhaupt nichts im Sinn. Erstens bin ich erst in zunehmendem Mannesalter zur vollen Schönheit erblüht, zweitens war ich schon immer ein miserabler Tänzer, und drittens hatte ich einen gesunden Selbsterhaltungstrieb. Der Weiß Rudi war nämlich der unumstößlichen Überzeugung, daß die Beschäftigung mit der holden Weiblichkeit die athletische Leistung beeinträchtigt. Eine Freundin, sagte er immer, ist Gift für junge Spieler. Da konnte einer noch so gut sein, wenn er mit einem Mädchen erwischt wurde, landete er sofort in der Dritten oder Vierten Jugend. Ein paar Jahre später hat der Rudi keine Sekunde gezögert, den schon damals hochtalentierten Franz Beckenbauer in die Zweite Jugend strafzuversetzen, weil der sich auf ein heftiges Techtelmechtel eingelassen hatte.

Das Risiko lohnte einfach nicht.

Darüber hinaus hatte ich alles Interesse, bloß nicht unangenehm aufzufallen. Ich hatte ein schlimmes Erlebnis hinter mich gebracht. Mit sechzehn nämlich war ich das erste Mal vor den Richter zitiert worden.

Vor dem Jugendrichter

Als Mopedfahrer hatte ich überhaupt keine Ahnung von den Verkehrsregeln. Bei meinem aufreibenden Tagesablauf war ich immer in Eile. In Schlängellinien zwängte ich mich zwischen die Autos an den Ampeln; wo ich eine Lücke sah, war ich durch. Und irgendwann und irgendwo in Trudering umkurvte ich mal besonders schnittig und elegant einen Verkehrspolizisten, der – die Hände in den Hosentaschen – sich ebensowenig um mich zu kümmern schien wie um den restlichen Verkehr. Fünfzig Meter war ich schon entfernt, da, ein Pfiff. Ich drehte mich um, sah ihn winken. Netter Kerl, der ich bin, winkte ich zurück und fuhr weiter zum Säbener. Vierzehn Tage später hatte ich dann den Salat. Ein blauer Brief vom Amt.

»Was steht da?« fauchte mein Vater mich an. »Du hast dich verkehrswidrig verhalten und auch noch Fahrerflucht begangen?« Mir wurde mulmig. »Zeig mal den Brief.« Ich wußte natürlich sofort, was los war, brachte es aber nicht fertig, die Sache einzugestehen. »Schmarrn, der hat die Endnummer des Versicherungsschilds verwechselt . . .« Der Vater musterte mich mißtrauisch, schenkte dann aber meinen Worten Glauben, setzte sich hin und schrieb einen entsprechenden Brief an das Amt. »Ich bedauere, Ihnen mitteilen zu müssen, daß mein Sohn Josef Dieter . . .«

Die Folge war eine Ladung vor den Jugendrichter in der Maxburg, dem Münchener Jugendgerichtsgebäude.

Ich mußte mir eine Krawatte umbinden, sah meinen vor Wut kochenden Vater neben mir in der Straßenbahn, wagte während der Fahrt kein Wort und kam mir vor wie das letzte Häuflein Elend.

Der Richter war ein ganz netter Mann, trug keine Robe und wirkte daher weniger streng, eher zuvorkommend und verständnisvoll.

»Ich habe hier die Aussage des Wachtmeisters. Nun erzählen Sie mal, Herr Maier, Ihre Version des Hergangs.« Tja, und da konnte ich nicht anders. Ich gab alles zu, bekam vom Richter einen Verweis und fünfzig Mark Geldstrafe – und von meinem Vater gleich auf der Treppe, noch im Gerichtsgebäude, ein paar fürchterliche Watschn.

»Du mit deiner Lügerei. Den ganzen Ärger hätten wir uns sparen können.« Und nochmals ging es batsch, batsch.

Komisch ist das, ich habe es nie fertiggebracht, meinem Vater ins Gesicht zu sehen und die Wahrheit zu sagen, wenn ich was angestellt hatte. Ich war ein kleiner Junge, und der Vater arbeitete noch in der Anstalt, als auf dem Gelände wunderschöne neue Lampen mit riesig großen, weitstrahlenden Glühbirnen aufgestellt wurden. Ein unwiderstehlicher Anreiz für uns Buben, mit selbstgebastelten Steinschleudern die Glasballons herunterzuschießen. Mein Vater wurde vor den Direktor zitiert. »Das waren wieder Ihre Buben . . .«

»Aber wieso denn? Da sind doch noch andere Angestellte, die auch Kinder haben. Warum denn immer meine?«

So heftig er uns verteidigte, so sehr mißtraute er doch unserer Unschuld. Ein paar Tage später war es dann soweit. Er erwischte mich bei einem neuen Attentatsversuch.

»So? Du hast also mit der Sache nichts zu tun?«

Batsch, batsch.

Im Laufe der Jahre war ich so an die Ohrfeigen gewöhnt, daß ich im Gerichtsgebäude überhaupt nicht auf die Idee kam, mich dagegen zu verwahren.

Dabei war ich damals schon Jugendnationaltorhüter.

Im Nationaltrikot

Wegen meiner guten Leistungen im Verein wurde ich in die bayerische Auswahl berufen. Jedes Jahr fanden Jugendwettbewerbe statt, da spielte beispielsweise die Jugend Bayerns gegen Hessen, Hamburg oder Bremen. Und beim Endturnier wurde dann ein gewisser Herr auf mich aufmerksam, der später mein Leben und meine Karriere entscheidend beeinflussen sollte. Den Namen dieses Herrn bringe ich in tiefer Verehrung und mit höchster Dankbarkeit zu Papier.

Helmut Schön.

Der Lange war damals noch Assistent von Nationaltrainer Sepp Herberger. Zu seinen Aufgaben zählte es, junge Spieler zu beobachten und den Kader für die Jugendnationalmannschaft zusammenzustellen. Jedes Jahr zu Ostern findet das UEFA-Jugendturnier statt, eine Chance für junge talentierte Spieler, erstmals internationale Luft zu schnuppern, und eine hervorragende Gelegenheit für den DFB, das reiche Reservoir der Nachwuchsspieler zu sichten und zu testen.

Von der bayerischen Jugendmannschaft war ich in die etwas wichtigere süddeutsche Auswahl berufen worden, hatte mich bewährt und wurde zur Belohnung in den sechzig Mann starken Kader des DFB für das Osterturnier der UEFA in Portugal berufen.

Im November 1959 hatte ich beim FC Bayern angefangen. Zu Ostern 1960 trug ich als Jugendnationaltorhüter in Portugal das erste Mal das Trikot des DFB.

Ich war gerade sechzehn Jahre alt.

Aber der Nationaltorhüter war noch immer Lehrling bei den Wandererwerken in Haar. Die Kontakte zum DFB, zu den Auswahlmannschaften brachten meine Karriere zwar ganz schön voran, nur wuchsen die Probleme zu Hause mir beinahe über den Kopf. Ständige Schulungen, Trainingslager, Auslandsreisen verschlangen meinen ganzen Urlaub und noch darüber hinaus eine Unmenge Zeit, die ich eigentlich an der Werkbank hätte verbringen müssen. Zu meinem Glück war der Personalchef ein fußballbegeisterter Mann, aber die dauernden Zeitüberziehungen machten böses Blut im Betrieb. Um einen Teil der Stunden wieder reinzuholen, mußte ich dann am Samstagmorgen ins Werk, Maschinen putzen, bevor ich nachmittags zum Spiel fuhr. Die freiwilligen Nachholstunden – zu meiner Schande muß ich's hier gestehen – verbrachte ich größtenteils schlafend auf dem Klo.

Schließlich mußte ich am Nachmittag wieder frisch sein.

Nun, meine Lehre habe ich trotzdem abgeschlossen. Meinen Dank dafür an die zuständigen Herren, deren verständnisvolle Haltung mir vieles erleichtert hat.

1962 hatte ich ausgelernt und – durch Vermittlung des Geschäftsführers des FC Bayern, Walter Fembeck – den Arbeitgeber gewechselt. Ich ging zur Firma Huber als Schlosser, für hundertfünfzig Mark im Monat, brauchte aber nur halbtags zu arbeiten. Die ausgefallenen Stunden bekam mein neuer Chef vom FC Bayern ersetzt. Von da an hatte ich es etwas leichter.

Tolpatsch auf Freiersfüßen

Am 6. Juni 1962 bestand ich meine Fahrprüfung. Ich hatte den Führerschein.

Eine herrliche Sache.

Natürlich mußte jetzt ein Auto her. Für 1300 DM auf Raten kauften der Horst und ich gemeinsam einen alten Ford 12 M. Damit hatte sich mein erster Traum erfüllt.

Ein Auto. Ein Dach über dem Kopf. Eine Heizung. Nicht mehr durchnäßt werden bei einem Wettersturz auf der Fahrt zum Training. Bequeme Sachen anziehen können, nicht die ewige Motorradkluft. Dann der Zeitgewinn.

Der Horst sah die Neuerwerbung weniger prosaisch. »Du, Sepp, jetzt können wir abends mal ausgehen. Zum Tanzen. Mit einem Auto kann man den Madln imponieren.«

»Was redst du denn? Ich hab' keine Zeit.«

»Aber du mußt doch mal unter die Leute. Ewig dem Ball nachjagen, da wirst du ja auf die Dauer narrisch. Du mußt mal was anderes sehen.«

Und tatsächlich – mit dem achtzehnten Lebensjahr war die Neugier auf das andere Geschlecht langsam übermächtig geworden. Ich wollte einfach mal wissen, was da so hätte sein können sollen – und vielleicht sogar dürfen.

So pfiff ich für ein Wochenende auf meine guten Vorsätze und vergaß sogar die moralischen Vorstellungen und Fußballweisheiten unseres verehrten Trainers. Nicht für immer, versteht sich. Nur mal so zum Ausprobieren. Frischgeputzte Schuhe, saubere Socken, Sonntagsanzug, Strickkrawatte, zwei Zentimeter Frisiercreme mit der dezenten Duftnote nach Frische und Abenteuer, in der Handfläche zerrieben und auf die Haarpracht aufgetragen. Maier de Luxe.

»Auf geht's . . .«

In Neufahrn gab es damals ein berühmtes Café, Treffpunkt der unternehmungslustigen Jugend von achtzehn bis . . . na ja. Als wir da ankamen, gab's erst mal ein großes Hallo. Der Horst war wohlbekannt, und ich – der sittenstrenge Asket – muß da gewirkt haben wie einer von der Heilsarmee in der Schnapsbrennerei. Natürlich bemerkte ich die Verwunderung über mein Erscheinen, natürlich machte mich das ganz verlegen, und natürlich überspielte ich meine Unsicherheit mit übermäßig selbstsicherem Auftreten.

Sonst hätte ich mich niemals an die Schönste, die Umschwärmteste, die Unnahbarste auf dem Tanzboden herangewagt. Sie war aus Anzing, saß am Nebentisch bei ihrem Bruder und ein paar Freunden, die allesamt – wie ich zu meiner heimlichen Genugtuung feststellte – in der ersten Mannschaft des SV Anzing spielten.

Junge Burschen sind immer scharf darauf, sich vor der gleichaltrigen Weiblichkeit zu profilieren. Meist fangen sie es so ungeschickt an, daß das Unternehmen dann zur reinen Bruchlandung wird. Die Anzinger machten da keine Ausnahme. Sie hatten der jungen Dame die Handtasche stibitzt und sie unter der Bank versteckt. Es dauerte nicht lange, da fing sie an zu suchen. Unschuldsvolle Blicke seitens der Herren, böse Worte von der aufgebrachten Dame.

Das war mein Stichwort. Ich griff unter die Bank. »Ist das die Tasche?«

»Oh, ja, danke. Also die Burschen, die haben mir . . .«

Den Rest hörte ich nicht mehr. Sie sah einfach überwältigend aus, mit ihrem brünetten Haar, ihren blitzenden, blaugrauen Augen. Herrlich war sie in ihrem Zorn.

»Darf ich bitten, zum Tanz?« Irgendwie muß es mir herausgerutscht sein. Und sie, immer noch wütend auf ihre Tischgenossen, sagte ja. Zu mir, dem dürren, schlaksigen Burschen mit dem Stiftenkopf.

»Ich bin der Sepp.«

»Und ich die Agnes.«

Dann hielt ich sie das erste Mal im Arm.

Ich bin alles andere als ein begeisterter oder gar begabter Tänzer. Für sie, die soviel Freude an der Musik und an der Bewegung hatte, müssen unsere ersten gemeinsamen Schritte eine Qual gewesen sein. Sie war freundlich genug, sich über meine Fehltritte weiter nicht zu beklagen, aber an ihrer Reaktion beim Abschied merkte ich, daß ich sie nicht besonders beeindruckt hatte. Jedenfalls fuhr sie mit ihrem Bruder zurück nach Anzing.

Mit dem Nachhausebringen war's nun nichts geworden, aber ich bin in jeder Lebenslage ein hartnäckiger Bursche. Was ich mal in den Pratzen halte, gebe ich so leicht nicht wieder her, und der Eindruck, den die Agnes auf mich gemacht hatte, war derart nachhaltig, daß ich hier am Ball blieb.

Das kann man ruhig wörtlich nehmen. Ich habe schon erwähnt, daß ihr Bruder in der Anzinger Mannschaft spielte. Ich traf ihn nach ein paar Tagen wieder, sprach ein paar gezielte Worte mit ihm, und diese Zufälle häuften sich in der Folgezeit mehr und mehr. Endlich kam ihm dann die Idee, die ich ihm in mühevollen Nebensätzen nahegebracht hatte. »Mensch, wir brauchen dringend einen Trainer. Du wohnst im Nachbarort, hast viel Erfahrung durch deine Arbeit mit den Bayern. Komm doch zu uns und gib uns ein paar Tips.«

Ich zierte mich erst ein bißchen – aber nicht allzusehr –, dann sagte ich ja. Damit war ich meinem Ziel, der Agnes, ein gutes Stück nähergekommen. Denn abends nach dem Training nahm ihr Bruder mich zum Essen mit nach Hause.

Franz Beckenbauer, Spion in Liebesdingen

Die Trainingsarbeit – zweimal pro Woche – mit den Anzingern war schon ein bißchen seltsam, wenn man

I

Früh krümmt sich . . .

Vorhergehende Seite: Der erste Anzug mit langen Hosen und selbstgebundener Krawatte. Sepp Maier, zehn Jahre altes Stürmertalent des TSV Haar, gleich nach seiner Firmung am Schliersee.
Oben: Der vielversprechende Torjäger läßt die Fußball-Provinz hinter sich, steigt auf zum großstädtischen FC Bayern München, soll in Zukunft aber nur noch Tore verhindern. Als Maschinenschlosserlehrling verdient er stolze fünfunddreißig Mark im Monat, unterbricht seine Brotarbeit jedoch immer wieder mit Trainingsaufenthalten (fünfter von links; zweiter von links ist ein Spieler, damals gerade dreizehn Jahre alt, von dem noch viel zu hören sein wird: Franz Beckenbauer).
Rechts: Dreizehn Jahre später im Training.

MUENGERSDORFER STADION
1. FC KOELN - FC BAYERN MUEN
0

Ohne Fleiß kein Sieg

Seit jeher schwört Sepp Maier auf eine einfache Gleichung: Erfolg besteht zu dreißig Prozent aus Talent, zu siebzig Prozent aus Fleiß. Sein Motto: Weitermachen bis zum Umfallen, niemals aufgeben. Ohne diesen bedingungslosen Einsatz beim Training (links oben) hätte er niemals selbst die schwierigsten Bälle halten können (rechts oben: Länderspiel gegen die UdSSR, 1977, 2:1; links unten: gegen den 1. FC Köln, 1978, 1:1; rechts: gegen Brasilien, 1974, 0:1).

Dirigent ohne Taktstock

Franz Beckenbauer war der rabiateste Antreiber der Mannschaft. Mit weniger wüsten, aber um so bestimmteren Anweisungen dirigierte Sepp Maier seine Abwehr (rechts unten gegen den VfL Bochum, 1979). Kam der Gegenspieler trotzdem durch, rettete er zur Not auf der Linie – wie hier im Training (links unten). Beim Abpfiff riß es ihm schon einmal die Arme in die Luft (links oben nach dem 7 : 1 gegen Borussia Mönchengladbach im März 1979). Zumal die Bayern ihrem zurückgetretenen Präsidenten Wilhelm Neudecker mit diesem Sieg beweisen wollten, daß sie eine zweite Chance verdient hatten, bevor er ihnen einen neuen Trainer vor die Nase zu setzen versuchte.

Zweiter Sieger

Gelegentlich mußte auch der Sepp hinter sich ins Netz greifen. Diese Schüsse waren natürlich immer unhaltbar . . . (oben: Im Dezember 1974 schlägt der Hamburger SV die Münchner Bayern mit 1 : 0; unten: Beim Länderspiel gegen Brasilien im April 1978 kassiert Sepp Maier eine Viertelstunde vor Schluß den einzigen Treffer der Begegnung).

bedenkt, daß ich gerade achtzehn Jahre zählte, meine Schüler im Schnitt gute zehn Jahre älter waren. Aber obwohl ich diesen Job aus rein persönlichen Gründen angenommen hatte, soll bloß keiner glauben, daß ich das so mit links nebenher gemacht habe. Bei mir mußte immer alles seine Ordnung haben, entsprechend wurde auch trainiert.

Der Erfolg ließ denn auch nicht auf sich warten. Von der C-Klasse stiegen wir auf in die B-Klasse, und von der B-Klasse in die A-Klasse. Je weiter wir kamen, desto höher stieg ich in der Achtung meiner Angebeteten. Nach und nach ließ ihre Reserviertheit nach, ab und zu fiel ein freundliches Wort, aus dem freundlichen Wort wurden vertraute Gespräche.

Die Agnes arbeitete übrigens im gleichen Büro wie der Franz Beckenbauer, mit dem ich schon beim FC Bayern in einer Mannschaft spielte. So konnte ich unser junges Super-Talent, der damals noch Linksaußen spielen mußte, als Spion in Liebesdingen einsetzen. Er mußte mir immer genau berichten, wie es bei der Allianz-Versicherung zuging und ob die Agnes womöglich anderen Kerls schöne Augen machte. In dieser Hinsicht hat der Franz mich aber gründlich beruhigt.

Mit neunzehn jedenfalls habe ich mich mit der Agnes verlobt und damit meinen größten Sieg errungen.

»Mensch Maier, dein Glück müßte man haben«, sagten die Leute hinterher.

Ich konnte darauf nur antworten: »Hartnäckigkeit ist das Geheimnis des Erfolgs. Immer am Ball bleiben . . .«

Meine Eltern waren von der Liebesbeziehung alles andere als entzückt.

»Dafür seid ihr noch viel zu jung . . .«

»Wofür zu jung?« fragte ich dagegen. »Bin ich zu jung,

mich einem geliebten Menschen anzuvertrauen, mit Blick auf eine gemeinsame Zukunft?«

Heute weiß ich, daß die Entscheidung – von meiner Sicht aus – richtig war. Jung gefreit, nie gereut, heißt es. Darüber kann man geteilter Meinung sein. Es kommt immer auf die Gründe an, die zwei Menschen zusammenbringen. Für die Agnes und mich war die Sache einfach. Wir hatten klare Vorstellungen von der Zukunft, und die zielten auf einen grundsoliden Hausstand, auf Unabhängigkeit und auf ein geordnetes Leben. Dafür muß man den richtigen Partner finden. Und dann gibt es nichts Besseres als eine Frühehe. Junge Leute können noch zusammenwachsen, haben Geduld und Spaß an den heranwachsenden Kindern. Wenn einer erst mal über die Dreißig ist, hat er sein Leben schon in feste Bahnen gelenkt. Sich da noch jemandem anzupassen, das wird dann verdammt schwer. Ein Glück, daß ich diese Probleme nicht hatte.

Dennoch, das Fegefeuer ist auch uns nicht erspart geblieben. Zu Hause wurde meine Situation immer schwieriger. Ich war die ganze Woche unterwegs. FC Bayern, Halbtagsarbeit, Abendtraining in Anzing, das waren die Stationen. Und meine knappe Freizeit verbrachte ich verständlicherweise in Anzing. Den Horst hatte ich ausbezahlt und damit den Wagen zu meiner alleinigen Verfügung, sonst hätte ich das alles gar nicht schaffen können. Meine Familie ärgerte sich furchtbar über mich, weil ich nur ein paar Nachtstunden in Haar verbrachte und bei Sonnenaufgang schon wieder unterwegs war.

»Was willst du überhaupt noch daheim?« fuhr mein Vater mich an. »Jetzt, wo alles gut läuft mit der Karriere, da fängst du an mit dem Mädchen. Schlaf bekommst du zuwenig, Flausen hast du auch im Kopf. Das schlägt doch auf die Leistung. Wir kriegen dich gar nicht mehr zu sehen. Nimm dir doch irgendwo ein Zimmer.«

Das war so im Ärger dahergesprochen, Eifersucht der Eltern, die merkten, daß der Sohn ihnen entglitt. Aber ich nahm diese Worte furchtbar ernst, fuhr noch am selben Abend nach Anzing.

»Was ist denn mit dir?« fragte die Agnes besorgt. »Du siehst ja schlimm aus. Du hast doch nicht . . .«

»Sie haben mich rausgeschmissen«, sagte ich bedrückt. »Ich weiß nicht, wo ich hin soll.«

Die Agnes war schon immer ein praktisches Wesen. »In der Nacht kannst du hier nicht herumstehen. Wir gehen zu meiner Tante. Dort kannst du erst mal unterkommen.«

Gesagt, getan. Die Tante war äußerst zuvorkommend, fand die Romanze der jungen Leute ungeheuer rührend, bezog mir ein Bett und machte mir noch ein herrliches Abendessen. Der Ausgestoßene war in eine äußerst komfortable Höhle geraten, wo er sich verkriechen und in aller Ruhe seine Wunden lecken konnte. Ich verabschiedete mich von der Agnes, sank todmüde in die Federn und schnarchte mir den Kummer von der Seele. Aber wenn ich geglaubt hatte, damit meinen Frieden gefunden zu haben, sah ich mich enttäuscht. Im Morgengrauen weckte mich ein donnerndes Gebrüll.

»Wo ist er, der Undankbare, der Flüchtling, der verdammte Ausreißer?«

Ich rieb mir noch den Schlaf aus den Augen, als die Tür aufflog, der Vater, der Onkel und der Horst hereinstürzten, mich am Genick packten und zum wartenden Wagen schleppten. Im Catchergriff wurde der Jugendnationaltorhüter in den Fond verfrachtet, eingeklemmt saß er zwischen Onkel und Vater, die jetzt ihrer moralischen Entrüstung Luft machen wollten. Ich sah Dinge und Vorwürfe auf mich zukommen, die später keiner mehr gesagt haben will, deshalb stimmte ich dem Abtransport erst zu, nachdem ein paar Dinge klargestellt waren.

»Die Agnes ist ein anständiges Mädchen, das ich heiraten werde. Wenn euch das nicht paßt, ziehe ich noch heute endgültig aus und lasse mich nie wieder daheim sehen.«

Stolze Worte, die ihre Wirkung nicht verfehlten. Wie gesagt, ein paar Monate später haben wir uns verlobt.

Ein Fußballer wird erwachsen

1963 war ein gutes, ein wichtiges Jahr für meine Entwicklung. Mein Privatleben war geordnet, eine wichtige Voraussetzung für beruflichen Erfolg.

Im Fußball war ich jetzt ein »Erwachsener«. In England stand ein Turnier an, bei dem die europäischen Amateur-Nationalmannschaften das beste Team ermitteln wollten. Seit dem UEFA-Turnier in Portugal war die Beziehung zu Helmut Schön – damals noch Jugendtrainer beim DFB – niemals abgerissen. Der Lange war für mich nicht nur ein ausgezeichneter Trainer; ich habe in ihm immer eine Art Vaterfigur gesehen, und unsere Arbeit stand im Zeichen einer fast freundschaftlichen Verbundenheit. Wir hatten auch vieles gemeinsam: die Geradlinigkeit im Denken und in der Berufsauffassung, aber auch die Empfindlichkeit gegenüber unqualifizierter Kritik.

Helmut Schön war immer ein eifriger Zeitungsleser. Er durchforstete den bundesdeutschen Blätterwald regelmäßig nach Berichten über die Arbeit der Nationalmannschaft, und er konnte bei negativen Berichten in geradezu blinden Zorn geraten. Das ging bei ihm so weit, daß er manchem Journalisten monatelang jedes Interview verweigerte, das Fernsehen so lange boykottierte, bis man ihm einen genehmen Fachmann schickte, der ihn dann zu behandeln hatte wie ein rohes Ei. Immer wieder hat man ihm seine unnahbare Haltung vorgeworfen, mangelnde Zusammenarbeit mit den Medien – und dabei stets vergessen, welche Verantwortung er mit sich herumzuschleppen hatte. Schließlich mußte er für Erfolge oder Niederlagen der Nationalmannschaft einstehen, mit dem Echo der internationalen Presse fertig werden. Klar, daß so was an den Nerven zerrt. Die Spieler hatten es da einfacher. Wenn die Mannschaft schlecht aussah, bekam jeder immer nur ein Elftel ab. Das ließ sich leichter wegstecken, solange die Partie nicht durch Verschulden eines einzelnen verlorenging. Der merkte das dann sehr wohl, wenn er bei der nächsten internationalen Begegnung vergeblich auf seine Berufung wartete. Wenn die nicht kam, war er verunsichert, das drückte auf die Leistungen im Verein, und das Ende war nicht selten die Reservebank.

Das ist schon ein elender Streß.

Logisch, daß man da besonders allergisch auf unqualifizierte Pressestimmen reagiert. Schließlich kann die Existenz davon abhängen.

Meine Freunde, die Herren Reporter

Mit mir sind die Journalisten beileibe nicht immer freundlich umgesprungen. Den einen ärgert Kritik, den anderen baut sie auf. Damit meine ich den »Jetzt-gerade-Effekt«. Und wenn mir ein Zeitungsfritze zu sehr auf die Nerven ging, habe ich mich auf meine Weise revanchiert, indem ich ihn vor der Öffentlichkeit lächerlich machte.

Ein Beispiel. Als der Franz Beckenbauer nach New York ging, las ich in einem berühmt-berüchtigten Blatt: Der Maier Sepp kommt ja auch in die Jahre. Sicher wird er es dem Franz gleichtun und auf seine alten Tage nochmal kräftig drüben abkassieren.

Die Meldung war völlig aus der Luft gegriffen, und ich habe mich furchtbar drüber geärgert. Als derselbe Journalist – stolz auf seine Ente – zu mir kam, scheinheilig fragte, ob was dran sei an der Meldung, zögerte ich mit der Antwort und sagte dann, ich sei mit San Francisco im Gespräch. Das stand auch prompt in der Zeitung. Dabei hat San Francisco gar keine Fußballmannschaft.

Eine andere Geschichte. Wir waren auf dem Weg nach Madrid zu einem Europacup-Spiel. Am Flughafen Frankfurt kaufte ich mir eine Sonnenbrille, so eine, die aussieht wie eine richtige Brille, deren Gläser sich aber dann bei Sonneneinstrahlung verdunkeln.

Ein Münchner Journalist sah mich, schluckte, kam auf mich zugestürzt: »Sepp, seit wann trägst du eine Brille?«

»Seit kurzem. Die Augen machen nicht mehr mit.«

»Ja, wie willst du denn spielen?«

»Mit Haftschalen.«

»Hast du die Dinger schon mal getragen?«

»Nein. Es ist das erste Mal. Irgendwann muß ich ja damit anfangen.«

»Aber bei so einem wichtigen Spiel ...« Verschwörerisch rückte er näher. »Sag mal, weiß das schon jemand von der Presse, daß du mit Haftschalen spielst.«

»Nein. Das hast du exklusiv.«

Am nächsten Morgen stand es fettgedruckt in einem großen Boulevardblatt. »Sepp Maier mit Haftschalen gegen Real Madrid«.

Mein Gott, hat das gedauert, bis der mir den Spaß verziehen hat.

Ich weiß nicht, wie ich in den Ruf einer Mimose gekommen bin. Das mag daher rühren, daß ich mich unter härtesten Bedingungen nach oben habe kämpfen müssen. Da bleibt unbewußt – selbst bei besten Leistungen – ein Rest von Furcht vor einem drohenden Sturz in den Abgrund der Anonymität.

Das mag meine teilweise heftige Reaktion auf Angriffe aus der Öffentlichkeit erklären.

Helmut Schön hatte da schon sehr früh in mir die verwandte Seele entdeckt und voller Verständnis diese Schwäche zu überwinden versucht. Ich habe noch einen Brief von ihm, datiert vom 2. Februar 1961:

Mein lieber Sepp,

Du wirst Dich wundern, statt einer Einladung zu unserem Kurzlehrgang nur diesen Brief zu erhalten. Ich will Dir das erklären: Unser Aufgebot für das UEFA-Turnier steht noch nicht fest. So muß ich mir noch einige andere Torleute ansehen. Dich kenne ich bereits und denke, daß Du zu Ostern dabeisein wirst. Ich schreibe Dir diese Zeilen nur, damit Du nicht enttäuscht bist, wenn Du keine Einladung erhältst.

Trainiere weiter recht fleißig, übe Dich im schnellen Abwurf und im genauen Abschlag und verbessere noch Deine Spritzigkeit beim Herauslaufen. Ich hoffe, daß Du gesund bleibst und wir uns dann in Frankfurt wiedersehen werden.

Mit den besten Grüßen, auch an Deine Eltern und an Herrn Weiß, verbleibe ich

Dein
Helmut Schön

Diese Zeilen haben damals Wunder auf meine Moral gewirkt und meinen Ehrgeiz ungeheuer angestachelt. Das UEFA-Turnier in Portugal lief dann auch in meinem Sinn.

Ich muß mich wiederholen: Helmut Schön war nicht nur ein ausgezeichneter Trainer, sondern auch ein überzeugender Psychologe.

Natürlich habe ich den Rat, Abschlag und Abwurf zu üben, gewissenhaft befolgt. Ein guter Torwart muß in der Lage sein, den Ball aus der Hand siebzig bis achtzig

Meter in das Feld zu schlagen, die beste Waffe übrigens, die eigene Abwehr zu entlasten und einen Konterangriff in die Wege zu leiten. Dabei muß der Ball von der ausgestreckten Hand seitlich vom Körper niederfallen und sofort abgeschlagen werden. Verpaßt man den richtigen Moment, wird ein Dropkick daraus, und da ist immer ein Risiko dabei. Denn wenn der Ball zu Boden »dropt« und dann erst geschlagen wird, kann er auf einer unebenen Stelle verspringen. Das Resultat: Er landet manchmal in den Zuschauerrängen. Und solche Kunststücke werden einem dann von der Presse unter die Nase gerieben. Die sicherste Art, einen Konterangriff einzuleiten, ist immer noch der flache Abwurf aus dem Sechzehnmeterraum auf einen Mitspieler, der den Ball sofort annehmen kann. Auch hier ist es von Vorteil, wenn der Torwart Erfahrung als Feldspieler hat. Er bringt einfach ein besseres Raumgefühl mit, versteht die Möglichkeiten seiner Vorderleute klarer einzuschätzen und hat es auch leichter, wenn ein gegnerischer Stürmer durchgebrochen ist und er heraus muß aus dem Kasten, um den Schußwinkel zu verkürzen.

Der erste Unfall

Aber zurück ins Jahr 1963. In die Vorbereitungszeit für das Amateur-Turnier der Nationalmannschaften in England.

Wir bereiteten uns in München auf die Spiele vor. Am Abend vor dem Abflug war ich mit der Agnes noch im Franziskaner in München essen. Auf der Rückfahrt, nachdem ich Agnes heimgebracht hatte, erlebte ich meinen ersten schweren Autounfall. Die B 12 war damals noch nicht ausgebaut, und fast an derselben Stelle wie bei meinem letzten Unfall kam ein Wagen aus einer Seitenstraße herausgeschossen. Ich habe ihn gar nicht gesehen, hörte bloß den Krach. Instinktiv muß ich das Steuer herumgerissen haben. Ich schlitterte über eine Wiese, und an einer Hauswand hat dann der brave 12 M, mein ganzer Stolz, sein Leben ausgehaucht. Der andere Fahrer war stockbetrunken – zum Glück ist ihm nichts passiert. Mit Schneidbrennern haben sie ihn aus dem Fahrzeug rausholen müssen.

Bei mir im Wageninnern sah es aus wie im Schlachthaus. Ich blutete aus einer tiefen Kopfwunde.

Und am nächsten Morgen sollte es nach England gehen. Diese Chance wollte ich mir um keinen Preis entgehen lassen. Was tun? Ich entschied mich für die einfachste Lösung: Pflaster drauf und Zähne zusammenbeißen.

Mit einem fürchterlichen Schädelbrummen meldete ich mich morgens am Flughafen.

»Was ist denn mit dir passiert?« fragte der erschrockene Helmut Schön.

»In der Schlosserei ist mir ein Eisenstück auf den Kopf gefallen.«

»Wirst du denn spielen können?«

»Ganz klar.«

Und ob ich spielte!

Wir wurden Gruppensieger gegen Holland, Frankreich und England. Vielleicht erinnert sich mancher Leser an ein paar Namen aus unserem Team: Overath, Libuda, Patzke, Elfert ...

Sepp Maier, bester Torhüter des Turniers – so stand es in den Zeitungen.

Vierzehn Tage hatten die Spiele gedauert, und ich trug das Pflaster noch immer am Kopf. Das Loch muß inzwischen verheilt sein, dachte ich bei mir. Mit dem Ding fliege ich jedenfalls nicht nach München zurück. Ich ging auf mein Zimmer, riß das Pflaster herunter und sah zu meinem Erstaunen eine Beule unter dem Schorf. Was war denn das? Ich kratzte an der Stelle herum, spürte ein Stechen. Der Schorf brach auf, die Wunde fing an zu bluten. Ich drückte ein bißchen. Wieder dieses Stechen. Da war doch was drin in der Haut. Tatsächlich, als ich mich näher zum Spiegel herabbeugte, fand ich einen Glassplitter aus der Windschutzscheibe meines Autos. Von einem Juwelier ließ ich ihn in Silber fassen. Das war schon ein hübsches Souvenir.

Nach meinem Erfolg in England bat mich Helmut Schön, bei den Bayern noch keinen Vertrag als Berufsspieler zu unterschreiben, denn im nächsten Jahr, bei den olympischen Sommerspielen in Tokio, sollte ich unbedingt das Tor der deutschen Amateure hüten. 1964 startete – zum letztenmal – eine gesamtdeutsche Olympiamannschaft, und die Qualifikationsbestimmungen erforderten härtesten Einsatz und die besten Leute auf beiden Seiten.

Tokio, das war natürlich ein Traumziel für einen jungen Spund wie mich. Und dafür hätte ich dem Helmut Schön alles versprochen. Lange genug hatte ich mich als Amateur durchgeschlagen. Das eine Jahr würde ich auch noch herumkriegen. Dachte ich.

Das Schicksal hat es wieder einmal anders bestimmt. Fritz Kosar, der Stammtorhüter des FC Bayern, zog sich eine Verletzung zu und mußte ins Krankenhaus. Zweimal schon hatte ich ihn im Tor vertreten, und ausgerechnet jetzt stand das wichtige Punktspiel der Regionalliga Süd gegen Kickers Offenbach auf dem Programm.

Die Satzungen des DFB waren eindeutig. Bei seinem dritten Einsatz in einer der oberen Ligen mußte ein Amateur einen Vertrag mit dem Verein abschließen.

Was sollte ich tun?

Da war das Versprechen an Helmut Schön, aber da war auch die Verlockung, mich in der ersten Mannschaft des FC Bayern auszuzeichnen und mit dem Fußball endlich mal Geld zu verdienen.

Der Tod der Mutter

Aber es gab noch andere gewichtige Gründe, das Vertragsangebot des FC Bayern zu überdenken.

Vor kurzem war meine Mutter gestorben.

Mit ihrem Tod war eine neue Sachlichkeit im Verhältnis zu Vater und Brüdern eingekehrt. In ihrer bestimmten, aber auch sehr mütterlich-weiblichen Art hatte sie es immer verstanden, sich in unserer Männerwelt, in der meistens ein rauher, wenn auch herzlicher Ton herrschte, durchzusetzen. Ihrem Einfluß vor allem danke ich meine selbstverständliche Geradlinigkeit im Umgang mit Menschen, meine Abneigung gegen alles, was sich mit dem Begriff Intrige umschreiben läßt. Ihr Leitspruch hat mich mein ganzes Leben gut geleitet: Wenn du zwei Möglichkeiten siehst, etwas zu tun, dann sei ehrlich zu dir selbst. Schließe die Augen, höre in dich hinein, und dann laß dein Gewissen entscheiden.

Wie sehr fehlte mir nun ihr Rat in diesen wichtigen Stunden und Tagen, als es um meine weitere Karriere ging.

Für Vater und Brüder war die Sache klar.

»Was überlegst du denn noch lange? Willst du warten, bis der FC Bayern dir einen anderen Torwart vor die Nase engagiert? Jetzt hast du die Möglichkeit, zu zeigen, was du auf dem Kasten hast. Der Kosar wird nicht mehr ewig spielen. Dann bist du an der Reihe. Ein Wahnsinn, wenn du den Bruch mit dem Verein riskierst – nur wegen dieser Olympiateilnahme. Außerdem kannst du endlich mal ein paar Mark verdienen. Bis jetzt hast du doch immer nur zugelegt. Du hast wohl ein paar Länder bereist, gute Kritiken geerntet. Aber davon kannst du doch nicht leben.«

Natürlich hatten sie recht, natürlich sah ich die Argumente ein. Jahrelanges Training, jahrelange Entbehrungen sollten endlich Früchte tragen. Bisher hatte man mich im Verein nach jedem Spiel buchstäblich abgespeist, mit einem Essensbon für fünfzehn Mark im Mathäserkeller, während die anderen aus der Mannschaft schon die ersten Siegprämien kassierten. Natürlich hat mich das geärgert. Natürlich bestimmte der brennende Wunsch, endlich gleichgestellt zu sein, meine Handlungen und die ganze Arbeit.

Aber da war der übermächtige Einfluß meiner Mutter und das Versprechen an Helmut Schön.

Der Verein setzte mir das Messer auf die Brust. Ja oder nein? Ich war völlig verstört, als ich Helmut Schön anrief, ihm die Lage schilderte und ihn um seinen Rat bat.

Damit hatte ich genau das Richtige getan. Der Lange schätzte meine offene Art und fühlte sich wohl auch etwas geschmeichelt, daß ich mich und meine Zukunft so ganz in seine Hände legte.

»Selbstverständlich mußt du unterschreiben, Sepp. Ich sage das sogar in meinem eigenen Interesse. Denn wenn sie für dich einen anderen Torwart engagieren, bist du fürs erste weg vom Fenster. Dann kann ich dich auch nicht mehr nominieren, ganz einfach, weil dir dann die Spielpraxis fehlt. Wir haben uns doch immer gut verstanden, und ich habe in Zukunft einiges mit dir vor. Ich wünsche dir alles Gute.«

Gegen meinen Willen war ich Torwart geworden, gegen meinen Willen unterschrieb ich den Vertrag.

Gegen meine Karriere konnte ich mich gar nicht wehren.

Der Entschluß hat sich ausgezahlt. Zwar verloren wir gegen Kickers Offenbach 1:0, aber zugleich schied die bundesdeutsche Mannschaft in der Qualifikation gegen die DDR aus dem olympischen Rennen.

Mit Tokio wäre es also nichts geworden.

Zum Glück hatte ich meinen Vertrag in der Tasche.

Erste Halbzeit

Premiere als Profi

»Schaun Sie mal dahin – schaun Sie mal daher. Es ist eine allgemein bekannte Tatsache, daß der FC Bayern eine ausgezeichnete Abwehrreihe hat. Die Leistungen der Torleute brauche ich nicht extra zu betonen. Unser Fritz Kosar ist ein hervorragender Mann, aber unser Sepp Maier – mein Gott, der ist eine wahre Augenweide. Schaun Sie mal dahin – schaun Sie mal daher. Ich bin zufrieden mit Ihnen, meine Herren.«

Tosender Jubel aus zwanzig Männerkehlen unterbrach diese Ansprache. Aber das war nicht etwa Helmut Schneider, unser Trainer, der die versammelte Mannschaft mit seinen für ihn typischen, verdrehten Sätzen in Begeisterung ausbrechen ließ, das war der Maier Sepp höchstpersönlich, in einer kabarettistischen Einlage.

Wir saßen nach irgendeinem Punktspiel im Salvatorkeller, hatten unsere Essenbons empfangen und warteten auf den Beginn der Spielersitzung, die immer gleich nach dem Essen stattfand. Ich hatte meinen Bon in Bargeld eingetauscht, wollte eigentlich auf dem schnellsten Weg nach Hause. Aber Helmut Schneider hatte sich aus irgendeinem Grund verspätet. Wir saßen, warteten, und da stach mich derart der Hafer, daß ich mich erhob und – wie man mir später bestätigte – recht gut den westfälischen Akzent des Trainers nachäffte. »Schaun Sie mal dahin – schaun Sie mal daher. Wir haben heute 0:0 gespielt. Ein großartiges Ergebnis aus der Sicht der Torleute. Schon bei meinem früheren Verein, dem SV Waldhof, habe ich immer gepredigt: Wenn man immer mehr Tore schießt als der

Gegner, dann ist man am Ende Meister. Und somit erkläre ich die Spielersitzung für beendet. Ich, der Westfale aus Dortmund, erhebe mein Glas auf die Bayern aus München. Schaun Sie mal dahin – schaun Sie mal daher. Ich liebe diese Stadt, auch wenn es hier kein Dortmunder Bier gibt.«

Gegen Ende meiner Rede war ich immer lauter geworden. Den Blick zum Himmel des Salvatorkellers erhoben, steigerte ich mich immer mehr in meine parodistische Einlage hinein. Aber als ich dann beifallheischend in die Runde blickte, rührte sich keine Hand. Die Mannschaft sah betreten zu Boden, drehte die Gläser im Kreis oder beschäftigte sich angelegentlich mit Schweinshaxe und Krautsalat. Erst sah ich erstaunt in die Runde, dann spürte ich, wie meine Nackenhärchen sich aufrichteten. Ein eisiger Schreck durchfuhr mich, vorsichtig drehte ich den Kopf. Und tatsächlich, da stand er hinter mir. Helmut Schneider in Person.

»Schaun Sie mal dahin – schaun Sie mal daher, der Maier. Wenn du so gut spielen würdest, wie du sprichst, dann wärst du absolute Weltklasse.«

»Geben Sie mir eine Chance, stellen Sie mich ins Tor.« Ich hatte mich von dem Schrecken erholt; jetzt war ohnehin nichts mehr zu retten, zu kaschieren oder gar zu beschönigen. Ich konnte den zugespielten Ball nur annehmen.

»Stellen Sie mich ins Tor, aber nicht nur im Training, oder wenn der Kosar Fritz mal wegen Krankheit ausfällt. Ich bin ein junger Kerl. Nur durch Routine kann ich lernen.«

Schneider schüttelte den Kopf über so viel Unvernunft. »Du mußt noch ein bißchen warten. Wenn du was kannst, dann wird deine Zeit schon kommen. Du bist wie ein Apfel am Zweig. Auch der muß warten, bis er reif ist.«

»Und wenn er zu lange hängen bleibt, dann fault er am Baum.«

Aber Schneider ließ sich nicht aus der Ruhe bringen. »Er fault, wenn man ihn übersieht. Dann fällt er zu Boden, düngt die Erde, aus der neue Talente wachsen. Erfolg oder Mißerfolg, das liegt ganz bei dir selber.« Er schlug mir auf die Schulter, schickte mich auf meinen Platz, dann griff er in die Tasche, zog einen Umschlag hervor. »Meine Herren, ich habe Ihnen eine traurige Mitteilung zu machen. Soeben ist die Nachricht vom DFB eingegangen. Der FC Bayern wird nicht in die Bundesliga aufgenommen und muß weiterhin in der Regionalliga Süd spielen.«

Der Schock traf uns wie ein Blitzstrahl, hatte doch niemand mit dieser Entscheidung gerechnet.

In der Spielzeit 1963/64 wurde die Fußballbundesliga gegründet. Obwohl der FC Bayern in den vorhergegangenen Jahren in der spielstarken süddeutschen Oberliga zweimal Tabellendritter gewesen war, wurde ausgerechnet unser Lokalrivale, der TSV 1860 München, von den Fußballgewaltigen als der würdigere bayerische Vertreter in der höchsten deutschen Spielklasse befunden. Der Karlsruher Sportclub, der 1. FC Nürnberg, der VfB Stuttgart, Eintracht Frankfurt und der TSV 1860 waren somit als Repräsentanten des süddeutschen Fußballs gekürt. Wir – der FC Bayern – sahen in die Röhre.

Die Mitteilung ereilte uns am 11. Mai 1963, kurz vor Abschluß der Saison. Um in die Bundesliga vorzustoßen, lag nun der schwere Weg durch die Regionalliga vor uns. Der Entscheid tat uns doppelt leid – nicht nur aus eigenem Interesse, sondern auch wegen Helmut Schneider, mit dem wir prächtig ausgekommen waren. Den Erfolg hätten wir ihm zum Abschluß seiner Tätigkeit bei unserem Verein gerne gegönnt.

Sein Nachfolger war schon bestimmt. In der neuen Saison würde uns der bisherige Erfolgstrainer des 1. FC Köln schleifen: Zlatko Cajkovski, der überall nur »Tschik« hieß, was wohl soviel wie »Stummel« oder »Däumling« bedeutet.

Tschik Cajkovski

Zweimal war er mit den Kölnern Westmeister geworden, einmal sogar deutscher Meister. Zu den Bayern kam er gerne. Nicht nur des sportlichen Anreizes wegen, aus einer jungen, begabten Mannschaft ein Klasseteam zu formen. Da war noch ein anderer Grund, eine heimliche Leidenschaft sozusagen, die einem anderen bayerischen Produkt galt, dem sachgerecht zubereiteten Spanferkelbraten nämlich. Seit Tschik seine aktive Laufbahn aufgegeben hatte, lebte er nur noch für zwei Hobbies: für den Fußball und das gute Essen. München bot beides in überreichem Maße, kein Wunder, daß es ihn an die Isar drängte.

Wenn ich den Namen Tschik Cajkovski niederschreibe, kann ich unmöglich in der Vereinsgeschichte fortfahren, ohne auf meinen ersten wirklichen Profitrainer genauer einzugehen. Die Kämpfe um den Aufstieg in die Bundesliga müssen halt noch ein bißchen warten. Der Tschik ist nämlich ein Kapitel für sich.

Wir nannten ihn »Trainer« oder einfach »Tschik«.

Siebenundfünfzigmal hat Cajkovski die Farben seiner jugoslawischen Heimat international vertreten, als Außenläufer, wie man das damals noch nannte. 1948 in London und 1952 in Helsinki gewann er mit seiner Mannschaft olympisches Silber, spielte bei den Weltmeisterschaften 1950 in Brasilien und 1954 in der Schweiz. Ich muß das erwähnen, denn sieht man Tschik auf Fotos neueren Datums, dann traut man dem rundlichen Herrn diese Karriere gar nicht zu.

Aber Tschik war ein Vollblut. Ein fußballfanatischer, verrückter und liebenswerter Kumpel. Als er zu uns kam, hat er ein hervorragendes Training geboten. Unsere Erfolge bestätigten diese Qualität. Er hat einfach gut zu uns gepaßt. Niemand störte sich daran, daß er beim Essen immer ein bißchen schmatzte. Und wenn er mit seinem Teller in Rekordzeit fertig war, prompt aufstand und wie ein hungriger Hund um unsere Tische strich, wußten wir schon, was als nächstes kam. »Hmmm, riecht gut. Was ißt du denn da? Pommes frites.« Und schon hatte er sich mit seinen dicken Wurstfingern eine ordentliche Portion vom Teller eines Langsamessers gefischt. »Schmeckt das Fleisch?« war die nächste Frage, die er sich dann handgreiflich selbst beantwortete.

Für uns war das ein riesiger Spaß. Keiner hat ihm je irgend etwas übelgenommen. Im Gegenteil, er war einer von uns. Wir waren ja auch nicht mit dem goldenen Löffel im Munde geboren worden. Mit seiner Direktheit und Unbekümmertheit machte er uns dermaßen locker, daß wir den Trainer nie als Autorität im schlechten Sinne empfanden, sondern einfach gut spielten, weil er so eine Freude daran hatte.

Und dann sein Familiensinn.

Als Südländer liebte er Gesellschaft. Wir waren alle seine Kinder, seine Buben, wie er uns nannte. Immer wieder passierte es, daß er plötzlich das Nachmittagstraining abbrach, wenn er merkte, daß bei uns die Konzentration nachließ.

»Is nicht gut heute«, radebrechte er in seinem kunstvoll verschraubten Deutsch, »fahren wir nach Hause zu meine Rada. Trinken wir Kaffee.«

Sechs bis sieben Mann packte er dann in seinen Mercedes. Ab ging's nach Solln, wo er sein Haus hatte. Die anderen, die keinen Platz im Wagen fanden, mußten die Straßenbahn nehmen. Ein Auto hatte damals kaum jemand in unserer Mannschaft.

Tschiks Künste als Autofahrer hielten sich in sehr, sehr engen Grenzen.

»Ist kaputt, verdammtes Auto«, schimpfte er, wenn der Wagen aus der Sportschule holperte und sich stotternd in den Verkehr einreihte. »Muß ich Wagen wieder in Werkstatt geben.« Den Hinweis, daß er nicht im dritten Gang anfahren solle und daß häufiges Schalten dem Motor besser bekäme, tat er mit einer Handbewegung ab. »Hat starke Maschine diese Mercedes. Nur einen Fehler, macht immer pop, pop, pop.«

Seine Frau Rada war eine Seele von Mensch. Sie umsorgte die ganze Mannschaft auf eine geradezu rührende Weise, hatte einen Haufen Arbeit mit dem Geschirr und mußte sich noch dazu die Gespräche anhören, die sich – wie könnte es auch anders sein? – ausschließlich um Fußball drehten.

Unter Tschik eilten wir von Erfolg zu Erfolg. Er holte Franz Beckenbauer aus der Bayernjugend und Gerd Müller aus Nördlingen; in seine Zeit fällt die Verpflichtung von »Katsche« Schwarzenbeck und »Bulle« Roth. Fünf Jahre war er bei uns, hat uns in die Bundesliga gebracht; unter ihm wurden wir Pokalsieger und holten 1967 den ersten Europacup der Pokalsieger nach München.

Aber seine gemütliche Art haben wir auf die Dauer nicht verkraftet. Irgendwie brauchten wir eine harte

Hand, die wir in Branko Zebec dann auch prompt bekamen.

Das letzte Jahr unter Tschik war eine einzige Farce. Heute tut es mir leid, wie wir mit ihm umgesprungen sind. Wenn er sich über uns aufregte, donnerte oder gar polterte, haben wir ganz auf zerknirscht gemacht und ihn freundlich angelächelt. Dann war er entwaffnet. Ärgerlich auf sich selbst, auf seine Schwäche gegenüber der Mannschaft, knurrte er dann nur: »Seid ihr Schlitzohren. Ich kann schimpfen, ihr nur lachen. Kommt, gehen wir zu Rada, Kaffee trinken.«

Er war ein guter Kerl, ein zu guter Kerl. Und wir tanzten ihm auf der Nase rum. »Trainer keine Gymnastik mehr, bitte.«

«Was wollt ihr denn machen?«

»Ein Spielchen auf zwei Tore.«

»Gut, spiele ich aber mit. Die besten kommen zu mir. Beckenbauer, Maier, Müller, Nafziger, Brenninger.« Er ließ keine Gelegenheit aus, selber mitzuspielen. Im Training wollte er unter allen Umständen immer gewinnen. Aber, wie das so läuft, an jenem Tag, an den ich gerade denke, lag die andere Mannschaftshälfte nach wenigen Minuten 4:0 vorne. Hat der Tschik sich geärgert! Eigentlich wollten wir bloß anderthalb Stunden – die normale Zeit also – spielen. Aber da hat er es weiterlaufen lassen. Nach zwei Stunden waren wir auf 4:4 heran. Und als wir endlich 5:4 führten, hat er sofort abgepfiffen. Die eine Mannschaft nannte er Eagles, die Adler, die anderen waren die Panther. Und Tschik – natürlich – der große Häuptling. Wir waren wie die Kinder, ein verschworener Haufen. Unsere großen Erfolge damals waren nur eine zwangsläufige Folge unserer Einstellung zum Beruf.

Dabei fällt mir das Jahr 1967 ein.

Cup der Cupsieger

FC Bayern gegen die Glasgow Rangers in Nürnberg.

Wir wohnten in Behringersdorf, hatten unser Trainingslager in einem ruhig gelegenen Hotel.

Ich werde immer wieder gefragt: Wozu ein Trainingslager? Ihr habt doch alles in München, ein eigenes Gelände, eure Familien, warum also weg von daheim? Die Antwort ist ganz einfach. Beim normalen Trainingsverlauf wird man zu Hause doch immer mit persönlichen Problemen konfrontiert. Da sind die Kinder krank, da ruft einer an und will wissen, wie viele Kilometer ein Stürmer während des Spiels zurücklegt, oder ähnlichen Unsinn. Mit anderen Worten, man wird ständig abgelenkt. Die Ruhe, das Zusammengehörigkeitsgefühl zwischen den Mannschaftsteilen kann nur in der Abgeschiedenheit, in der konzentrierten Arbeit wachsen.

Ein gutgeführtes und organisiertes Trainingslager ist durch nichts zu ersetzen.

Der Abend vor dem Spiel gegen die berühmten Rangers war mit langen Vorbereitungsgesprächen während der Spielersitzung wie im Fluge vergangen. Tschik war in seinem Element. Er kannte den Verein, die einzelnen Spieler wie seine Westentasche, hielt jedem von uns einen Vortrag über seinen »Mann«, auf den er aufzupassen hatte. Und ich, der ich als Torwart mit jedem von ihnen rechnen mußte, hatte mir am meisten anzuhören.

Tschik war wie besessen, saß mir hautnah gegenüber, hypnotisierte mich förmlich, als er mir die Gefährlichkeiten und Besonderheiten der Gegner vortrug. »Dieser Mann da – kopfballstark. Und so ein kleiner gefährlicher Linksaußen, wieselflink, dribbelt, haut Flanken. Da mußt du viel rausgehen.«

Er hat mich förmlich besoffen geredet.

Ich teilte damals mein Zimmer mit dem Rigotti Hansi. Als der noch was zu mir sagen wollte, habe ich ihn nur kurz angeknurrt und das Licht ausgemacht.

Aber ich konnte einfach nicht schlafen. Wie eine Vision zog die kommende Begegnung an meinem inneren Auge vorüber. Ich hörte den Lärm der Zuschauer, die Pfeife des Schiedsrichters, roch meinen Angstschweiß, sah die Gesichter der Gegner vor mir. Da, eine hohe Flanke. Ich hechte ihr hinterher und spüre die große Erleichterung, als ich den Ball sicher in den Händen halte. Aber da! Was soll das Gebrüll? Ich spüre einen Hieb in die Seite.

»Torwart im Fünfmeterraum angehen verboten«, schreie ich empört. Da kriege ich noch einen Hieb und wache davon auf.

»Bist du wahnsinnig«, brüllt der Rigotti Hansi mich an, »willst du mir den Kopf abreißen?«

Überdreht wie ich war, hatte ich meinen Zimmernachbarn an der Rübe gepackt und hin und her geschüttelt.

»Nie wieder schlaf' ich mit dir auf einem Zimmer. Du bist ja lebensgefährlich.«

Das war in der Nacht zum 31. Mai 1967, in der Nacht vor dem Endspiel um den Europapokal der Cupsieger, einer der aufregendsten Fußballschlachten, die ich je erlebt habe.

Wir waren über den tschechischen Pokalsieger Tatran Presov, die Shamrock Rovers aus Dublin, Rapid Wien und Standard Lüttich ins Endspiel vorgestoßen.

Wie bei der UEFA üblich, war auch damals der Endspielort schon zu Beginn der internationalen Runde festgelegt worden: das Stadion des FC Nürnberg. Mit anderen Worten, für uns war das eine Art Heimspiel.

Dennoch sah niemand im FC Bayern den Favoriten für den Cup-Gewinn. Unsere internationale Erfahrung hielt sich in engen Grenzen, und wir waren nach Meinung der in- und ausländischen Presse mit unbegreiflichem Glück durch die Vorrunden geschlittert.

In einem muß ich den Kritikern recht geben. Bei fast allen Auswärtsspielen hatten wir mehr als schlecht ausgesehen. Das fing schon an bei unserem ersten Auftritt in der Tschechoslowakei.

Die Tschechen hatten zwar ihren Länderpokal gewonnen, waren aber gleich darauf in die zweite Liga abgestiegen. Für uns kein Grund, den Gegner sonderlich ernstzunehmen. Eine Fehleinschätzung, die uns eine Menge Angstschweiß kosten sollte.

Die Bayernachse, Maier-Beckenbauer-Müller, besaß damals bereits einen guten Klang und hatte soviel Publikum ins Presov-Stadion gelockt, daß die Zuschauer genauso dicht gedrängt saßen wie bei unseren späteren großen Spielen um den Europacup. Kein Wunder, daß Tatran Presov bei dieser Kulisse zu großer Form auflief. Schließlich hatte die Mannschaft nach dem Abstieg bei ihren Fans einiges gutzumachen. Diesen Ehrgeiz bekamen wir alsbald zu spüren. Hier wurde nicht mehr gespielt, hier wurde – wie die Politiker sagen – geholzt, daß die Knochen krachten. Diese Angriffswut, unterstützt von der fanatisierten Menge, traf uns völlig unerwartet. Klar, daß man in solchen Fällen die Heimmannschaft sich erst einmal austoben läßt. Wenn dem Gegner dann die Puste ausgeht, ist immer noch Zeit für einen eleganten Konter. Aber die Härte, mit der die Tschechen zur Sache gingen, brachte den einen oder anderen meiner Vorderleute dazu, mehr an die eigene Sicherheit als an den Ball zu denken – und den mußte ich prompt einige Minuten später aus den Maschen meines Netzes fischen.

Kruzitürken, was habe ich nach diesem Treffer geflucht! Man bescheinigte mir denn auch nach dem Spiel einen mörderischen Ausdruck in meinen sonst so sanften blauen Augen. 0:1 gegen einen zweitklassigen Gegner. Da soll man nicht aus der Haut fahren.

Maier sieht rot, hieß es beim Wiederanstoß an der Mittellinie, und der Bulle Roth war dann auch so freundlich, den Ausgleich zu schießen.

Mit dem 1:1 fuhren wir nach Hause. Eine gute Ausgangsposition für das Rückspiel in München.

Das Grünwalder Stadion war nicht einmal halbvoll, als wir antraten, um unsere beinahe peinliche Leistung von Presov vergessen zu machen. Vielleicht war das Wetter schuld an der düsteren Kulisse, man schrieb den 5. Oktober 1966 – vielleicht auch war der Gegner nicht attraktiv genug, das Endergebnis für unsere Fans sowieso eine klare Sache.

Jedenfalls bleibt es für die Akteure immer ein Ärgernis, bei wichtigen europäischen Pokalschlachten vor einem halbleeren Haus antreten zu müssen. Da fehlt die Stimmung und damit die vielbeschworene Motivation, die ehrgeizige Einstimmung auf ein rauschendes Fußballfest.

Das Spiel lief in den ersten Minuten ganz in unserem Sinne, als der Mucki Brenninger kurz nach dem Anpfiff das 1:0 erzielte. Der Führungstreffer bedeutete für uns schon die halbe Miete, ohne sonderlichen Ehrgeiz ließen wir es weiterlaufen und kassierten nach Wiederanpfiff prompt den Ausgleichstreffer. War die Stimmung im Stadion vorher reserviert gewesen, so machte das Publikum jetzt seinem Unmut mit Pfiffen Luft.

Genau das hatten wir gebraucht, um nun groß aufspielen zu können. Achtzig Sekunden später war Gerd Müller im Strafraum des Gegners ... Tor! Anpfiff, ein gegnerischer Stürmer verstolpert den Ball, Roth mit einer Körpertäuschung zu Brenninger, Doppelpaß mit Müller ... Tor! 3:1 für Bayern München.

Damit schien die Begegnung endgültig gelaufen. In Gedanken war das Treffen abgehakt, wir träumten schon vom nächsten Punktspiel der Bundesliga. Für uns alle überraschend hieß es plötzlich 3:2, und in den letzten zehn Minuten hatte ich alle Hände voll zu tun, den Vorsprung und damit das Erreichen der Zwischenrunde über die Zeit zu retten.

Die Spiele gegen Tatran Presov hatten uns einiges Prestige gekostet, nach den Begegnungen mit dem irischen Pokalmeister Shamrock Rovers kam es noch schlimmer. Gegen die irischen Amateure im Dalymont Park in Dublin erreichten wir wieder nur ein dünnes 1:1, im Rückspiel in München wurde es erneut dramatisch. In den ersten acht Minuten schossen Brenninger und Ohlhauser zwar die 2:0-Führung heraus; da brachten die Rovers einen abgefälschten Schuß in meinem Netz unter, worauf bei uns ganz plötzlich der Faden riß. Und als die Amateure gar noch den Ausgleichstreffer erzielten, bekamen wir das große Fracksausen. Wir hatten die Iren unterschätzt, jetzt ging es um alles. Plötzlich wurden wir hellwach, die Lethargie war von uns abgefallen. So weit die Stiefel trugen, warfen wir alle Energie in den Angriff. Während der restlichen Minuten bekam ich so gut wie nichts mehr zu tun. Schließlich schoß Gerd Müller den Siegestreffer.

Erneut waren wir eine Runde weiter, aber das Hohngelächter der Presse und der Rundfunkkommentatoren schallt mir noch heute in den Ohren.

Ein lapidarer Satz: Je weiter man kommt, desto schwerer die Gegner. Aber diesmal hatten wir einen besonders harten Brocken erwischt: Rapid Wien.

Begegnungen zwischen Österreichern und Bayern haben in unserem Sprachraum fast immer den Charakter inoffizieller Länderspiele.

Das Wiener Praterstadion platzte mit 70 000 Zuschauern aus allen Nähten. Eine ungeheure Stimmung brandete von den Rängen auf das Spielfeld herunter, als wir einliefen, uns vor den Schiedsrichtern die Hände reichten und dabei versprachen, recht brav und den Regeln entsprechend dem Gegner das Fell über die Ohren zu ziehen.

Und dann ging es los. Mein lieber Mann. Die Wiener attackierten, daß uns Hören und Sehen verging. Unser Mittelfeld und Angriff kamen gar nicht in die gegnerische Spielhälfte. Der Franz auf seinem Liberoposten und ich im Tor verbrachten alles andere als eine geruhsame erste Halbzeit. Dennoch gelang es mir, den Kasten sauberzuhalten, und bei Wiederanpfiff waren wir überzeugt, daß dem Gegner nun allmählich die Luft ausgehen würde.

Aber das Gebrüll von 70 000 Zuschauern und die schon erwähnte Rivalität zwischen den Nachbarländern stachelten die Wiener so heftig an, daß sie auch in der zweiten Halbzeit nicht locker ließen.

Es kam, wie es kommen mußte. Hasil trat einen Freistoß, den mir ausgerechnet der Gustl Starek – ein späterer Bayernspieler – in die Maschen setzte. Damit war der Torhunger von Rapid aber noch längst nicht befriedigt. Der Sturmlauf ging weiter. Ich flog von einer Ecke in die andere, hielt Freistöße und Eckbälle, fischte den durchgebrochenen Stürmern den Ball vom Fuß. Es blieb beim 1:0, und am nächsten Morgen konnte ich in der Presse lesen, was für ein toller Bursche ich doch gewesen sei. Eine Behauptung, der ich mich rückhaltlos anschloß.

Dann kam der 8. März 1967. Rückspiel Bayern München – Rapid Wien im Grünwalder Stadion. Diesmal hatten wir endlich ein volles Haus. Unsere Fans erwarteten von uns natürlich die Umkehrung des Hinspiels im Praterstadion. Und wir hatten uns vorgenommen, sie nicht zu enttäuschen.

Die Wiener standen wie eine Mauer vor dem eigenen Sechzehnmeterraum. Kein Durchkommen möglich. Am Ende der ersten Halbzeit stand es genau wie in Wien noch 0:0. In der zweiten Spielhälfte ging es dann hoch her. 59. Minute. Gerd Müller schickt einen Steilpaß zu Ohlhauser, der nimmt den Ball direkt... Tor! Wütende Proteste der Wiener. Abseits. Der Schiedsrichter läßt sich nicht beirren, gibt den Treffer. Seitl von Rapid kann sich über die »Fehlentscheidung« nicht beruhigen, geht den Unparteiischen an und fliegt prompt vom Platz.

Da war was los. Das Spiel stand kurz vor dem Abbruch. Ich weiß heute nicht mehr, wer oder was die Gemüter wieder beruhigte, jedenfalls lief das Spiel weiter. 1:0 für den FC Bayern nach Ablauf der neunzig Minuten.

Damit war keiner von beiden Mannschaften gedient, da die Wiener im Hinspiel das gleiche Resultat erzielt hatten. Wir mußten in die Verlängerung.

Das kostet Nerven. Es geht ja um so viel, um internationales Vereinsprestige, das dann die lukrativen Freundschaftsspiele bringt. Und der persönliche Einsatz wird ja auch nicht schlecht honoriert.

An Geld und Prestige denkt man während des Kampfes allerdings nicht. Man ist viel zu ausgepumpt, um sich auf anderes konzentrieren zu können als auf die kommenden dreißig Minuten. Eine Pause ist nicht gestattet. Man wechselt das Feld, und nach kurzer, sehr kurzer Unterbrechung geht es weiter.

Anpfiff. Wer hat die bessere Kondition?

Die Wiener erwiesen sich als wahre Weltmeister in der Verteidigung. Aber da kam unsere glückliche 106. Spielminute. Ohlhauser hatte eine Flanke in den gegnerischen Strafraum geschlagen. Der Ball prallte vom Rücken eines Wieners ab, fiel dem Gerd vor die Füße ... Tor!

Wir standen im Halbfinale beim Cup der Pokalsieger. Slavia Sofia, die Glasgow Rangers, Standard Lüttich und Bayern München, das waren die letzten Mohikaner.

Das Los teilte uns Lüttich als nächsten Gegner zu.

Zum erstenmal sahen wir uns in der unangenehmen Lage, zuerst ein Heimspiel bestreiten zu müssen. »Müssen viele Tore vorlegen«, befahl Tschik auf der Spielerversammlung. Ein ebenso einfaches wie richtiges Konzept. Aber daraus wurde wieder mal nichts. Nach sieben Minuten führten wir zwar schon mit 2:0 durch Tore von Müller und Kupferschmidt, aber dann war die Luft bei uns raus. Die Belgier verteidigten so geschickt, daß wir nichts mehr ausrichten konnten, und brachten mit einigen Konterangriffen mehrmals Gefahr vor mein Tor. Zum Glück konnte ich die Schüsse parieren. Tschik war nach dem mageren Ergebnis alles andere als enttäuscht. »Schießen wir ein Tor in Lüttich, und – bumm – schon sind wir im Finale.«

Tatsächlich – der Dicke behielt recht. Wir schossen nicht nur ein Tor, sondern gleich drei in Belgien. Am ersten Treffer war ich sogar direkt beteiligt. Weiter Abwurf zu Ohlhauser, Paß zu Müller, der wieselt sich an zwei Abwehrspielern vorbei ... Tor!

Damit war's passiert. Wir standen im Finale.

Daß uns dennoch niemand auch nur den Hauch einer Chance gegen die Glasgow Rangers einräumte, lag an unseren miserablen Qualifikationsspielen. Obwohl wir das Spiel in Nürnberg bestreiten mußten, drückte uns keine Sekunde die Bürde des Favoriten.

Eine sehr angenehme Ausgangsposition.

31. Mai 1967. Endspiel vor 72 000 Zuschauern.

Wir erfuhren es später aus der Presse. Den ganzen Tag

war im Zentrum von Nürnberg die Hölle los. Randalierende schottische Fans am Flughafen, im Stadion, am Hauptbahnhof, in der Innenstadt. Der billige Whisky im Flugzeug mag seinen Teil dazu beigetragen haben, trotzdem habe ich den ungezügelten Fanatismus der Massen nie begreifen können. Aus der Bundesliga waren wir schon einiges gewöhnt, aber was sich bei internationalen Begegnungen vor und nach dem Spiel tut, kann man nur mit Vandalismus umschreiben. Aggressionen werden wach, verdrängte Komplexe kommen zum Ausbruch, man schreit sich die Seele aus dem Hals und fühlt sich dabei frei. Die Psychologen begrüßen diesen Vorgang, nennen ihn den »Teller-an-die-Wand-werf-Effekt«. Der Urschrei soll angeblich die Seele befreien, eine ähnliche Wirkung haben wie ein erlösender Weinkrampf, das ist alles schön und gut. Wenn man aber als Mannschaft den Komplexen und verdrängten Leidenschaften von Zigtausenden ausgesetzt ist, dann ist das nicht mehr komisch.

Die Stunden vor dem Anpfiff.

Gerd Müller hatte sich vor ein paar Wochen im Länderspiel gegen Jugoslawien den Unterarm gebrochen. Würde er spielen können? Eine bange Frage. Arzt Dr. Spannbauer und der italienische Unparteiische Lo Bello prüften den verletzten Arm mit größter Sorgfalt. Dann erhielt Gerd die Spielerlaubnis, allerdings auch die Auflage, eine Ledermanschette anzulegen.

Anpfiff. Ein Schrei brandete durch das Stadion.

Die Schotten. In ruhigen, überlegten Angriffswellen überrannten sie unser Mittelfeld, waren schon im Sechzehner. Beckenbauer. Weiter Paß von vorn, abgefälscht. Schon wieder die Schotten.

So ging das während der gesamten ersten Spielhälfte. Aber unsere Verteidigung stand sicher. Franz – der Kaiser im Sechzehner – und ich hatten einen wirklich guten Tag. Ich hielt alles, was auf meinen Kasten zuzischte, kullerte oder sprang.

Zweite Halbzeit. Gute Tormöglichkeit für Müller und Ohlhauser. Aber die Schotten waren auch nicht von gestern, wehrten die Angriffe ab. Langsam verflachte das Spiel. Keine der beiden Mannschaften wollte noch etwas riskieren und gegen Ende der regulären Spielzeit womöglich noch den entscheidenden Treffer einfangen. Dann besser in die Verlängerung oder gar in die Wiederholung des Endspiels.

0:0 nach neunzig Minuten. Kurze Erholungspause.

Weiter. Gleich nach dem Anpfiff kommt Johnstone an den Ball, läuft über das halbe Feld, Flanke in den Strafraum, Hynd springt hoch, schlägt mir den Ball mit der Faust – jawohl mit der Faust – ins Netz. Mir wurde schwarz vor Augen. Wenn der Schiedsrichter das nicht gesehen hat, dann ...

Aber er hatte. Lo Bello gab Freistoß für uns.

Die 108. Minute. Ohlhauser flankt den Ball vor den Kasten der Schotten, Bulle Roth ist da ... Tor!

1:0 für den FC Bayern. Der Jubel im Stadion ist nicht zu beschreiben. Aber nach der Begeisterung hatte ich zwölf fürchterliche Minuten durchzustehen. Die Schotten warfen alles nach vorn. Aber, wie gesagt, Franz Beckenbauer und ich hatten einen guten Tag.

Abpfiff. Der FC Bayern Sieger im Europacup der Pokalsieger. Hunderttausende feierten uns am nächsten Tag auf dem Marienplatz vor dem Rathaus. Die Presse überschlug sich in Lobeshymnen auf Franz Roth, Franz Bekkenbauer, Sepp Maier. Und Tschik Cajkovski war König in München. Welch ein Triumph für den kleinen Jugoslawen, der uns in nur vier Spielzeiten aus der Regionalliga auf den europäischen Fußballthron gewuchtet hatte.

Im Jahre 1963, als er die Mannschaft übernahm, hatte es gar nicht danach ausgesehen. Man erinnere sich: Wir spielten in der Regionalliga Süd, kämpften um den Aufstieg in die höchste deutsche Spielklasse.

Die Saison 1963/64 beendeten wir mit Wut im Bauch als Tabellenzweite der Regionalliga Süd und hatten uns damit für die Aufstiegsrunde zur Fußballbundesliga qualifiziert. Mit Wut im Bauch, sage ich, weil wir unserem Ortsrivalen gegenüber im letzten Jahr den kürzeren gezogen hatten, als der TSV 1860 direkt in das Fußballoberhaus aufstieg.

Ein Genie namens Franz

Unser erster Gegner war der FC St. Pauli aus Hamburg. Wir siegten mit 4:0 und führten schon nach der ersten Halbzeit der Aufstiegsrunde die Tabelle mit 5:1 Punkten an. Das Spiel in Hamburg habe ich nur erwähnt, weil damals ein gewisser Franz Beckenbauer – noch nicht ganz achtzehn Jahre alt und daher nur mit Sondergenehmigung des DFB spielberechtigt – zum erstenmal das Trikot des FC Bayern trug. Der Jugendleiter hatte unserem Trainer den Franz so sehr empfohlen, daß der Tschik, ohne lange zu zögern, das junge Talent in die Mannschaft nahm und auf Linksaußen stellte. Franz rechtfertigte die Berufung denn auch mit seinem Tor zum 4:0 in der 84. Spielminute.

Ich kannte den Franz schon lange. Wir hatten beide in der Bayernjugend gespielt. Das erste Mal sind wir uns auf einer Hütte in der Nähe von Oberstdorf begegnet. Wir waren mit der Jugend bayerischer Vizemeister geworden und erhielten als Anerkennung für diese Leistung den Aufenthalt vom Verein bezahlt. Vierzehn Jahre war der Franz damals, ich immerhin schon stolze fünfzehn. Obwohl schon seit frühester Zeit ein äußerst talentierter Fußballspieler, wäre der Franz doch um ein Haar in einem ganz anderen Beruf gelandet. Denn mit sechzehn hatte er seine erste Freundin, und darauf reagierte der damalige Jugendtrainer, der Rudi Weiß, bekanntlich allergisch.

Zur Strafe verbannte er den Franz ins zweite Glied der Bayernjugend. Der Jungstar verlor daraufhin alle Lust am Fußball und wollte sich schon anderweitig umsehen. Da wollte es das Glück, daß seine Ingrid sich bei einem fanatischen und hochbegabten Fußballschüler wohl zu weit im Abseits fühlte. Sie begann sich umzuorientieren, und der Franz versuchte, seinen Liebeskummer durch ungeheure Trainingsleistungen zu vergessen. Daran hatte der Rudi Weiß nun wiederum seine helle Freude.

Schon in seiner allerfrühesten Jugend beim Verein war der Franz in unseren Augen ein Genie. Wo andere sich quälen mußten, ging er ganz leicht an die Sache heran. Nie sah ich ihn überanstrengt oder gar an der Grenze des Stehvermögens. Auch bei der schwierigsten Trainingsarbeit wirkte er elegant und souverän, obwohl er sich genausoviel Mühe gab wie wir. Anders hätte er es auch nie zu einer so vollendeten Form gebracht – von nichts kommt nun mal nichts. Selbst in seinem Fall war das Talent nicht ausreichend. Nur durch enormen Fleiß ist er der geworden, den die Welt kennt. Und für mich wird er immer der Größte bleiben.

Wer ihn nur privat als ruhigen, netten Kerl erlebt hat, der

kann sich nie und nimmer vorstellen, wie wild und temperamentvoll er gegenüber seinen Mitspielern auf dem Feld auftrumpfen konnte. In seiner späteren Position als Libero und Kapitän hielt er kraft seiner Persönlichkeit die Abwehr mit eiserner Hand und äußerst unhöflichen Ausdrücken zusammen. »Abwehr auf Angriff, los!« Niemand hätte es je gewagt, sich seiner Order zu widersetzen. Das hat seine Vorteile, lähmt aber auch die Entwicklung der anderen Spielerpersönlichkeiten. Die meisten von uns haben vor ihm gekuscht. Ich meine das durchaus positiv, beruhte diese Reaktion doch auf der neidlosen Anerkennung seiner sportlichen Leistung.

Allerdings litten empfindliche Spieler sehr unter seinen Temperamentsausbrüchen. Unser Däne, beispielsweise, der Johnny Hansen, auch ein ausgezeichneter Spieler, duckte sich förmlich unter den scharfen Worten des Kapitäns, fletschte dabei vor Wut die Zähne und fluchte ebenso lautstark zurück: »Seisse, Seisse, Seisse . . .«

Damals, nach unserem Sieg am Millerntor beim FC St. Pauli, war er überglücklich, daß ihm sein Einstand bei den Großen so gut gelungen war. Er hielt sich auch bei unseren Glückwünschen sehr bescheiden zurück. Zu dieser Zeit war der Erhardt Ertl noch Chef der Mannschaft. Sein Wort kam gleich nach dem des Trainers, war für uns somit eine Art Ersatzevangelium. Der Ertl war ein hochverdienter Altinternationaler, den wir alle mit Sie anzureden hatten. Schließlich waren wir im Schnitt ungefähr zehn Jahre jünger als er. Den Altersunterschied demonstrierte seine Glatze, die uns wie von selbst auf Distanz zwang.

Ein böser Dämpfer

Die Aufstiegsrunde zur Bundesliga war so gestaffelt, daß der Südmeister auf den Nordmeister treffen würde. Hannover 96 galt als äußerst starker Gegner, dem wir möglichst aus dem Wege gehen wollten. Bloß nicht Südmeister werden. Die Nummer zwei in der Tabelle, das war genau das richtige.

Unser letztes Spiel ging gegen Ulm. Wir wußten, wir durften unter keinen Umständen gewinnen, sonst hätten wir uns selbst die Hannoveraner vorgesetzt. Wir – das war die gesamte Mannschaft, bis auf den Mittelstürmer, den Jaworski, der die Lage überhaupt nicht begriffen hatte. Zu allem Unglück lief er an diesem Tag zu besonders guter Form auf. Ein ums andere Mal tankte er sich durch die gegnerische Abwehr, schoß ein Tor nach dem anderen, freute sich über den Erfolg wie ein Kind und konnte nicht begreifen, daß wir ihm für einen weiteren Treffer Prügel androhten.

Was der Jaworski an Toren geschossen hatte, mußten wir wieder einstecken. Bloß kein Sieg!

Wir öffneten die Abwehr, und unser tüchtiger Mittelstürmer raufte sich die Haare. Mit unserer Ulmer Niederlage hatten wir eine Prämie von zweihundert Mark verspielt, waren den Hannoveranern aber erfolgreich aus dem Weg gegangen.

Mit 5:1 Punkten – ich sagte es schon – führten wir dann die Aufstiegstabelle an. Der Marsch ins Oberhaus schien nur noch eine reine Formsache. So sicher waren wir, daß wir vor den letzten Spielen nur noch so weltbewegende Probleme diskutierten wie Farbe und Form der Trainingsanzüge oder die aufgestickten Schriftzeichen des Vereins. Unseren letzten Gegner, Tasmania Berlin, nahmen wir schon gar nicht mehr für voll, und ausgerechnet gegen Tasmania spielten wir vor eigenem Publikum nur unentschieden. Im Saarbrücker Ludwigsparkstadion gegen Borussia Neunkirchen gewannen wir zwar knapp, verloren aber im Rückspiel in München mit 0:2 Toren.

Unser Vorsprung aus der Vorrunde war zusammengeschmolzen wie der berühmte Schnee in der Sonne. Und als wir dann in Berlin gegen Tasmania noch eine 3:0-Schlappe kassierten, war der Traum von der Bundesliga ausgeträumt.

Runter in die Regionalliga. Auf ein neues im nächsten Jahr. Ein bitterer Brocken, den wir da verdauen mußten. Aber ein Gutes hatten die letzten Spiele doch zur Folge: Ohlhauser hatte auf seinem Posten als freier Mann nicht gerade geglänzt. Kurzerhand bestimmte Tschik den Franz als Libero, einen Posten, den er die nächsten dreizehn Jahre behielt.

Damit hatte der wackere Cajkovski die ersten beiden Glieder der später so berühmten Bayernachse geschmiedet.

Maier – Beckenbauer. Wer fehlt da noch? Natürlich Gerd Müller.

Die Achse ist komplett

1964 kam er zu uns, der Dicke, der Torjäger aus Nördlingen. Wir haben uns halb krank gelacht, als wir ihn zum erstenmal sahen. Der Rundschädel mit dem kurzgeschorenen Haar, der übergroße Rumpf, die krummen Beine. »Ich bin der Torjäger aus Nördlingen«, hatte er schüchtern gesagt. Eine richtige Galavorstellung. Wir schrien vor Lachen.

Aber dann erinnerte ich mich an meine Anfangszeit, an das Echo der Kameraden bei meinem Einstand: »Ich bin der Torwart aus Haar.«

Das machte mich nachdenklich. Ich sprach mit dem Gerd, und das hat er mir nie vergessen. Über die Jahre hinweg haben wir uns bestens verstanden. Das ist so geblieben bis zum bitteren Ende.

Übrigens, als wir den Gerd das erste Mal im Training erlebten, verging uns sehr bald das Lachen. Ihm galt das Training genausoviel wie das Spiel selbst. Wenn er im Übungsspielchen seine Tore schoß, jubelte er wie bei einem Treffer in der Meisterschaftsrunde. Überhaupt, sobald er nur in Strafraumnähe kam, schien sich der ganze Kerl plötzlich mit Starkstrom aufzuladen. Er fieberte, zitterte, drehte sich blitzschnell wie ein Quirl. Ein Alptraum für jeden Verteidiger.

Das haben wir später oft genug miterlebt. Zu dritt, zu viert haben sie ihn in die Zange genommen. Er hat sie alle umspielt. Und wenn es gar zu eng wurde, wenn sie ihn festhielten und der Schiedsrichter die Scheuklappen unten hatte, dann hat er seine Tore halt – Verzeihung – mit dem Arsch geschossen. Als der Tschik ihn im Spätherbst 1964 erstmals gegen den FC Freiburg einsetzte und er zum Einstand gleich vier Tore schoß, da war die Bayernachse fertig, die im Verein und in der Nationalmannschaft den Gegnern später schlaflose Nächte bereitete.

Ich sage das ganz ohne Arroganz und Übertreibung. Das waren nämlich für uns herrliche Zeiten – und ich weiß, wie sehr Fußballdeutschland dieser Epoche nachtrauert.

Seit der Gerd seinen Stammplatz in der Mannschaft hatte, kassierte jeder unserer Regionalligagegner in München mindestens fünf Tore. Natürlich kamen wir wieder in die

Aufstiegsrunde. Aber wir waren gewarnt, gingen die Sache ruhiger und vorsichtiger an. Man muß bedenken, was für eine junge Mannschaft wir waren. Der Erhardt Ertl war zu Beginn der Saison von der Vereinsleitung bereits gegangen worden. War auch unmöglich, mit ihm zusammenzuarbeiten. Für den Spielaufbau hat er nie etwas getan, sich vielmehr nur mit seinen Erfahrungen gebrüstet und uns Anfänger – wo er nur konnte – heruntergeputzt. Das war soweit gegangen, daß wir den Vereinsoberen das Messer auf die Brust gesetzt hatten. Der oder wir. Tschik stand voll auf unserer Seite. »Eine junge Mannschaft muß her, müssen wir aufbauen. Hat keinen Sinn, mit alten Meckerern zu arbeiten.«

Wie recht er hatte. Mit unserer radikal verjüngten Mannschaft – Durchschnittsalter 22 Jahre – hatten wir in der Saison 146 Tore geschossen und nur 32 kassiert. Dieser erfreuliche Trend setzte sich in den Aufstiegsspielen fort. Wir siegten gegen Tennis Borussia Berlin, verloren gegen Saarbrücken und gewannen wieder gegen Alemannia Aachen.

Das ständige Auf und Ab zerrte an unseren Nerven, die Tabellensituation war so kurios, daß erst unser letztes Spiel – die Begegnung mit Tennis Borussia in Berlin – die Entscheidung bringen konnte. Ein Sieg bedeutete die Bundesliga, verloren wir, blieben wir draußen.

Aber diesmal wollten wir es wirklich wissen. Und die Vereinsführung hatte für den Aufstieg eine Prämie in Höhe von zehntausend Mark ausgesetzt.

Vor der Niederlage im letzten Jahr gegen Tasmania hatten wir im Grunewald gewohnt. Sportler sind abergläubisch. Sind sie doch – stärker als andere Berufsgruppen – den Unwägbarkeiten, dem Zufall ausgeliefert. Also zogen wir diesmal in ein Hotel am Kurfürstendamm, gegenüber dem Café Kranzler.

Ein Nachmittag auf dem berühmten Berliner Boulevard am Tag vor dem Entscheidungsspiel.

Was geht einem Fußballer da durch den Kopf? Entspannen, nur nicht an Fußball denken, heißt die Devise. Und als ich da so herumspazierte und mir die Auslagen der Geschäfte anschaute, sah ich ihn und verliebte mich auf der Stelle – in den Fiat Ghia 1500 nämlich, der in einem Autosalon in seiner ganzen chromblitzenden, sportlichen Herrlichkeit ausgestellt war.

Nur mal so aus Neugier ging ich in den Laden.

»Grüß Gott. Ich bin der Herr Maier. Sagen's mal, was soll denn das Auto da kosten?«

»Mit allen Extras knappe zehntausend.«

Mensch, das war genau die Prämie. Den Wagen konnte ich also bezahlen. Daß das Finanzamt sich auch schon auf unseren Aufstieg freute, daran dachte ich im Moment nicht.

»Wissen's was«, sagte ich zu dem Verkäufer, »wenn wir morgen das Spiel gegen Tennis Borussia gewinnen, dann nehm' ich den Wagen. Bleiben's am Radio, hören Sie die Übertragung und kommen Sie mit dem Vertrag zum Flughafen. Aber nur, wenn wir gewinnen.«

Nun, wir haben gewonnen. Und zwar gleich 8:0. Ich bin sicher, der Verkäufer war in dem mit 50000 Zuschauern besetzten Olympiastadion einer der wenigen Berliner, die für unseren Sieg gebetet haben. Er bekam seine Unterschrift.

Glücklich über die Neuerwerbung fuhr ich heim. Aber in all dem Siegesjubel auf dem Marienplatz in München spürte ich plötzlich einen trockenen Kloß im Hals. Wie sollte ich der Agnes bloß meinen Autokauf beibringen?

Die Angst des Torwarts vor der Agnes

Wenn man im Kampf um den Ball, im Kampf mit den Stürmern, mit der Presse und gegen die Konkurrenz im Verein ständig Courage beweisen muß, dann braucht man ein gewisses Überdruckventil, das die Selbsteinschätzung in Grenzen hält. Sonst hält man sich am Schluß noch selbst für einen Supermotz, und das ist allemal gefährlich. Mein privates Überdruckventil ist meine Frau Agnes, das berufliche lag bei der Vereinsführung – damals in den kundigen Händen des allseits hochgeschätzten und zuweilen auch überschätzten Managers des FC Bayern, Robert Schwan.

Unser Präsident, Wilhelm Neudecker, hatte den tüchtigen Generalvertreter einer norddeutschen Versicherung verpflichtet, wohl weil er überzeugt war, ein Bundesligaklub habe nur als professionell geführtes Wirtschaftsunternehmen eine Überlebenschance. Schwan, der ausgerechnet in Bayern mit seiner norddeutschen Versicherungsgruppe erstaunliche Erfolge nachweisen konnte, schien ihm der richtige Mann für diesen Posten.

Der Aufstieg in die Bundesliga war geschafft. Jetzt ging es um neue Verträge. Wir waren alle noch ein bißchen trunken vom Erfolg, von der Freude über das endlich erreichte Ziel. Zigtausende hatten uns am Flughafen empfangen, uns auf den Schultern zum wartenden Mannschaftsbus getragen. Am Morgen danach wurde es ernst. In Reih und Glied marschierten wir im Vereinsheim auf. Direktor Schwan hatte die Spieler zur Vertragsunterzeichnung gebeten.

Sein Büro hatte er in der Küche aufgeschlagen. Nacheinander wurden wir aufgerufen, streng nach Alphabet. Im Geiste hatte ich mir schon meine Bedingungen zurechtgelegt und mich auf längere Verhandlungen eingerichtet. Ich wunderte mich, wie schnell die anderen Spieler, kaum aufgerufen, wieder draußen waren. Alle zogen sie ein klammheimlich zufriedenes Gesicht, schlugen uns Wartenden auf die Schulter und verschwanden in den Urlaub.

»Josef Dieter Maier zu Herrn Direktor Schwan.«

Mein Auftritt.

»Grüß Gott, Herr Direktor.«

»Servus Sepp, setz dich.«

Er schob mir ein Vertragsformular über den Tisch. Erstaunt sah ich, daß es bereits ausgefüllt war. Er reichte mir seinen Füllhalter. »Da, unterschreib.«

»Aber . . .«

»Kein Aber. Ihr bekommt alle das gleiche Grundgehalt. Zwölfhundert Mark plus weitere zweihundert für jeden gewonnenen Punkt.«

»Aber . . .«

»Ist noch was? Ach ja, der Trainer sagt, du bist ab sofort Stammtorwart.«

Da waren all die guten Vorsätze des Geschäftsmannes Maier den Bach hinabgeschwommen. Stammtorwart. Das war doch was. Trotzdem hätte ich gern ein bißchen mehr verdient. Sollte ich? Ein Blick in die kalten grauen Augen des Managers, der schon ungeduldig in seinen Papieren blätterte, brachte mich zum Schweigen, bevor ich noch richtig den Mund aufgemacht hatte. Ich unterschrieb mit einem Schnörkel weniger als beabsichtigt, verabschiedete mich, und schon war ich draußen.

Aufmunternd schlug ich dem Katsche Schwarzenbeck, der nach mir drankam, auf die Schulter, genauso wie der

Franz es zuvor mit mir gemacht hatte. Dann verschwand ich in Richtung Anzing, wo die Agnes schon auf den gepackten Koffern saß. Urlaubsziel: Italien, damals exotisches Reiseland der Deutschen. Von den Seychellen und den Bermudas sprach kein Mensch. Wir hatten uns gerade ans Wirtschaftswunder gewöhnt, das Unglaubliche noch nicht so recht verdaut, und wir waren wesentlich bescheidener als heute, wo wir beim Tanz auf dem Vulkan so viele Eindrücke wie irgend möglich sammeln und einkaufen wollen, damit die Höllenfahrt wenigstens mit angenehmen Erinnerungen gewürzt ist.

Urlaub voller Zittern und Zagen

1962 hatten die Agnes und ich uns verlobt, im September dieses Jahres – Anno Domini 1965 – sollte endlich geheiratet werden. Ein Italienurlaub als Generalprobe für die Ehe? Moralinsaure Leser mögen darüber die Nase rümpfen, wir dachten damals wie heute anders. Vor einem so entscheidenden Schritt muß man einfach wissen, ob man zusammenpaßt. Das alte Theatergesetz – eine mißratene Generalprobe verspricht eine gelungene Premiere – ließ sich mühelos auf unsere persönliche Zukunft übertragen. Denn unsere Generalprobe ging schief – schiefer ging's nimmer.

Die ersten Urlaubswochen erlebte der frischgebackene Jungstar und angehende glückliche Ehemann nämlich ständig in gedrückter Stimmung. Der Grund: Ich brachte einfach nicht den Mut auf, der Agnes zu sagen, daß am Ende des Urlaubs in Berlin ein Sportwagen auf Scheck und Besitzer wartete.

Agnes paßt so gut zu mir, weil wir beide äußerst praktisch denkende Menschen sind. Wir hatten eine hübsche Wohnung gefunden, und als überzeugte Hausfrau sah sie ihr nächstes Ziel darin, das neue Heim so schön wie möglich einzurichten.

Logisch, wird da jeder sagen. Ein Hoch auf die kluge Frau. Aber was hat der Maier da eben behauptet? Er sei ein ebenso praktisch denkender Mensch wie sie? Was soll denn dieser Sportwagen, den er sich eigentlich noch gar nicht leisten kann? Die Frage kann zwar jeder Freizeit-Amateur-Psychologe beantworten, der Einfachheit halber mach ich es lieber selbst.

Jahrelang – tagaus, tagein – bin ich bei jedem Dreckwetter mit dem Moped rumgehetzt, habe mich gequält, geschuftet, verzichtet, gehungert und gekämpft. Die Schulkameraden in ihren normalen Berufen hatten es großenteils schon zu mittleren Einkommen gebracht, als ich noch in der Regionalliga dem Ball nachjagte, mit der fernen Hoffnung, mich so weit durchboxen zu können, daß es einmal zu einem bißchen Wohlstand reichen würde.

Jetzt hatte ich es geschafft. Und da jeder Mensch Bestätigung braucht, Beweise seiner Tüchtigkeit, war ich eben auf den Sportwagen verfallen. Ein Statussymbol? Na und? Ich wollte endlich auch zeigen, was ich erreicht hatte, daß ich nicht mehr der lustige Gnom aus Haar war, den man ständig mit der Klapsmühle in Verbindung bringen konnte, sondern der Sepp Maier, Jugendnationaltorwart und Stammspieler des FC Bayern, soeben aufgestiegen in die erste Spielklasse. Und das alles dank eigener Tüchtigkeit. Wer mich deshalb einen »Großkopferten« schalt, der konnte mir den Buckel runterrutschen.

Was aber war mit der Agnes?

Drei Wochen lang habe ich keinen Ton von dem neuen Auto gesagt, bin an meinem schlechten Gewissen fast erstickt.

Bei mir ist das so eine Sache. Wenn ich einem Konflikt aus dem Wege gehen kann, dann bin ich's hochzufrieden. Deshalb habe ich mich bei Eltern und Lehrern häufig durchgeschwindelt, deshalb wollte ich jetzt die Vorwürfe von der Agnes so lange wie irgend möglich von mir wegschieben.

Klar, mir wäre es auch lieber, wenn ich in solchen Situationen anders reagieren könnte, wenn ich die Dinge immer klipp und klar auf den Tisch legen würde. Aber meine Abneigung gegen Zusammenstöße jeder Art ist nun mal stark ausgeprägt. Ich möchte am liebsten alles im guten regeln, immer diplomatisch bleiben. Das ist natürlich ebenso verkehrt wie Krawallhanselei als Selbstzweck, denn man eckt ja doch dauernd an, auch wenn man allem Zank ausweichen will.

Jedenfalls kam ich am letzten Urlaubstag schließlich mit dem Autokauf heraus. Den Verlauf der Szene, die auf das Geständnis folgte, kann sich jeder Ehemann unschwer ausmalen. Die anderen sollen ihre Erfahrungen gefälligst selber sammeln.

Ein paar Tage später waren wir in Berlin. Für die Agnes war es der erste Flug. Die neuen Eindrücke müssen sie überwältigt haben, denn als sie das Auto sah, war sie vollkommen hingerissen. »Mein Gott, ist der schön.« Als sie mein triumphierendes Grinsen sah, wollte sie mich doch nicht so völlig ungeschoren davonkommen lassen. »Und die ganze schöne Aufstiegsprämie steckt da drinnen.«

Aber das war ein schwacher Angriffsversuch. Mit ihrem Begeisterungsschrei hatte sie sich selbst ins Abseits manövriert. Und ich stand eh sicher auf der Linie.

Bei herrlichem Wetter fuhren wir zurück nach München. Wieder eine vorgezogene Hochzeitsreise. Aber bei der Gelegenheit müssen sich irgendwelche Geister bei einer mitternächtlichen Sitzung über die angehende Familie Maier beschwert haben. Als ich nämlich den Fiat nach dreitausend gefahrenen Kilometern in die Werkstatt gab, setzte sich ein Mechaniker ans Steuer und fuhr – von welchen Geistern auch immer benebelt – meinen ganzen Stolz gegen die Garagenwand. Das Prachtstück war hinterher nur noch halb so groß. Die Versicherung übernahm zwar den vollen Schaden, aber nach dem Unglück haben wir schleunigst geheiratet. Man kann ja nie wissen ...

Am 13. September 1965 gab die Kontoristin Agnes Scheibmaier aus Anzing dem Josef Dieter Maier aus Metten ihr Jawort. Wie sich jeder denken kann, hat sich für meine frisch angetraute Frau nicht viel geändert. Sie brauchte nur die erste Hälfte ihres Mädchennamens wegzustreichen, und schon war sie in den Augen von Nachbarschaft und Kirche eine ehrbare Frau geworden.

Lokalrivalen

Am Tag meiner Hochzeit war unsere erste Bundesligasaison schon vier Punktspiele alt.

»Ziel ist, Klasse erhalten«, hatte Tschik uns immer wieder eingebleut. »Haben wir schweres Spiel am Anfang gegen Lokalrivalen Sechzger, müssen wir aufpassen, daß sie uns nicht abreißen Köpfe.«

Nun, wir hatten uns einiges vorgenommen für das Lokalderby am 14. August 1965 und wollten uns von den damals arg bissigen Löwen wirklich nicht vernaschen lassen, aber irgendwie setzte mir der Timo Konietzka doch einen Treffer ins Tor. Noch heute sehe ich mein Gegenüber, den Petar Radenkovic, über mein Mißgeschick grinsen. Wo ich mich damals am liebsten hingebissen hätte, mag ich hier gar nicht niederschreiben.

Der Radi, das war überhaupt eine Type. Mit seinen spaßigen bis derben Show-Einlagen war er zum erklärten Liebling der Münchner Fußballwelt aufgestiegen. Wenn's um die persönliche Bescheidenheit ging, konnte er selbst dem Muhammed Ali noch Nachhilfeunterricht erteilen. »Größtes Torwart von Welt«, nannte er sich, und der Lieblingsspruch des Jugoslawen lautete: »Bin i Radi, bin i König.« Daraus machte er sogar eine Schallplatte, was die Bayern-Fans aber nicht daran hinderte, den Text umzudichten: »Bin i Radi, bin i Depp, König ist der Maier Sepp.«

Mit konkurrierenden Vereinen in einer Stadt ist das im Fußball so eine Geschichte. In vielen Städten gibt es ja zwei starke Mannschaften: Madrid, Glasgow, Mailand, Turin. Da ist die Rivalität, der fanatische Eifer der Fans halt immer besonders groß. So auch bei uns in München, wo die Härte des Konkurrenzkampfes noch aus längst vergangenen Zeiten herrührt. Um die Jahrhundertwende war der FC Bayern nämlich der Club der Reichen, der Akademiker und Studenten, während der TSV 1860 als der Verein der Arbeiter, der kleinen Leute galt. Mit der heutigen Zeit hat das natürlich nichts mehr zu tun, aber das Publikum führt sich manchmal noch immer so auf wie bei den alten Zusammenstößen.

Damals hat uns die Pleite im ausverkauften Grünwalder Stadion an unserem ersten Spieltag in der Bundesliga einen gehörigen Schock verpaßt – und uns für den Rest der Saison einen gewaltigen Ruck gegeben. Jedenfalls katapultierten uns dann sechs Siege in Serie an die Tabellenspitze, die wir natürlich nicht die ganze Saison hindurch halten konnten. Aber bei der Endabrechnung standen wir mit Borussia Dortmund punktgleich an zweiter

Stelle, hatten nur das schlechtere Torverhältnis. Platz drei also für den besten Aufsteiger aller Zeiten. Die Meisterschaft gewann damals der TSV 1860.

Ganz nebenbei hatten die Neulinge auch noch den DFB-Pokal gewonnen. Wenn ich daran denke, juckt es mich einfach, unsere damaligen Gegner nochmals aufzuzählen. Stolze Namen waren das . . .

Borussia Dortmund mit Nationaltorwart Tilkowski, meinem großen Hindernis auf dem Weg in die Nationalmannschaft. Ohlhauser und Müller setzten ihm zwei herrliche Tore ins Netz.

Eintracht Braunschweig, damals ungeheuer abwehrstark, wurde mit 1:0 bedient. Trotz dieser Ergebnisse unterschätzte uns der große 1. FC Köln und kassierte prompt zwei Tore.

Wir waren im Viertelfinale, und ich hatte kein einziges Gegentor hinnehmen müssen.

Den HSV schlugen wir mit 2:1 im Volksparkstadion. Die Presse überschlug sich im Lob auf Franz Beckenbauer und Sepp Maier.

Wir waren im Halbfinale.

Was für eine Paarung! 1. FC Nürnberg – Bayern München. Ein hochklassiges vorweggenommenes Endspiel, an dessen Einzelheiten ich mich nicht mehr erinnere; ich hatte einfach zuviel zu tun. 1:1 stand es nach neunzig Minuten. Wir mußten in die Verlängerung. In der 99. Minute schoß Mucki Brenninger das 2:1. Die restlichen zwanzig Minuten kosteten mich einiges an Nerven und Körpergewicht, aber dank meiner Vorderleute konnten wir das Ergebnis halten.

Wir waren im Finale.

Meidericher SV gegen Bayern München. Austragungsort: das Waldstadion in Frankfurt.

Das Spiel war von besonderem Interesse für Helmut Schön. Hatte er doch die einmalige Gelegenheit, seine beiden Nachwuchstorhüter Maier und Manglitz unter die Lupe nehmen zu können.

Tilkowski war für uns alle unerreichbar – mein direkter Konkurrent für die Nationalmannschaft war der lange Manfred Manglitz, der sich gleich zu Beginn des Spieles mit glänzenden Reaktionen gegen Gerd Müller auszeichnen konnte. Das muß mich nervös gemacht haben – vielleicht hatte ich mich auch zu sehr auf den Franz verlassen, als der gegnerische Mittelstürmer Mielcke mir einen vielleicht sogar haltbaren Schuß ins Tor donnerte. Drei Minuten später. Ein Paß von Brenninger in den Strafraum. Ohlhauser erwischt das Leder. Kopfball . . . Tor!

Manglitz fluchte wie ein Rabe. Ich dagegen fühlte mich wieder etwas besser.

1:1 zur Pause.

Dann die zweite Halbzeit. 2:1 für uns durch Brenninger. Die Meidericher werfen alles nach vorn, Heidemann stürzt in meinem Sechzehner, Elfmeter . . . Tor! 2:2.

Gegenangriff: Beckenbauer, Ohlhauser, Brenninger, Müller im Strafraum. Foul. Elfmeter. Brenninger läuft an . . . Tor! 3:2 für uns.

Jetzt geht vor mir wieder die Hölle los. In meinem Strafraum brennt es an allen Ecken und Enden. Glücklicherweise wachsen mir ein paar Reservearme – die fausten, fangen, werfen ab, schneller, als ich denken kann. Da, sechs Meter vor mir, Fallrückzieher Mielcke. Gehalten. Die Kameraden sehen mich ungläubig an. Ist das möglich? Ich reiße sie aus der Erstarrung. Ab mit euch. Nach vorn. Franz nimmt den Ball, spurtet über das ganze Feld, Doppelpaß mit Ohlhauser . . . Tor! 4:2.

Der FC Bayern München ist nach 1957 das zweite Mal in seiner Vereinsgeschichte deutscher Pokalsieger.

Hier nochmal die Mannschaftsaufstellungen: Meidericher SV – Manglitz, Heidemann, Sabath, Lotz, Müller, Bella, Rühl, Krämer, Mielcke, van Haaren, Gecks.

Bayern München – Maier, Nowak, Olk, Rigotti, Bekkenbauer, Kupferschmidt, Nafziger, Müller, Ohlhauser, Koulmann, Brenninger.

Ganz Bayern stand kopf, als wir nach Hause zurückfuhren. Der TSV 1860 Deutscher Meister – der FC Bayern Deutscher Pokalsieger. München, die einzige Stadt mit zwei Bundesligamannschaften, war über Nacht zur deutschen Fußballmetropole geworden.

Weltmeisterschaft auf der Ersatzbank

Unser sensationelles Abschneiden im Pokal, vor allem die Leistungen von Franz Beckenbauer und Sepp Maier, trugen ihre Früchte. Wir erhielten beide unsere Berufung in den Kader der Nationalmannschaft und fuhren 1966 nach England.

Obwohl ich auf der britischen Insel nie zum Einsatz kam, haben sich die Eindrücke von der Weltmeisterschaft unauslöschlich in mein Gedächtnis gegraben. Vielleicht, weil ich das erste Mal dabei war. Vielleicht, weil die Reise meinen Ehrgeiz einer unglaublichen Belastungsprobe aussetzte. Unsere damalige Nummer eins, Hans Tilkowski, war ein nicht aus dem Weg zu räumender Fels auf meinem Weg nach oben. Das Wort Frustration war noch nicht geläufig, die Bedeutung hätte ich jedem erklären können.

Wer im Sport zu einer internationalen Großveranstaltung fährt, der will den Kampf. Und wer den Kampf will, der will den Sieg. Deshalb kann ich über die große olympische Lüge – dabeisein ist alles – nicht einmal lachen. Das ist doch bloß eine faule Ausrede für den hervorragenden fünfzehnten Platz des Vertreters einer gewissen Nation. Olympioniken kämpfen um Gold – sprich Werbeverträge; Profifußballer kämpfen um den Pokal – sprich um den persönlichen Marktwert.

Warum auch nicht? Wer Zeit und Energie investiert in den Kampf um seinen Platz an der Sonne, der soll bei entsprechender Leistung gefälligst auch kassieren dürfen. Im Profisport ist man da ganz ehrlich, und das gefällt mir.

Wenn Staatsamateure in Ost und West sich dagegen nur Ruhm und Vaterland zuliebe um den Gang aufs Treppchen balgen, dann sprengt die Verlogenheit alle zulässigen Grenzen.

Helmut Schön hatte Sepp Herberger als Bundestrainer abgelöst und stand vor seiner großen Belastungsprobe. Niemand räumte unserem Team damals auch nur den Hauch einer Chance ein. Dazu muß ich allerdings sagen, daß bei dieser Weltmeisterschaft die Favoriten sowieso dünn gesät waren. Man sprach eigentlich nur von England als kommendem Weltmeister. Das war nicht einmal leistungsbezogen, ausschlaggebend war vielmehr die Tatsache, daß das Mutterland des Fußballs damals gerade das hundertjährige Jubiläum seines Verbandes feierte.

Statist auf internationaler Bühne

Wir wohnten in der Nähe von Ashborne, im »Beverly of the Peak«. Herrliche Rasenflächen hatten wir dort stets zur Verfügung; ich fieberte meiner ersten Bewährungsprobe im Training entgegen, aber beide Co-Trainer, Udo Lattek wie Dettmar Cramer, schenkten dem jungen, ehrgeizigen Maier einfach keine Beachtung. Mit einundzwanzig Jahren hat man eben noch keine internationale Erfahrung, Til stand im Zentrum ihrer Aufmerksamkeit. Verständlich, er mußte ja spielen, aber ärgerlich für einen jungen Burschen wie mich, der am Spielfeldrand stand und mit den Ketten rasselte. Lattek hat den Til rangenommen, daß der schon grün war im Gesicht vor Überanstrengung. Ich war frisch, ich wollte, ich ... wenigstens zehn Minuten, Mensch! Laß mich mal ran! Nichts zu machen. Ich habe den Lattek damals beinahe gehaßt.

Dabei hatte der gar keine Zeit, sich um mich zu kümmern. Als Helmut Schön dann zum Spielchen der Normalsterblichen pfiff, stürzte ich mit einem derartigen Elan auf den Platz, daß ich stolperte und mir den linken Mittelhandknochen beim kleinen Finger brach.

Gute Nacht, großer Mann! Für andere wäre das wohl eine Gelegenheit gewesen, über sich selbst nachzudenken. Ich dagegen hatte nur einen Wunsch an die restliche Welt – mich gefälligst am Arsch zu lecken.

Wie wird man einer solchen Enttäuschung Herr? Der eine zieht sich resigniert in einen Winkel zurück, der andere hadert laut mit seinem Schicksal. Für mich traf keins von beiden zu. In geradezu wahnwitzigen Späßen brachte ich mich auf andere Gedanken und kaschierte vor den Mannschaftskameraden erfolgreich meine trübe Stimmung.

Mit meinem Spezi Max Lorenz tauschte ich verbrauchte Feuerlöscher gegen volle aus, brachte den Hausmeister mit dem Alarmschrei »Feuer« dazu, die Dinger auf den Korridoren einzusetzen. Deutschland erstickte im Schaum.

Ich setzte mich in eine Kiste, die der Max zunagelte und mit dem Etikett versah: Expreßgut aus Deutschland. Die Kameraden stürzten sich auf die angebliche Sendung des DFB, wickelten die Verpackung los, brachen die Kiste auf, starrten schockiert in mein grinsendes Gesicht. Maier, der Christian von der Post.

Sie revanchierten sich – sozusagen postwendend.

Auf einem Ausflug kamen wir durch ein Tal mit einer langgezogenen Hügelkette. »Wenn du den höchsten Gipfel innerhalb von zehn Minuten schaffst, kriegst du von jedem ein Pfund Sterling.« (Damals noch rund elf Mark).

Das wären ungefähr zweihundert Mark gewesen. Ich losgesaust, rauf auf den Berg, rauf, rauf, rauf.

Je weiter ich kam, desto höher wurde der Hügel.

»Fünf Minuten noch«, schrie es von unten. Mir war schlecht vor Anstrengung. Nach acht Minuten hatte ich es geschafft. Als ich kassieren wollte, kam es jedoch einmütig: »War doch nur Spaß«.

Grollend zog ich mich auf die Tribüne zurück, spielte den rasenden Reporter, fotografierte die Erfolge meiner Kollegen.

Vier Wochen waren wir schon im Trainingslager, da packte der Helmut Haller seine große Kiste aus. Der hatte eine Rarität ins Camp geschmuggelt. Damals in Deutschland noch verbotene, verpönte Kostbarkeiten auf Zelluloid in Super 8 ... Wir haben ihn beinahe zerrissen, weil er erst so spät mit seinen Schätzen herausrückte.

Ein Projektor wurde flugs organisiert, Filmvorführung am Nachmittag. Alles verdunkelt, zweiundzwanzig Mann, atemlos. Aber irgendwas funktionierte nicht mit der Einfädelautomatik. Das Bild tanzte, schwamm, blieb unscharf.

»Ich bring das in Ordnung, ich, der rasende Reporter!« Schon war ich am Werk. Hätte ich lieber bleiben lassen sollen, denn irgendwie habe ich den Projektor völlig außer Gang gebracht. Das Echo auf meine technischen Bemühungen ist auch mit geringer Phantasie leicht vorstellbar. Nur einer hielt sich zurück unter den Schreihälsen. Das war mein guter Freund und späterer Trainer, Dettmar Cramer.

Der Detti, wie wir ihn nannten, war immer ein verständnisvoller Mann, der auch mal ein Auge zudrückte, wenn er uns mit Cola-Rum erwischte. Spruch: wie kommt die Cola in den Rum? Er hatte so eine besondere Art, uns anzusehen. Damit konnte er sich ein Donnerwetter ersparen. Seine halb hochgezogene Augenbraue reichte uns völlig.

Damals herrschte totales Alkoholverbot. Nicht mal ein Bier war gestattet. Offiziell hielten wir uns daran, verhalfen den Funktionären damit zu ungestörter Nachtruhe. Heimlich aber schmuggelten wir die Dosen in Kosmetikbeuteln auf die Zimmer. Cramer hat das gewußt, aber nie einen Ton gesagt. Trotz aller Widrigkeiten, die ihm widerfahren sind, glaubte er schon damals an die menschliche Vernunft. Kein schlechtes Rezept. Das Abschneiden unserer Mannschaft bei der Weltmeisterschaft in England beweist es.

4:2 verloren wir das Endspiel – wem muß ich das noch erzählen? Wir waren Vizeweltmeister. Und wenn man mich jetzt nach dem dritten Tor fragt, muß ich bekennen, daß ich es von der Tribüne gar nicht richtig mitgekriegt habe. Schnee von gestern.

In Frankfurt am Römer haben sie uns dann als den »wahren Weltmeister« begrüßt.

Gaudibursch der Fußballnation

Aber ich war froh, als ich wieder zu Hause war. Der kaputte Arm, der Tribünenplatz, Presseberichte ohne Maier-Schlagzeile. Damals habe ich mir geschworen, daß mir das nicht wieder passieren sollte. Und meine Chancen für einen Stammplatz in der Nationalelf standen gut. Helmut Schön hielt große Stücke auf mich, und in meinem ersten A-Länderspiel gegen Irland in Dublin, am 6. Mai 1966, hatten wir 4:0 gewonnen. Zu Null, darauf kam mir's an. Diesen Erfolg konnte ich nach der Weltmeisterschaft bei meinem zweiten Länderspiel in Ankara gegen die Türkei wiederholen. Endresultat: 2:0. Auch das nächste in Köln gegen Norwegen verzeichnete ich als persönlichen Erfolg. 3:0. Drei Länderspiele als Zweiundzwanzigjähriger, dreimal zu Null gespielt. Das soll mir erst mal einer nachmachen.

Die Presse trompetete ihre Begeisterung über die internationalen Neulinge Maier, Beckenbauer, Grabowski in alle Winde. Eine wohltuende Brise, die uns den Schweiß auf der Stirn trocknete. Meine englischen Streiche wurden wieder hervorgekramt und erlebten eine ungeahnte Auflage im deutschen Blätterwald. Damit war ich über Nacht zum Gaudiburschen der fußballspielenden Nation geworden. Ein Image, das ohne weiteres zu meinem Naturell paßte und das ich in den kommenden Jahren pfleglich weiterentwickelte.

Mit der Spielzeit 1967/68 und dem Gewinn des Europapokals der Cupsieger feierte der FC Bayern mit einem Paukenschlag seinen Auftritt auf der internationalen Fußballtribüne. Den Pott hatten wir im Schrank stehen, was Wunder, daß wir auch noch den Sieg im deutschen Pokalfinale wollten. Der Erfolg hatte uns dermaßen beflügelt, daß wir die gegnerischen Mannschaften förmlich vom Platz fegten. Auswärts gegen Hertha BSC Berlin: 2:3, nächste Station Erkenschwick: 1:3. Dann wurde es wieder schwieriger. Der Gegner hieß Schalke 04, und wir mußten in die Glückauf-Kampfbahn nach Gelsenkirchen. Endresultat: 2:3. Unser Lokalrivale, der TSV 1860, konnte uns auch nicht mehr schrecken. Mit 3:1 besiegten wir den Erzfeind und standen im Finale. Ein Fußballfest für jeden Kenner. Der HSV gegen Bayern München – oder das Duell der beiden Bomber der Nation: Uwe Seeler und Gerd Müller. Der Gerd traf zweimal ins gegnerische Netz. Mit 4:0 Toren gewannen wir die Begegnung und konnten uns zum zweitenmal den DFB-Pokal in den Trophäenschrank stellen. Der FC Bayern, Mannschaft des Jahres.

Gleich nach dem Pokalsieg kam die Sommerpause. Obwohl wir den Urlaub dringend nötig hatten, bedauerten wir die Unterbrechung. Wenn eine Mannschaft auf Hochtouren läuft, wenn der Erfolg die Leistung vorantreibt, dann ist es beinahe tödlich, die gut geölte Maschinerie wochenlang außer Betrieb zu setzen. Es gibt keinen besseren Erfolgsgaranten als den gesunden Streß. Sobald nun eine Pause den Rhythmus unterbricht, fällt die Konzentration schlagartig ab, und man muß wieder von vorne anfangen. Technische Brillanz ist eine Voraussetzung für den Profi, das blinde Mannschaftsverständnis kann man trainieren, und körperlich fit sind alle großen Teams. Aber der Wille zum Erfolg, das lockere Selbstverständnis, der Instinkt, den man zum Sieg braucht – sowas baut sich nur langsam in einer guten Saison auf. Über die Sommerpause ist das nicht hinwegzuretten. Rasten heißt rosten, der Spruch könnte für den Berufsfußball erfunden sein.

Wir hatten den Erfolg nicht recht verkraftet und fanden uns zu Beginn der Saison 1967/68 in einer Art Lethargie, aus der wir erst erwachten, als wir im Semifinale gegen den VfL Bochum aus dem neuen Pokalwettbewerb geflogen waren. Der Meisterschaftszug war abgefahren – der 1. FC Nürnberg lag bei der Endabrechnung an der Spitze, der Pokal ging an den 1. FC Köln. Da sahen wir unsere einzige Chance zur Erhaltung unseres Renommees auf internationaler Ebene. Schließlich hatten wir den Europacup zu verteidigen.

Erstes Opfer der wiedererwachten Bayernwut war Panathinaikos Athen, die wir mit 5:0 Toren wieder nach Hause schickten und dann auf eigenem Platz nochmals mit 1:2 Toren besiegten. Nächster Gegner: Portugals Victoria Setubal. 6:2 in München, 1:1 in Lissabon. Maier und Beckenbauer, die Superstars, schrieben die Zeitungen. Gegen den FC Valencia spielten wir 1:1 in Spanien, siegten in München 1:0 und standen im Halbfinale. Unser Gegner: der AC Mailand.

Alle Sicherungen brennen durch

Wenn ich an das Hinspiel in Mailand denke, stehen mir noch heute die Haare zu Berge, obwohl inzwischen einiges Wasser die Isar hinuntergeflossen ist. Der »Unparteiische« hat mich damals verschaukelt, den FC Bayern aus dem Pokal geworfen und mich um ein Haar ins internationale Abseits gestellt.

Das Spiel werde ich nie vergessen.

Das Stadion San Siro in Mailand bedeutet für jede Auswärtsmannschaft den Gang durchs Fegefeuer. Die steilgebauten Ränge kleben an den Außenmauern. Himmelhoch erscheint der steinerne Bau, der die Akteure auf dem Rasen zu erdrücken scheint. Dazu der akustische Eindruck, wie man ihn sich von 85 000 wildgewordenen Fans erwarten kann, die die unschuldige weiße Lederkugel in die Höllenpforte, sprich: das gegnerische Tor, zu brüllen suchen.

Wie überlebt man diesen Hexenkessel mit heiler Haut? Man macht den eigenen Laden dicht und hofft auf eine Konterchance.

Irgendwie überstanden wir die erste Halbzeit. 0:0. Die Italiener sahen ihre Felle davonschwimmen und gingen nach Wiederanpfiff voll zur Sache. Da wurde gespuckt, geflucht, getreten, Finger abgeknackst, Haare büschelweise ausgerissen – es half ihnen nichts.

Nun muß man die Fußballszene in südlichen Ländern kennen. Bei einem so wichtigen Spiel geht es nicht nur um Geld und Ehre, sondern obendrein um eine gehörige Portion Männlichkeitswahn. Gefeiert wird nur der, der als Sieger den Platz verläßt, ein Unentschieden ist die halbe Niederlage. Dieses Denken haben sich gerade die Italiener noch aus der Zeit der Gladiatorenkämpfe herübergerettet. Der Held von gestern hat heute einen schlechten Tag, er stolpert und wird unter dem Jubel des Publikums erledigt.

Daran hat sich bis heute nichts geändert, höchstens die Methode. Das Opfer erstickt nicht mehr im eigenen Blut, zappelt vielmehr an der Feder des Sportjournalisten, der den Unterlegenen mit seinen kritischen Berichten genauso fertigmacht wie weiland Nero den Gladiator mit dem nach unten gereckten Daumen. Die modernen Gladiatoren – sprich: Fußballhelden – wissen das sehr genau. Die luxuriösen Ruhmeshöhen gleichen einem Hochseilakt ohne Netz und Balancierstange.

Zurück zum Spiel.

51. Minute. Prati versucht einen Kopfstoß. Ich bin schneller am Ball, halte ihn schon fest, da haut mir ein Gegenspieler den Ellbogen in die Nieren. Der Schmerz raubt mir momentan die Besinnung, ich klappe zusammen wie ein Taschenmesser, lasse den Ball fallen, Rivera ist da, aber Schwarzenbeck rettet auf der Linie. Ich warte auf den Pfiff des Schiedsrichters. Denkste, kein Freistoß, vielmehr Ecke für Milan. Hohe Flanke. Ein Sprung. Ich habe den Ball sicher. Vorn am Sechzehner steht Gerd. Völlig frei. Ich hole weit aus, will ihm den Ball zuschießen. Da geht Sormani mich mit gestrecktem Bein an – ein übles Foul. Der Ball prallt von seiner Sohle ins Netz.

Und der Schiedsrichter entscheidet auf Tor.

In diesem Moment brannten alle Sicherungen bei mir

durch. Nur durch einen roten Nebel sah ich den sogenannten Unparteiischen. Ich stürzte auf ihn los, Mord im Blick. So haben mich jedenfalls der Bulle Roth und mein Kumpel Ohlhauser gesehen, die mir in letzter Sekunde in den Weg traten, mich zu Boden rissen und nur mühsam bändigen konnten.

»Laßt mich los, ich bring es um, das korrupte Schwein.«

»Bist du verrückt? Du fliegst vom Platz, kriegst womöglich 'ne internationale Sperre.«

Maier, der verhinderte Amokläufer, schlich zurück ins Tor. Den Rest des Spiels, das wir mit 2:0 verloren, habe ich fluchend überstanden. Fluchend wartete ich auf das Rückspiel in München, fluchend mußte ich mit ansehen, wie unser Sturm kein Mittel fand, den *Catenaccio,* den Riegel der Milanesen, zu knacken. Wir waren ausgeschieden aus dem Pokalwettbewerb. Fluchend nur kann ich auch heute noch an diese Begegnung im Stadion San Siro zurückdenken.

Trainerseelen

Mit dem Aufstieg in die Bundesliga hatte Tschik Cajkovskis erfolgreiche Arbeit beim FC Bayern begonnen, mit dem Gewinn des Europacups der Pokalsieger ihren Höhepunkt erreicht und mit dem Doppelerfolg um den DFB-Pokal die Klasse unterstrichen, die wir unter ihm erreicht hatten.

Aber, wie schon erwähnt: Tschik war zu gutmütig, um sich auf Dauer bei uns durchsetzen zu können. So wurde sein Vertrag nicht verlängert. Wir schieden im guten von Mister Spanferkel. Der Verein hatte inzwischen nach einem Mann mit eisernem Besen gesucht und ihn in Branko Zebec gefunden, der in der Saison 1968/69 das Kommando bei uns übernahm.

Mit Trainern habe ich so einiges erlebt, aber der Branko – mein lieber Mann. Das war ein Klassetrainer und dabei ein sturer Hund. Da gab es keine Diskussionen wie beim Dettmar Cramer, der uns alle am liebsten zu Fußball-Professoren ausgebildet hätte.

Vorbereitungszeit auf die neue Saison unter Branko Zebec. Der hat uns vielleicht rangenommen. In der Sportschule Grünwald ging es morgens um sieben schon rund. Keine Zeit zum Waschen. Runter in die Halle hat er uns gepfiffen und uns dann mit seiner Lieblingsmethode schikaniert, dem Zirkeltraining.

Das läuft über fünfzehn Positionen pro Mann. Jeder macht eine andere Übung am Gerät und am Boden, dreißig Sekunden lang bei voller Belastung. Hantel stemmen,

Medizinball, Krafttraining am Reck, Klimmzüge zum Beispiel. Nach dreißig Sekunden der Pfiff, Gerätewechsel. Nach siebeneinhalb Minuten hat jeder den Zirkel durch. Antreten zum Fünf-Runden-Lauf in der Halle. Pfiff. Zurück in den Zirkel. Nach einer halben Stunde ist man neben dem Krafttraining noch fünfundsiebzig Hallenrunden gelaufen. Und das um sieben Uhr morgens. Vor dem Frühstück waren wir schon so kaputt, daß uns nichts mehr geschmeckt hat.

Wir wohnten im Gästehaus der Sportschule. Eine Wendeltreppe führt von der Halle hinauf in den Wohnblock. Warum ich das erwähne? Wir waren nicht mehr fähig, die Treppe hochzusteigen, so fürchterliche Schmerzen hatten wir in Waden und Oberschenkeln. Rückwärts mußten wir uns hochhangeln.

Die Vorbereitungszeit ist die schlimmste Zeit des Jahres. Da merkt man erst, wo man überall Muskeln haben sollte. Wenn man in der Früh aus dem Bett muß, fühlt man sich wie ein achtzigjähriger Großvater.

Um zehn Uhr fing Zebec mit dem Haupttraining an, und am Nachmittag wiederholte er das ganze Pensum. Und das vier Wochen lang. An der Isar unten kennen wir jeden Baum. Wie wir die Uferböschung rauf und runter gekrebst sind ... du lieber Gott. Und der Zebec mit seinen 38 Jahren damals immer vorneweg. Der war nicht zu bremsen, der Wahnsinnige.

Alles verboten

Damals herrschte eine irre Hitze, gut und gern 40 Grad am Nachmittag. Und der Branko hat uns immer verboten, ins Schwimmbad zu gehen. Warum? Das weiß ich nicht.

Der war wie verrückt bei solchen Kleinigkeiten. Am liebsten hättest du ihn noch gefragt, ob du dir die Nase putzen darfst.

Die Sportschule hat ein abgeriegeltes Gelände. Aber wenn man sich auskennt …

Ich hatte meinen Wagen am Hinterausgang geparkt, zwinkerte dem Bulle Roth nach Trainingsende im Vorübergehen zu, fragte ihn leise: »Gehst mit baden?«

»Der Trainer?«

»Ist schon beim Essen.«

Betont unauffällig schlenderten wir in verschiedenen Richtungen davon, trafen uns an der Stelle, wo man über die Mauer kann.

»Mein Gott, diese Hitze. Ich kann's gar nicht erwarten, ins Wasser zu kommen.«

»Wo fahren wir hin?«

»Nach Höllriegelskreuth.«

Da gibt es eine unübersichtliche Stelle, wo die Isar einen tiefen Einschnitt in das hügelige Gelände zieht. Wir fanden einen herrlichen alten Baum mit einem herrlichen breiten Ast. Was soll ich sagen? Jeder Tarzandarsteller wäre blaß geworden vor Neid, wenn er uns gesehen hätte. Wir sprangen den Ast an, ließen uns ins Wasser klatschen. Herrlich war das. Nach dem neununddreißigsten Versuch hatte ich dann doch genug, fing an mich abzutrocknen. Nur der Bulle konnte es nicht lassen. Krach. Der Ast brach ab, der Bulle stürzte ins flache Wasser und haute mit voller Wucht den Fuß in eine Glasscherbe.

In Sekundenschnelle färbte sich das Wasser rot. Der Schock war so nachhaltig, daß mein Freund den Schmerz gar nicht spürte. Er starrte nur auf den Fuß, auf den breiten, klaffenden Schnitt, auf das dickflüssige Blut, das aus der Wunde quoll.

»Halt dich fest«, schrie ich ihn an. »Ich binde das Bein

ab, und dann nichts wie zurück in die Sportschule. Du mußt sofort zum Arzt.«

Ich schnürte ihm das Handtuch um den Knöchel, faßte ihn unter der Schulter und zerrte ihn zum Wagen. Zwischen den Knoten hatte ich einen Stock geschoben, der als Aderpresse diente. Langsam das Bein abschnüren, erst wenn die Wade gefährlich dick anschwillt, löst man die Presse ein wenig. Ich riß den Wagen in die Kurven, in Rekordzeit hielten wir vor der Sportschule. Der Bulle war nicht mal grün im Gesicht, obwohl der Wagenboden aussah wie ein Schlachthaus. Er starrte mit beinahe klinischem Interesse auf die Wunde.

»Was? Wir sind schon da?« sagte er verwundert, als ich mit kreischenden Bremsen hinten bei den Tennisplätzen stoppte. An der Art, wie er fragte, merkte ich, daß er doch nicht mehr ganz bei sich war.

»Ich geh allein zurück«, knurrte er, »sonst ist der Teufel los. Ich komme schon zurecht.«

Bevor ich ihn zurückhalten konnte, humpelte er bereits über den Platz.

Das war ein Kerl.

Als ich den Wagen abgestellt hatte und rübergesaust kam, war er schon beim Masseur. Und der Branko war natürlich auch da.

Er sah aus, als stünde er kurz vor einem Herzinfarkt.

»Was hast du gemacht?« brüllte er eins ums andere Mal.

»Barfuß durch die Anlagen bin ich gelaufen, und da ist es passiert. Irgendein verdammter Scherben, oder so . . .«

Ich habe den Franz gleich ins Harlachinger Krankenhaus gefahren. Der Schnitt war mehrere Zentimeter tief, sogar die Bänder mußten zusammengeflickt werden. Sechs Wochen ist der arme Kerl wegen unseres Badeabenteuers ausgefallen, da er noch einen Gehgips erhielt.

Und Brankos Reaktion auf den Unfall stand noch am selben Tag auf einem handgemalten Schild zu lesen:

»Ab sofort ist das Barfußgehen in den Anlagen verboten!«

Lohn der Schinderei

Als die Saison begann, zahlte das überharte Training sich aus. Wir erwischten einen guten Start. Wenn wir aber nun geglaubt hatten, Branko würde uns etwas schonen, sahen wir uns gewaltig im Irrtum. Wieder hetzte er uns wie ein Besessener um den Trainingsplatz an der Säbener Straße. Das geht noch, solange das Wetter erträglich ist, aber bei Wintereinbruch hört der Spaß allmählich auf.

Über Nacht war ein halber Meter Schnee gefallen. Ein anderer hätte nun den Platz räumen lassen, jeder andere, bloß nicht der verrückte Zebec. Er riß sich zehn kleine Zweige von einem halb verdorrten Busch und hetzte uns über die Bahn. Bahn! Wir versanken bis zum Knie.

Nach jeder Runde ließ er einen Zweig fallen. »Jetzt habt ihr den Schnee schon festgetreten«, sagte er, als alle Zweige gefallen waren. »Läuft sich viel leichter jetzt. Nochmal zehn Runden. Und dann noch mal und noch mal und noch mal.«

Wenn er gute Laune hatte, ließ er die Torleute nach 30 oder 40 Runden aufhören. »Feldspieler, weiter marsch.« Er winkte uns zum Tor. Spezialtraining für Maier und Ersatzleute. Das war seine Lieblingsbeschäftigung. Ich stand im Kasten, und er schoß aus allen Lagen.

»Wirf dich! Füße hoch!« Hundertmal rechts, zweihundertmal nach links. »Was ist los? Bist du müde? Willst nicht mehr?«

»Trainer, ich habe gerade dreißig Runden hinter mir. Und jetzt soll ich mich noch nach dem Ball werfen und dabei die Füße hochreißen?«

»Selber schuld. Warum bist du Torwart geworden? Los, los, los. Beine hoch.«

Manchmal habe ich ihn gehaßt. Und dann packte mich wieder die Wut. »Du Sau, du machst mich nicht fertig, du nicht.«

Und dann habe ich mich nach den Bällen geschmissen, rote Schleier vor den Augen, mit pfeifender Lunge und Schaum vor dem Mund.

»Du machst mich nicht fertig. Du, du . . .«

Er sah meinen Haß und grinste. Ich war genau da, wo er mich haben wollte.

Heute weiß ich's. Dieses Training hat mich zu dem Spieler gemacht, der ich dann geworden bin. Dafür bin ich dem Branko Dank schuldig.

Jetzt läßt sich das leicht sagen. Aber damals . . .

Wir kamen von einem Länderspiel aus Rumänien, der Gerd und ich. Von wegen trainingsfrei. Um zwei Uhr waren wir in Riem gelandet, um drei hatten wir uns am Säbener zu melden.

»Ich habe dich im Fernsehen gesehen«, knurrte Branko statt einer Begrüßung. »Du hattest ja gar nichts zu tun. Los, Torwarttraining. Der Gerd soll dich warmschießen.«

Der Schnee vor dem Tor war abgetreten, der Platz hartgefroren. Nun lassen unsere Tore sich hin und her schieben.

»Können wir sie da rüberbringen, wo der Boden nicht so hart ist?«

»Nichts da. Tore bleiben, wo sie sind.«

»Trainer, heute ist Donnerstag. Am Samstag haben wir ein Punktspiel. Ich könnte mich verletzten.«

»Ah. Du willst dich nicht schmeißen? Keine Füße hoch? Gestern, in der Nationalelf, hast dich nicht schmeißen müssen?«

»Doch, aber da war der Boden weich.«

»Der Boden? Der Herr wünscht einen Teppich? Vielleicht Schaumgummimatratze? Du schmeißt dich, oder ich schicke dich nach Hause.« Er winkte dem Gerd. »Schieß. Aber flach in die unteren Ecken, damit er muß werfen Beine hoch. Schieß.«

Ich war so sauer, ließ den Gerd schießen, wohin er wollte, bückte mich nur leicht, ließ die Bälle passieren.

»Ah, der Herr hat keine Lust. Ab mit dir. Nach Hause. Morgen fahren wir nach Wiessee ins Trainingslager.«

Wir wohnten im Hotel Lederer direkt neben der Spielbank. Grinsend überlegten wir uns während der Fahrt, daß in Wiessee der Schnee noch höher lag als in München. Da kann er uns nicht viel tun, dachten wir.

Mit der ersten Vermutung hatten wir recht, aber mit der zweiten lagen wir völlig schief. Kaum angekommen, rief Zebec den Bürgermeister an, bat um eine Raupe und ließ den Schnee auf dem Parkplatz hinter der Spielbank im Umkreis von 30 mal 40 Metern wegschaufeln, bis der blanke Asphalt nur noch von einer dünnen Schneeschicht bedeckt war.

»Sepp, nimm dir fünf Bälle. Wir machen Training.«

Ich warf mir den Sack über den Rücken, stiefelte hinter ihm her. Ahnungslos, was er mit mir vorhatte. Seine Zigarette paffend ging er zum Parkplatz, steckte zwei Fähnchen in die Schneegrenze. »Hattest gestern keine Lust zu trainieren. Müde vom Länderspiel, wie? Zuviel gesoffen nach dem Sieg? Sieh dir an meine Fähnchen. Ist das nicht ein wunderschönes Tor? Ich werde dich jetzt warmschießen.«

Und dann hat er mich niedergezwungen auf die dünne

Schneedecke, rechts und links standen die halb zugeschaufelten Autos. Ich flog von einer Ecke in die andere. Ohne Knieschützer, ohne Armschützer. Die Zocker haben vom Fenster aus zugesehen. Zwei Verrückte, war die einhellige Meinung. Nach ungefähr einer Stunde war die Vorstellung zu Ende. Ich hatte meinen Dickkopf vom Vortag mit ein paar blauen Flecken bezahlt.

Branko duldete keinen Widerspruch, verlangte von den Spielern totalen Gehorsam. Wenn er für zehn Uhr Bettruhe befahl, traute sich um fünf nach zehn keiner mehr auf die Korridore. Und so gern er auch selber mal in die Flasche sah, wehe, wenn er einen von uns mal mit 'nem Bier erwischte. Dann gab's ein erbarmungsloses Sondertraining.

»Mußt du Gift wieder rausschwitzen.«

Gift, das waren für ihn Alkohol, Zigaretten und Frauen. Bei sich selber war er da großzügig. Er mußte auch nicht spielen. Wenn er mit Sonnenbrille und brennender Zigarette unter die Dusche ging, was nicht zu selten vorkam, dann wußten wir Bescheid.

Aber er war ein toller Trainer, das hat er x-mal bewiesen. Unter anderem gilt er als der Erfinder des Kreisspiels, das heute in der ganzen Bundesliga und selbst in jedem Dorfverein praktiziert wird.

Jedenfalls hat sich die Plackerei für uns gelohnt. Das Jahr 1969 sah uns als deutschen Meister und als Sieger im DFB-Pokal.

Morgens um sieben ist die Welt noch in Dortmund

Im Profifußball wird es noch deutlicher sichtbar als im Alltag: Wer Erfolg hat, braucht sich um die Neider nicht zu sorgen. Was haben wir mit den Fans nicht alles durchgemacht, wenn wir in den Westen fuhren!

Ich erinnere mich an ein Spiel gegen Rot-Weiß Essen. Die haben da eine ganz böse Kurve hinter dem Tor. Mit Obst und Klosettpapier haben sie mich beworfen. Richtig erschrocken bin ich aber erst, als ein Messer so zwei Meter neben mir in den Boden fuhr. Den Kerl hat die Polizei dann verhaftet.

Selbstverständlich wäre es Blödsinn, alle Zuschauer über einen Kamm zu scheren. Die überwältigende Mehrheit möchte einfach ein schönes Spiel sehen oder ihre Mannschaft anfeuern. Schließlich leben wir von unserem Publikum – finanziell, aber auch auf den ständigen Ansporn unserer Anhänger sind wir angewiesen.

Da gibt es mehrere Kategorien von Zuschauern. Wenn das Olympiastadion ausverkauft ist, spielen wir vor rund 78 000 Leuten. Davon kommen Dreiviertel nur zu einigen Spielen, vor allem natürlich zu denen gegen besonders starke Gegner. Der Rest besucht fast alle Heimspiele, und ein paar Tausend begleiten uns auch zu den Auswärtsspielen. Dieser »harte Kern« sticht halt am stärksten ins Auge, denn er ist am lautesten und gibt sich schon durch äußere Merkmale wie Schals oder Mützen zu erkennen.

Aber auch in diesem Kreis sind die Krawallhansln eine kleine Minderheit, allerdings eine kaum zu übersehende und vor allem zu überhörende Minderheit, die dir am stärksten bei Auswärtsspielen auffällt, wenn du einer Mauer gegenüberstehst, die schon durch die Stoffaufkleber, mit denen ihre Rocker-Jacken übersät sind, zu verstehen gibt, welche frommen Wünsche sie dir gegenüber hegt: »Wir hassen die Bayern«, »Tod den Bayern«, »Zieht den Seppls die Lederhosen runter« und ähnlich launige Sprüche.

Schlimm wird es schon, wenn der Bus ins Stadion fährt. Man ist bedrückt von der Feindseligkeit, die einem entgegenschlägt. Man sieht blanken Haß, ja Mordlust in den Augen dieser sogenannten Fans, wüsten Typen, besoffen und geschert, die nur ins Stadion kommen, um zu randalieren. Fairneß ist ein großes Fremdwort geworden. Das ist aber nur bei uns so.

Zum Vergleich: Auf englischen Plätzen habe ich immer am liebsten gespielt. Die Leute sind zwar auch fanatisch, dabei aber fachkundig und fair. Wenn die ihre Mannschaften anfeuern, da herrscht einfach eine herrliche Stimmung im Stadion. Sicher gibt es auch mal Krawalle, aber die große Masse freut sich, wenn eine namhafte ausländische Truppe einläuft. Schon beim Aussteigen gibt es Applaus und Bravorufe. Und vor dem Spiel singen sie die ganze Hitparade herunter. In Liverpool haben sie mal zwanzig Minuten lang gesungen, sämtliche Nummern, von eins bis zehn. Da hat man nie ein Schimpfwort gegen die Gastmannschaft gehört.

Und bei uns? Da nimmt man auch gängige Melodien und versieht sie mit »passenden« Texten. Zum Beispiel wird aus »When the Saints go marchin' in«: »Oh, hängt sie auf, die Bayernsau ...«

Noch ein paar Kostproben aus dem Schatzkästlein dieser dichterischen Ergüsse gefällig? Bitte sehr:

Die Bayern sind Scheiße,
die Fans, die sind schwul,
der Torwart ein Arschloch,
wir siegen fünf null . . .

Wenn die Fahrtenmesser blitzen
und die Bayern-Schweine flitzen,
dann ist alles, alles wieder gut.

Was ist ein Bayern-Fan ohne Hämorrhoiden?
Ein astreines Arschloch.

Es lebe die Liebe, der Wein und der Suff,
in Moskau der Kreml, in München der Puff.

Münchner Blut, Münchner Blut,
wenn es spritzt, wenn es schwappt, ist es gut.

Und mußt du mal scheißen
und mußt es ganz nett,
dann scheiße den Bayern
aus München ins Bett.

Ich glaube, das langt. Und der begnadete Poet, der im Stadion ein neues Werk dieses Kalibers vorträgt, wird natürlich stürmisch umjubelt. Unter den Seinen ist er für eine Weile der Größte.

So widerwärtig so was auch ist, damit muß man im fremden Stadion leben. Leider bleibt es nicht immer bei Worten und Gesängen.

Zum Beispiel in Bremen, irgendwann im tiefen Winter. Schneeboden, schlecht geräumte Straßen, nach dem Spiel lungerten Menschenmassen vor dem Stadion. Der Bus wartete, wir hatten es wahnsinnig eilig, zum Flughafen zu kommen. Da stellte sich ein besoffener Werder-Fan unserem Bus in den Weg.

»Ihr kommt hier nicht weg, ihr Säue.«

Bulle Roth drängte zur Tür. »Zieh Leine, sonst kriegst du eins auf die Nase.«

Statt einer Antwort griff der Bub zur Trillerpfeife, rief ein ganzes Rudel seiner Kumpels zu Hilfe.

»Schlagt sie tot, die Bayernsau.« Schneebälle und Steine krachten gegen den Bus.

Wir waren müde und gereizt. Ich sagte zum Fahrer: »Wir zählen bis drei, dann machst du die Türe auf. Eins, zwei . . .« Bulle, Franz, Gerd und ich sprangen raus in den Schnee. Der Bulle schlug zweien von den Schreiern die Nase krumm, ich griff mir den Besoffenen, rieb ihm mit einer gehörigen Portion Schnee den Alkohol aus dem Gehirn, Franz und Gerd besorgten draußen den Rest. Das war so schnell geschehen, daß die anderen gar nicht dazu kamen einzugreifen. Ich stieß meinen Schreihals in den Wagen auf den Platz neben mir. »Du fährst jetzt mit zum Flughafen.« Dann drehte ich die Scheibe runter, und als der Wagen anfuhr, sah ich ihn drohend an. »Jetzt wirst du deine Kameraden draußen beruhigen, damit wir ohne Zwischenfälle noch unsere Maschine erwischen.«

Der Kleine sah unsere wütenden Gesichter, kroch in sich zusammen. Dann skandierte er mit weinerlicher Stimme: »Bayern wird Meister . . . Bayern wird . . .«

Dieses unerwartete Geständnis riß uns beinahe vom Sitz. Unmöglich, ernst zu bleiben. Unter seinem immer lauter werdenden »Bayern wird Meister ...« ruckte der Bus an. Die Werder-Fans sahen ihren Anführer, hörten sein Geschrei und unser Gelächter. Die verblüfften, dummen Gesichter werde ich mein Lebtag nicht vergessen.

Das war noch mal gutgegangen. Ich erinnere mich aber auch an eine andere Begebenheit.

Wir hatten in Oberhausen 0:4 gewonnen. Ein paar hundert Randalierer begleiteten uns mit ihren haßerfüllten Sprechchören zum Bus. Ein unheimliches Gefühl. Wie die Lynchjustiz im Wilden Westen. Nur hat sich keiner an uns rangetraut. Erst als wir in den Wagen stiegen, flogen uns Pappteller mit Senf um die Ohren. Der Bulle bekam eine Ladung voll ins Gesicht, gerade als wir die Türen schließen wollten.

Einer hatte sich vorgedrängt, stieß die Fahnenstange in den Bus. Blitzschnell griff der Bulle zu, packte den Stock, wuchtete ihn dem Angreifer in die Magengegend, so daß der prompt zu Boden ging. Ein Aufschrei in der Schnapswolke. Die Menge drängte heran, die Tür fiel knirschend ins Schloß. Knirschend sage ich, weil der Bulle noch die Finger dazwischen hatte. Der Nagel seines Zeigefingers klebte irgendwo in der Türritze.

»Sanitäter. Ein Verletzter.«

»Was? Ihr wollt mich verbinden?« tobte unser Riese. »Kommt nicht in Frage. Ich geh raus und kauf mir die Burschen.«

»Bleib drin! Die erschlagen dich.«

»Mich erschlägt keiner. Türe auf!« Er tobte wie ein Berserker, öffnete die Tür per Fußtritt, und draußen war er, mitten unter den ärgsten Schreiern. Der Schmerz muß ihm die Vernunft geraubt haben. Im Stich konnten wir ihn nicht lassen. Wir die Jacken ausgezogen und dann raus.

»Wildgewordene Bayern verprügeln harmlose Zuschauer« – so ähnlich stand es am nächsten Tag in der Presse.

Da legst di nieder.

Einmal habe ich wegen dieser verdammten Saufbrüder sogar eine Gerichtsverhandlung durchstehen müssen. Im Niedersachsenstadion in Hannover gab es damals noch keinen Sperrzaun. Da war nur eine Barriere zwischen Kabinengang und Tribüne – vielleicht einen Meter hoch. Weiß nicht mehr, wie wir da gespielt haben, zur Halbzeit jedenfalls drängt ein wildgewordener Fan an die Brüstung. »Ich schlag dich tot, du Bayernsau.«

»Meinst du mich?«

»Ja dich, den Maier mit dem Eierkopp.« Dabei holte er aus, versuchte, mir den Regenschirm an die Schläfe zu schlagen. Ich wehrte den Hieb ab, griff nach dem Schirm, zog den Schläger dicht heran und knallte ihm eine mit dem Torwarthandschuh, und zwar mit der rauhen Seite, so daß der Rowdy die Stufen hinunterstürzte.

Nach Spielende kam der Manager in die Kabine. »Sepp, draußen ist einer, der will dich sprechen.«

»Wie sieht er aus?«

Schwan zuckte die Achseln. »Wie schon? Besoffen. Hat 'ne geschwollene Backe.«

»Der soll bloß Leine ziehen. Es sei denn, er ist noch scharf auf ein blaues Auge.«

Ein paar Wochen später hatte ich einen Gerichtstermin am Hals, mußte mit dem Rechtsanwalt nach Hannover. Nur hatte das Gericht schlicht vergessen, den besoffenen Kläger vorzuladen. Also schlugen wir um des lieben Friedens willen eine gütliche Einigung vor – ich glaube, ich habe ihm ein Buch mit einer Entschuldigung geschickt. Der Junge war ganz gerührt, schrieb mir noch nach München und bedankte sich. Offenbar ein netter Kerl, aber das Stadion hat ihn – wie so viele andere – rundum versaut.

In letzter Zeit geht es in einigen Bundesligastädten

immer aggressiver und gefährlicher zu – trauriger Höhepunkt war bisher die Katastrophe im Hamburger Volksparkstadion am letzten Spieltag der 1979er Saison, als der HSV zwar gegen uns verlor, aber trotzdem deutscher Meister wurde.

Die Randalierer sind, soweit ich das überblicke, durch die Bank ganz junge Burschen – aber auch eine ganze Reihe Mädchen –, so zwischen vierzehn und zwanzig, lauter Kinder, die sonst nicht viel vom Leben haben. Überall müssen sie sich ducken, nur im Stadion, unter ihresgleichen, da können sie endlich mal die Wutz rauslassen. Ihr Alltag ist meistens eine ziemlich dumpfe, trübsinnige Angelegenheit, aber samstags im Stadion, da ist noch was los, da gibt es Spannung, Überraschungen, manchmal sogar Sensationen.

»Ihr« Verein ist ihr ein und alles, sie haben das Gefühl, Teil einer großen, starken Gemeinschaft zu sein, den Erfolg der Spieler sehen sie als ihren ganz persönlichen Erfolg, und dabei kommen sie sich vor wie die Könige, wenigstens einmal in der Woche.

Wenn einer – sprich: die gegnerische Mannschaft und deren Anhang – diesen Erfolg anzuknabbern droht, ist der natürlich der Todfeind. Und wenn dann entsprechende Alkoholmengen hinzukommen, wird das Stadion zum Schlachtfeld.

Weltmeisterschaft: der zweite Anlauf

1969, ein großes Bayern-Jahr. Unter Zebecs Regie eroberten wir das, was im Bundesligafußball gemeinhin als die Krone des Erfolgs gilt. Ich spreche von dem Double, der Deutschen Meisterschaft und dem Gewinn des DFB-Pokals. Wir nahmen die Siege als gutes Vorzeichen, stand doch ein Großereignis vor der Tür, dem wir ungeduldig entgegenfieberten.

Die Weltmeisterschaft 1970 in Mexiko.

Mit Hängen und Würgen hatten wir die Qualifikation geschafft, gegen Zypern erst im Rückspiel gut ausgesehen, Österreich zwar glatt geschlagen, aber mit Schottland doch große Probleme gehabt, so daß unsere Teilnahme erst nach dem 3:2 über die Schotten im Hamburger Volksparkstadion endgültig feststand.

Tilkowski war schon lange zurückgetreten. Helmut Schön hatte die Qual der Wahl zwischen drei Torleuten, Manfred Manglitz, Horst Wolter und mir.

Drei Rivalen für einen Posten. Mit dem Manglitz habe ich mich nie besonders gut verstanden. Er war in der Vorbereitungszeit zwar zu großer Form aufgelaufen, und die Presse machte ungeheuere Stimmung für den neuen Mann, wahrscheinlich, weil sie wieder einen Torwart aus dem Westen in der Endrunde haben wollte. Mehrfach hatte man versucht, mich in Interviews so weit zu bringen, gegen den Newcomer Manglitz Sturm zu laufen. Den Gefallen tat ich ihnen nicht, hielt mich vielmehr immer aus den Diskussionen heraus. Für Intrigen habe ich nie was übrig gehabt.

Mit dem anderen Torwart aus Braunschweig, dem Horst »Luffe« Wolter war ich gut befreundet. Nie gab es Neid oder Eifersucht zwischen uns beiden, im Gegenteil – wir halfen und unterstützten uns gegenseitig, wo wir nur konnten.

1968 schickte uns der DFB mit einem großen Aufgebot nach Lateinamerika, um uns im Hinblick auf die WM Gelegenheit zu geben, den Stil der Südamerikaner kennenzulernen.

Die Leute beneiden uns immer wegen dieser Reisen: Wo ihr überall hinkommt, toll! Aber die Sache sieht doch ein bißchen anders aus. Erstens ist man nach den langen Flügen immer völlig kaputt. Man hat kaum Zeit, sich richtig auszuschlafen, schon geht es los mit dem Training. Außer Hotel und Stadion kriegt man nicht viel zu sehen. Höchstens kommt es mal zu einer Stadtrundfahrt, aber das ist meist schon alles. Anders ist es, wenn mehrere Spiele anstehen, wie bei der Südamerikatournee vor der letzten Weltmeisterschaft. Dann kriegt man auch was mit von Land und Leuten. Aber normalerweise ist man einfach zu kaputt, um in der knappen Freizeit selbst was zu unternehmen.

Zurück zu meiner Geschichte. Wir waren mit der Nationalmannschaft in Santiago de Chile, wohnten im Chile Hilton. Vor dem Spiel herrschten immer ziemlich strenge Bräuche. Helmut Schön hatte für zehn Uhr Bettruhe befohlen. Aber, wie es manchmal so ist, an diesem Abend war eine besonders lustige Clique beisammen, die Lufthansa-Crew, Journalisten, ein paar Spieler. Wir saßen am Pool in der oberen Etage und merkten gar nicht, wie die Zeit verging. Horst Wolter, Schorsch Volkert und ich sprachen mit einigen Journalisten über ein heißes Thema, da wurde der Schorsch plötzlich blaß und kroch unter den Tisch.

Buenos Dias, Argentina

Die Weltmeisterschaft 1978 endete mit der Ablösung des glanzlosen Weltmeisters Deutschland. Nach dem 0 : 0 gegen Polen (links oben; rechts) sagte der gegnerische Kapitän Kazimierz Deyna: »Das verdankt Deutschland allein Sepp Maier.« Erst in der 86. Minute des Turniers, beim Spiel gegen Holland (vorhergehende Seite), mußte Sepp sich zum erstenmal geschlagen geben.
Links unten: Sepp Maiers letztes Spiel in der Bundesliga, Juni 1979, 2 : 1 gegen den HSV, den neuen Deutschen Meister.

Meine Ban
öbel-Weiss
BLUN

Ohne Rücksicht auf Verluste

Ob in der Bundesliga oder bei Länderspielen mit der Nationalmannschaft: Wenn es darauf ankam, schreckte Sepp Maier auch vor dem härtesten Einsatz nicht zurück. Dabei konnte er manche Begegnung nur unter heftigen Schmerzen bis zum Abpfiff durchstehen. Häufig war er verletzt, brachte sich aber bis zum nächsten Spiel stets wieder auf die Beine – nur so sind seine 442 Bundesliga-Treffen in Serie zu erklären. Ein Rekord, der kaum so bald eingestellt werden dürfte.

Nur Fliegen ist schöner

Oft am Boden, selten zerstört: Sepp Maiers spektakuläre Luftsprünge waren Garanten unzähliger Siege. Über eine halbe Million Mal hat er sich im Laufe seiner Karriere in den Dreck geschmissen. Im Münchner Olympiastadion gerieten die Fans bei jeder dieser Paraden aus dem Häuschen. »Seeepppeee« war der Erkennungsruf der Südkurve.

»Der Lange«, hörten wir ihn flüstern.

Um Gottes willen. Es war längst nach zehn – Helmut Schön im Anmarsch. Und die Poolterrasse hatte keinen zweiten Ausgang. Da gab's nur eine Treppe, die hinunter führte auf einen breiten, großen Sonnenbalkon. Der klebte wie eine Plattform an der Außenmauer des vierstöckigen Gebäudes. Von dort ging es direkt in die Tiefe. Für Wolter und mich bedeutete die Terrasse die einzige Möglichkeit, uns vorläufig in Sicherheit zu bringen.

Helmut Schön kam herein, setzte sich ausgerechnet an den Tisch, dessen Stühle wir eben noch gewärmt hatten. Für den Schorsch wurde es jetzt spannend. Jedesmal wenn der Lange die Beine ausstreckte, sah er sich zu den seltsamsten Verrenkungen gezwungen, um bloß nicht mit Schön zusammenzustoßen. Wir sahen das aus unserem Versteck, aber zum Lachen war uns nicht zumute. Denn in solchen Dingen – Übertretung seiner Anordnungen – verstand der Lange keinen Spaß.

Wir inspizierten die Terrasse.

Ungefähr sechs Meter unter uns lag ein schmaler Balkon. Aber wie kommst du da runter? Die einzige Möglichkeit, uns festzuhalten, sahen wir in dem Draht des Blitzableiters, der in die Tiefe führte. Sollten wir's riskieren? Da hörten wir von oben ärgerliche Stimmen. Schön hatte den Schorsch entdeckt.

»Der war doch nicht alleine hier«, hörten wir ihn sagen.

Sekunden nur, dann würde er auf der Terrasse sein.

Wir über die Brüstung, runtergehangelt an dem dünnen Draht. Unter uns der Abgrund. Der Draht endete ein paar Meter über dem Balkon. Da haben wir uns einfach fallenlassen, ein Fenster eingedrückt und uns in dem Zimmer verkrochen. Mir wird heute noch ganz schlecht, wenn ich an unseren Leichtsinn denke. Angenommen, uns wäre was passiert. Der Schön hätte keinen Torwart gehabt.

Übrigens, den Schorsch Volkert hat er zur Strafe nicht spielen lassen.

Um den Schorsch ist es eigentlich schade, daß er in der Nationalmannschaft nie recht Fuß fassen konnte. Aber er war selbst daran schuld. Auf eigenem Platz war er der beste Linksaußen, den Deutschland hatte. Aber eben nur auf eigenem Platz. Auswärts dagegen übernahm er einfach keine Deckungsaufgaben. Verrückt. Ein psychologisches Problem, und damit ein Risikofaktor für die ganze Mannschaft. Wenn der Linksaußen nicht deckt, muß das ganze Spiel auf ihn zugeschnitten sein. Das war in seinem Fall, besonders auf internationaler Ebene, einfach nicht möglich.

Schade um das phantastische Talent.

Ich habe schon viel Mist gelesen über die Probleme im Trainingslager vor einer Weltmeisterschaft. Wenn von außen keine Unruhe in die Mannschaft getragen wird, dann läuft die Vorbereitungszeit bestens. Man ist abgeschirmt, kann in Ruhe arbeiten. Die vielbeschworenen, vielbeschriebenen Sexprobleme sind nur ein Thema für Hausfrauenkränzchen. Man trainiert den ganzen Tag: da ist die Kraft ohnehin raus. Und schließlich kann jeder sich wohl mal vier Wochen zusammenreißen, wenn es um eine erfolgreiche WM-Teilnahme geht.

Uns Uwe

Balneario de Comanjilla. Wir hatten ein Traumquartier erwischt, mitten in der mexikanischen Wüste, fast zweitausend Meter über dem Meer und ganz in der Nähe unseres Gruppenspielortes León. In der Wüste, das ist doch alles andere als lustig, könnte man glauben. Weit gefehlt. Es war ein kleines Paradies, eine Oase der Ruhe, genau das richtige für eine ungestörte Vorbereitung auf die Endrunde.

Über die Mannschaft, die damals die deutschen Farben vertrat, ist schon vieles geschrieben worden – ich will dies alles gewiß nicht wiederholen, aber einen Mann muß ich hier einfach herausgreifen, einen ganz Großen, für den Mexiko gleichzeitig den Abschied von der internationalen Bühne bedeutete: Uwe Seeler.

Über den Uwe gibt es nur Gutes zu berichten. Erstens ist er ein vorbildlicher Sportsmann, aber auch als Mensch kann ich mich kaum an einen besseren erinnern. Ich kenne ihn seit meiner frühesten Fußballjugend. Irgendwann spielte mal die süddeutsche Auswahl gegen Norddeutschland. Augsburg war der Austragungsort, und ich war mächtig stolz, daß der Uwe damals kein Tor gegen mich erzielte. Ein paar saftige Schüsse hatte ich glänzend pariert. Vielleicht mit ein Grund dafür, daß ich im Anschluß daran in der Jugend-Nationalmannschaft spielen durfte.

Uwe ist unsterblich. Schon zu seiner aktiven Zeit hat er sich dank seiner Fairneß, seinem Können, seiner menschlichen Qualitäten selbst ein Denkmal gesetzt. Einmal so zu werden wie er oder wie Max Schmeling, das war immer mein höchstes Ziel. Das sage ausgerechnet ich, der Bayer. Zwei Preußen als Vorbilder. Da soll nochmal einer behaupten, wir Bayern seien nicht liberal.

Vor dem Abflug nach Mexiko hatte der Pressekrieg pro Manglitz und contra Maier geradezu absurde Formen angenommen. Der Uwe sah meine Niedergeschlagenheit, nahm mich auf die Seite. »Verlaß dich drauf, du wirst spielen. Wenn einer wie du dreißig- oder vierzigmal im Nationaltrikot gut gehalten hat, warum soll er dann bei der WM auf der Bank sitzen, nur weil der Konkurrent mal 'ne gute Serie hat. Deine Erfahrung ist uns da wichtiger. Ich werde mich für dich einsetzen.«

So war er, obwohl ich ihn nie um seine Hilfe gebeten habe.

Und dann auf dem Spielfeld.

Es hieß ja immer, die Kombination Müller–Seeler könne niemals gutgehen: Jeder nimmt dem anderen den Raum. Die beiden werden sich nur gegenseitig behindern. Dazu kam Gerds unglückliche Bemerkung vor unserem ersten Spiel: »Entweder spielt der Seeler oder ich.« Helmut Schön hat ihm daraufhin gehörig den Kopf gewaschen, ein Donnerwetter losgelassen, das der Gerd verkraften mußte. Und siehe da: Wir hatten nie einen stärkeren Sturm als das Tandem der beiden großen »Bomber der Nation«.

Gegen Marokko waren wir beinahe eingegangen, hatten einen mühsamen 2:1-Sieg gerettet, ein Signal für die Pressemeute, über uns herzufallen und uns in der Luft zu zerreißen. Aber die Beinahe-Niederlage hatte ihr Gutes. Rechtzeitig sind wir aufgewacht und haben uns in das Turnier gestürzt, als wären wir die Favoriten, als hätten wir den Titel zu verteidigen. Die nächsten Spiele bewiesen es. Gegen Bulgarien gewannen wir mit 5:2, gegen Peru durch drei Müller-Tore mit 3:1. Wir waren Gruppensieger, durften die zweite Runde in León ausspielen. Aber: Unser erster Gegner hieß England. Und England war der amtierende Weltmeister, unser Angstgegner, wie die Presse uns einreden wollte. Dabei brannten wir alle, besonders der Bundestrainer, auf die Revanche für die Niederlage in Wembley 1966.

Die Revanche

Anders als der Gegner – Sir Alf Ramsey hatte fast alle Weltmeister von 1966 im Team – war unsere Mannschaft auf entscheidenden Posten stark verjüngt. Da spielten Müller, Grabowski und Maier, da war der junge Beckenbauer in Hochform, da kämpfte Uwe Seeler um einen stolzen Abschied, aber da waren auch noch die alten Kämpen in den Startlöchern, Willi Schulz, Helmut Haller und Stan Libuda, der uns mit seinem dritten Tor gegen die Schotten in die Endrunde geschossen hatte.

Und die Engländer?

Gordon Banks litt unter Montezumas Rache, einer Durchfallerkrankung, die schon viele leichtsinnige Europäer in Lateinamerika umgehauen hat. An seiner Stelle mußte der nicht sehr erfahrene Peter Bonetti ins Tor. Bobby Charlton, der große Spielmacher, hatte seinen Leistungszenit überschritten, und Bobby Moore – na ja, vielleicht erinnern Sie sich? Bei der Vorbereitungsreise der Engländer nach Kolumbien hat man Bobby Moore angeblich bei einem Ladendiebstahl erwischt. Das soll ausgerechnet in Bogotá passiert sein, einer Stadt, die in der Verbrecherstatistik nur am Chicago der zwanziger Jahre zu messen ist. Lächerlich der Vorwurf gegen den englischen Nationalspieler – und wütend die Proteste der Mannschaftskameraden in ausführlichen Interviews. Wahrscheinlich haben sie sich dabei gehörig im Ton vergriffen, jedenfalls bekamen sie ihre Quittung in böse aufgemachten Artikeln. Die mexikanische Öffentlichkeit war entsprechend gegen die Engländer aufgebracht, eine Tatsache, die uns wiederum zugute kam.

Das Spiel gegen die Engländer ist längst Fußballgeschichte. Wir holten einen 0:2-Rückstand auf und gewannen in der Verlängerung mit 3:2.

England geschlagen. Revanche für Wembley geglückt. War das eine Sensation.

Und wieder bin ich beim Thema Uwe Seeler. Nie werde ich vergessen, was der in diesem Spiel geleistet hat. Mittags um zwölf Uhr war der Anpfiff. Die Sonne stand senkrecht über dem Stadion, wir haben unseren eigenen Schatten nicht mehr gesehen, nur einen kleinen dunklen Fleck zu unseren Füßen. Der Uwe hat dem Gerd die Spitze überlassen, hatte sich etwas zurückfallen lassen und geschuftet für fünf Mann. Mein Gott, ist der gerannt! Von einem Strafraum zum anderen. Vom linken auf den rechten Flügel. Sein Schädel leuchtete wie eine Glühbirne, so rot war er von Hitze und Anstrengung: die Adern standen so weit raus aus der Stirn, daß ich schon in der ersten Halbzeit dachte, jeden Moment müßten seine Gefäße platzen. Und dann sein Kopfballtor. Mit dem Hinterkopf hat er's geschossen und dabei dem gegnerischen Torwart keine Chance gelassen. Das war ein Kampf, eine Sensation, die wir da geschafft haben. Und das Publikum? Wie ein Mann standen die Mexikaner hinter unserer Mannschaft.

Die Bevölkerung hat uns geliebt. Wie haben die Leute uns angefeuert, wenn sie merkten, daß wir in Schwierigkeiten gerieten! Eine einmalige Stimmung auf den Rängen. Noch heute höre ich es: *Ala bio – Ala bao – Ala bi ba ba – Alemania – ra – ra – ra ...*

Eine schöne Zeit. Meine schönste Weltmeisterschaft überhaupt, wenn wir auch im Halbfinale gegen die Italiener ausschieden. Im Aztekenstadion in Mexico-City war das, vor hunderttausend Menschen. Der Fußballkrimi schlechthin.

Ein denkwürdiger Krimi

Wie wäre das Spiel wohl ausgegangen, hätten wir einen normalen Schiedsrichter gehabt und nicht diesen Herrn Yamasaki, einen Peruaner japanischer Abstammung, dessen mexikanischer Chef italienische Eltern hatte? Aber ich will mich über die Schiedsrichter nicht weiter auslassen.

Fest steht jedenfalls, an das Spiel Deutschland – Italien in Mexiko 1970 wird man zurückdenken, solange auf diesem Planeten Fußball gespielt wird.

Es ging um den Einzug ins Finale. Brasilien hatte sich schon qualifiziert. Wer also würde der Gegner sein?

Von der Mannschaftsstärke her waren wir eigentlich auf allen Posten gleich gut besetzt. Die Partie schien völlig offen. Aber schon in der achten Minute leistete Berti Vogts sich einen Fehlpaß. Boninsegna erwischte den Ball . . . Tor. Ein Treffer, den Willi Schulz, unser damaliger Ausputzer, seinem Angreifer eigentlich noch hätte abjagen müssen. So aber war Boninsegna frei zum Schuß gekommen, ich hatte keine Chance.

Gegenzug. Beckenbauer mit einem Solo durch die Abwehrreihe der Azzurri. Foul im Strafraum. Aber Herr Yamasaki pfeift nicht. Jedesmal wenn unsere Stürmer oder Mittelfeldleute durchkommen, werden sie umgesäbelt, festgehalten, getreten. Kein Pfiff von Herrn Yamasaki.

In der zweiten Halbzeit bauen die Italiener ihren *Catenaccio* – den Riegel – auf. Es ist fast zum Verzweifeln. Unsere Leute kommen einfach nicht durch. Die Zeit läuft für den Gegner. Und von den Rängen klingt es immer wieder: *Ala bio – Ala bao – Ala bi ba ba – Alemania – ra – ra – ra!*

Wir möchten ja so gerne, aber wie? Wir warten auf den Schlußpfiff, da geschieht das Unfaßliche. Grabowski ist mit einer Körpertäuschung an seinem Gegner vorbeigekommen, Flanke. Schnellinger ist da, ausgerechnet Schnellinger, der sich beim AC Mailand seinen Kaviar verdient. Ein Spreizschritt ... Tor. 1:1 in der 90. Minute. Verlängerung.

Verlängerung in Mexiko. Bei 50 Grad Hitze auf dem Rasen. Mensch, Mensch, Mensch!

An die Nachspielzeit kann ich mich gar nicht mehr genau erinnern. Wir gingen in Führung, die Italiener glichen aus. Dann 3:2 für die Azzurri. Kopfball Seeler zu Müller ... Tor. 3:3. Anstoß, Boninsegna verlädt Willi Schulz ... Tor. 4:3.

Ich wußte überhaupt nicht mehr, wie es eigentlich stand. Zack, zack, das ging so schnell hin und her. Ein Höllentempo hatte das Spiel, trotz der mörderischen Hitze, trotz der atemerschwerenden Höhe, trotz der Verlängerung. Die Zuschauer saßen längst nicht mehr. Sie standen auf den Bänken, schrien sich die Kehlen wund. *Alemania, Alemania,* bis wir den Ausgleich schossen. Dann: *Ra, ra, ra, Italia* – bis die Italiener wieder vorne lagen. Ein Hexenkessel. Und dann war das Spiel zu Ende.

Wir waren zu Tode betrübt.

Soll ich jetzt abergläubisch sein? Luffe Wolter und ich teilten uns im Trainingslager das Zimmer. Ich hatte einen Kassetten-Rekorder dabei, und der Luffe war wie verrückt auf die Melodie *El condor pasa,* damals der große Hit. Jedesmal, wenn ich mich fertig machte fürs Spiel, hat er das Band laufen lassen. »Schließ die Augen, hör zu. Das beruhigt.«

Folgsam wie ein kleiner Junge setzte ich mich hin. Eine wirklich gute Entspannungsübung. Das Halbfinale fand, wie gesagt, in Mexico City statt. Wir hatten ein neues Quartier in Puebla bezogen und fuhren mit dem Bus über die Berge ins Stadion. »Ich hab' das Band vergessen«, sagte der Luffe zu mir. Er wirkte zerknirscht und nachdenklich. »Hoffentlich geht alles gut.« Das war vor dem Italien-Spiel.

Hinterher hat er gar nichts mehr gesagt, saß todtraurig in seinem Winkel. Ich glaube fast, daß er seiner Vergeßlichkeit die Schuld an unserer Niederlage gab.

Der Luffe war ein feiner Kerl, ein echter Freund und ein hervorragender Torwart. Zum Spiel um den dritten Platz schickte Helmut Schön ihn zwischen die Pfosten. Ein paar Tage zuvor hatte es ihn jedoch erwischt: Montezumas Rache. Was man da durchzustehen hat, ist nicht zu beschreiben.

Daß man mit zugebundenen Hosen nicht spielen kann, brauche ich wohl niemandem zu erklären. Schlimmer ist die Schwächung, die der Organismus durch diese Anfälle erfährt. Die zerstört die Moral und das Selbstbewußtsein. Eine Gelegenheit für mich, dem Luffe für seine Freundlichkeiten zu danken. Ich habe Krankenschwester gespielt und ihn mit Worten und allen möglichen Pillen wieder hochgepäppelt. Er hat dann auch prima gehalten.

Deutschland schlug Uruguay mit 1:0, Brasilien die Italiener mit 4:1.

Die Weltmeisterschaft war zu Ende. Abschied von Uwe Seeler, Helmut Haller, Karlheinz Schnellinger – und von Willi Schulz. So sehr ich das Ausscheiden der Erstgenannten aus dem nationalen Kader bedauerte, so angenehm war mir der Abschied vom »World-Cup-Willi«.

Schulz war gewiß ein großer Fußballer, aber menschlich blieb er einfach unerträglich. Was die anderen machten, war ihm alles »Scheiße«, für ihn zählte nur, daß man auf sein Kommando hörte. »Ob die vorne Tore schießen, ist mir egal. Hauptsache, wir kriegen keine Treffer.« Ein Narziß war er, dem nur die eigene Leistung etwas galt, den Rest konnte man getrost in den Dreck ziehen. Diese Eigenschaften hat er sich bewahrt.

Seit er »Chefkommentator« einer großen Sonntagszeitung geworden ist, nützt er seine Position weidlich aus. Wie kann man als Ex-Fußballer so miese Artikel über seine früheren Mannschaftskameraden schreiben? Daß er mich zum Rücktritt aufforderte, war mir wurscht, als er mich aber nach meinem Unfall irgendwo in Frankfurt einmal scheißfreundlich begrüßte, da ist mir doch der Kragen geplatzt. »Geh mir aus dem Weg, du Arsch . . .«

Ich hoffe, daß er diesen Wunsch für alle Zukunft beherzigen wird.

Frischer Wind in München

Fast ohne jeden Übergang ging es von den Höhen der internationalen Bühne wieder hinab in den Alltag der Bundesliga. Beim FC Bayern hatten deutliche Verschiebungen stattgefunden, die damit zusammenhingen, was später unter dem Schlagwort »Vermarktung« die Runde machte.

Eine Kostprobe davon hatten wir gerade in Mexiko erlebt, auch die harten Bandagen, mit denen in diesem Dschungel gekämpft wird. »Der Puma brummt schon wieder«, war dort ein geflügeltes Wort. Gemeint war die erbitterte Fehde zwischen den beiden führenden Sportausstattern um die werbeträchtige Nationalmannschaft. Die Firma »adidas« hatte die Ausrüstung für die Weltmeisterschaft gestellt und obendrein einen Vorbereitungsfilm für den DFB finanziert. Also war die Frage für den Verband klar: »adidas« war die Marke der Nationalmannschaft.

Das wiederum ließ die Konkurrenzfirma »Puma« nicht ruhen, und sie machte einzelnen Spielern erkleckliche Angebote, wenn sie sich für ihre Stiefel einsetzten. So brach der berühmte »Schuh-Krieg« aus, den Helmut Schön mit einem Machtwort beilegen konnte, der aber bei DFB und Spielern für einigen Wirbel sorgte. Wir kamen auf den Geschmack, ließen uns die sportlichen Leistungen auch außerhalb des Spielfeldes honorieren.

In München war das eh schon gang und gäbe. Direktor Schwan höchstpersönlich hatte die dankbare – und äußerst lukrative – Aufgabe übernommen, den jungen Weltstar Franz Beckenbauer zu managen. Und Robert

Schwan war ohne Zweifel ein tüchtiger Manager (»Es gibt nur zwei intelligente Menschen, Schwan am Vormittag und Schwan am Nachmittag«, Schwan über Schwan): Beckenbauer im Kaufhaus, Beckenbauer gibt Autogrammstunden in jeder Stadt, Beckenbauer trinkt, ißt, riecht, liest ... Da kam schon eine ganz hübsche Stange zusammen.

Franz und vielleicht Gerd ausgenommen, hielten sich die Nebeneinkünfte der Spieler zu dieser Zeit in recht bescheidenen Grenzen. Aber wir gönnten dem Franz seine Kohlen-Grube, zumal er in der Leistung nicht im geringsten nachließ.

Branko Zebec sah das ganz anders. Er haßte es, wenn Spieler an etwas anderes dachten als an die verdammte Lederkugel.

Statt sich nun mit Franz und Schwan gut zu stellen, begann er, wo er nur konnte, den beiden die Tour und damit die Geschäfte zu vermasseln.

Ungeschick? Neid? Ich kann's nicht sagen. Bei genauem Studium der Zeitungsberichte hätte er selber draufkommen müssen. Franz war längst zu einem Idol Fußballdeutschlands geworden. Mit einem Idol und seiner grauen Eminenz legt man sich als Trainer nicht an, man sucht vielmehr das Arrangement, den Kompromiß.

Aber Branko war da ein viel zu sturer Hund. Er pochte auf seinen Vertrag, der ihm die Verantwortung über die Trainingseinheiten übertrug; zähneknirschend mußte der Franz manch gutes Engagement sausen lassen. Solange Zebec Erfolge nachzuweisen hatte, war er vor dem Zorn des Managers sicher.

Aber dann begannen die Spiele um den Europacup der Landesmeister. In der ersten Runde wurde uns der französische Club AS St. Etienne zugelost. Kein Problem für uns, dachten wir, die Franzosen kennt ja keiner.

Das Hinspiel in München gewannen wir mit 2:0 Toren, fuhren in aller Ruhe nach Frankreich. Wir hatten den Gegner aber zu sehr unterschätzt, fingen in der ersten Minute schon ein Gegentor ein. Eine Viertelstunde später zappelte mir ein abgefälschter Ball im Netz. 2:0. Zu spät wachten wir auf. So sehr der Franz und ich uns auch zerrissen, wir fanden auf die Dauer kein Mittel, die stürmischen Angriffe abzuwehren. In der zweiten Halbzeit mußte ich nochmals hinter mich greifen. 3:0, ein bitteres Endresultat. Damit waren wir in der ersten Runde des Meistercups bereits aus dem Rennen.

Branko tobte auf der Rückfahrt, verschärfte in den nächsten Tagen noch das Training. Aber er hatte zu hoch gereizt. So wunderte sich keiner in der Mannschaft, als eines Morgens Präsident Neudecker und Manager Schwan uns zu einer Sitzung baten, den Abschied Branko Zebecs verkündeten und einen neuen Trainer präsentierten. Der Franz hatte an der Auswahl des Nachfolgers ganz schön gedreht – Kunststück, sein Manager war schließlich auch der des Vereins, und beide hatten handfeste gemeinsame Interessen. Und er hat den neuen Trainer der Mannschaft schmackhaft gemacht. Schon Tage vor der offiziellen Verkündigung ging er von einem zum anderen und fragte: »Was hältst du denn von dem Udo?«

Trainer und Kumpel: Udo Lattek

Wir waren alle begeistert. Viele von uns kannten Udo Lattek schon seit 1966, von der Weltmeisterschaft, als er Assistent von Helmut Schön gewesen war. Während der Lange dann vier Jahre später in Mexiko unterwegs war, um Quartiere für die nächste WM aufzutreiben, hat der

Udo sich vom DFB abgeseilt und Fäden zu Bayern München gesponnen.

Verständlich war das schon. Helmut Schön dachte gar nicht an Rücktritt, die Aussicht auf den Posten des Nationaltrainers lag also in weiter Ferne. Außerdem war das natürlich auch eine finanzielle Frage: selbst am Ende seiner Laufbahn hat Schön beim DFB unter 8000 Mark im Monat verdient, während ein guter Bundesligatrainer mit allem Drum und Dran gut und gerne auf seine 30 000 Mark kommen kann. Klar, im Unterschied zu den DFB-Trainern hat er dafür keine Altersversorgung und sitzt auf einem riskanten Schleudersitz. Beim FC Bayern haben wir allerdings trotz des häufigen Wechsels und der hohen Abfindungen ein unumstößliches Prinzip: mehr als fünf Trainer auf einmal haben wir noch nie bezahlt.

Für uns jedenfalls war der Udo der richtige Mann im richtigen Augenblick. Die Zeiten hatten sich geändert: Fünf Jahre Erfahrung in der Bundesliga und in sämtlichen Pokalwettbewerben, viele von uns in der Nationalmannschaft – wir waren keine Greenhorns mehr, brauchten keinen Diktator, sondern einen, mit dem wir vernünftig reden konnten.

Genau das war der Udo, ein ziemlich junger Kerl, damals gerade Mitte Dreißig, aufgeschlossen und verständnisvoll. Schließlich spukte in unseren Köpfen nicht nur der Fußball herum, wir hatten auch andere Probleme. Über die hatten wir mit unseren bisherigen Trainern nie sprechen können. Der Tschik war einfach ein fanatischer Fußballer, sonst hat den nichts interessiert. Auch der Zebec war zwar ein hervorragender Trainer, dem wir als Spieler ungeheuer viel zu verdanken hatten, aber für alles andere war er zu hart und verbohrt. Mit dem Udo Lattek dagegen konntest du einfach mal ein Bier trinken, auch nach zehn Uhr gelegentlich zusammensitzen, der hatte stets ein offenes Ohr. Nach Zebecs hartem Regime bedeutete er die reinste Erholung.

Ein Beispiel: Am Tag vor dem nächsten Punktspiel steht meist ein Kinobesuch auf dem Programm. Nun sind Filme bekanntlich immer Geschmackssache. »Was, schon wieder ins Kino? Können wir nicht hierbleiben und Karten spielen?«

Zebec fragte ganz demokratisch: »Wer ist dafür, wer dagegen?« Ausgang der Abstimmung: acht gegen acht.

»Also gehen wir ins Kino.«

Bei Lattek war das völlig anders, der teilte die Mannschaft einfach in Interessengruppen auf und ließ sie gewähren. Endlich fühlten wir uns nicht mehr so arg gegängelt, ständig gemaßregelt und kontrolliert. Ein großes Plus für den Neuen. Wir gingen ganz locker in die neue Saison, '70 und '71 wurden wir deutscher Vizemeister, '72, '73, '74 schafften wir den Hattrick, dreimal die Meisterschaft. Und, das hätte ich beinahe vergessen, 1971 gewannen wir nochmals den DFB-Pokal.

All diese Leistungen brachten wir ganz locker, die Erfolge kamen ohne großes Gebrüll in der Kabine zustande, wenn es draußen auf dem Feld auch hoch herging. Der Udo hatte eine ganz andere Masche, uns anzuheizen; der hat uns ein schlechtes Gewissen gemacht.

Wenn wir in der Halbzeit hinten lagen, trafen wir in der Kabine auf einen deprimierten Trainer, sauber niedergeschlagen war der. Dann hat er sich seinen Koffer vorgeknöpft und eine Weile auf das wehrlose Ding losgetreten, linker Fuß, rechter Fuß, immer drauf. Dabei hat er halbert geweint und uns Vorwürfe gemacht: »Was spielt ihr denn wieder für einen Stiefel zusammen! Ihr kämpft ja überhaupt nicht nach meiner Marschroute.«

Auch der Krieg um die Autogrammstunden fand ein Ende. Wenn du zu Lattek gingst und sagtest, du hättest dann und dann eine Autogrammstunde, dann war alles geritzt: »Alles klar, nimm das Geld nur mit.« Schließlich war der selbst ganz schön hinterm Geld her, jede Mark hat er eingesammelt. Vor allem der Franz und der Schwan waren's zufrieden, aber auch wir anderen freuten uns über ein gelegentliches Zubrot.

Die mannschaftliche Geschlossenheit der Ära Lattek haben wir später nie wieder erreicht. In diesen Jahren wurde der Franz zum Kaiser gekrönt, der Gerd zum Schrecken aller Torhüter Europas, ich das Symbol unserer Beständigkeit. Unsere Mannschaftserfolge wiederholten sich in der Nationalelf, '72 holten wir die Europameisterschaft, '74 wurden wir Weltmeister. In Deutschland hatten wir Bayern nur einen ernsthaften Konkurrenten, das waren die Gladbacher. Und folgerichtig baute Helmut Schön seine erfolgreiche Mannschaft aus diesen beiden Teams. Später erst kamen Grabowski und Hölzenbein von der Frankfurter Eintracht dazu. Und als einsames Nordlicht glänzte »Eisenfuß« Höttges in der Verteidigung.

Zurück zum Verein.

Viel wurde damals über die Hierarchie im FC-Bayernstaat gelästert. Zu Unrecht, wie die stolze Erfolgsbilanz des Clubs ausweist. Jeder in der Mannschaft hatte seinen festen Platz, jeder seine Aufgabe. An der Spitze stand der Kaiser, behutsam, aber in der Sache entschieden gegängelt von den beiden Wesiren, Neudecker und Schwan. Der eine war für die Öffentlichkeitsarbeit zuständig, der andere spann seine Fäden als graue Eminenz.

Die beiden wichtigsten Funktionen im Spiel hatten der Gerd und ich inne. Der Gerd, der die Pluspunkte machte, und ich, der die Minuspunkte verhütete.

Aber jede perfekte Organisation gerät in Gefahr, sich allzusehr zu verfestigen, was wiederum bedeutet, daß sie von innen her austrocknet. Udo Lattek hatte das rechtzeitig erkannt. Ständig in der Furcht vor dem Tritt in den Hintern, bemühte er sich sehr um das Wohlwollen seiner Majestät, das nur durch erfolgversprechende Einfälle zu erkaufen war. So sorgte er für das Engagement zweier neuer Pagen, die sich äußerst segensreich auf die teilweise schon erstarrte Monarchie auswirkten. Das Temperament der beiden brachte neues Leben in die Bude, waren sie doch nicht geschaffen, im Fußvolk unterzugehen.

Siamesische Zwillinge: Paul Breitner und Uli Hoeneß

Paul Breitner und Uli Hoeneß, beide damals erst achtzehn, der eine aus dem bayerischen Freilassing, der andere aus Ulm, waren die letzten Spieler, die den Sprung von der Jugendnationalmannschaft direkt in die Bundesliga geschafft haben. Natürlich war ihr Spiel am Anfang nicht gerade brillant, aber der Lattek hat immer zu ihnen gehalten. So bekamen sie Selbstvertrauen und wurden die großen Fußballer, als die sie in die Geschichte von Verein und Nationalmannschaft eingegangen sind.

Die beiden hockten dauernd zusammen, hießen bald unsere siamesischen Zwillinge, obwohl man sich kaum unterschiedlichere Charaktere vorstellen kann.

Der Paul lief regelrecht Slalom, um bloß kein Fettnäpfchen, in das er treten konnte, auszulassen. Wir älteren Spieler waren völlig fassungslos, daß da so ein junger Spund daherkommt und einfach sagt, was ihm nicht paßt, mit seiner Meinung nie hinter dem Berg hält. Logisch, daß er damit bei der alten Dynastie an allen Ecken und Enden zusammengerasselt ist, vor allem mit Neudecker und Schwan ständig Krach hatte. Die beiden hielten ihn schlicht für einen Verrückten, aber solange er gut Fußball spielte, haben sie ihm seine »Fehltritte« verziehen. Schließlich waren sie sicher, im Laufe der Zeit würden sie ihn schon kleinkriegen.

Hochgespielt wurde in dieser politisch bewegten Zeit natürlich vor allem Pauls »Maoismus«. Ein Journalist hat mal beobachtet, wie Breitner im kleinen roten Buch des Großen Vorsitzenden blätterte, und prompt war »Maoisten-Paule« geboren. Ob daran etwas war, weiß ich nicht, das war mir auch wurscht. Imponiert hat mir jedenfalls sein Mut im Umgang mit den »Großkopferten« und sein Einsatz auf dem Spielfeld. Da war und ist er ein Verrückter, der rennt und kämpft, bis er umfällt. Als Fußballer ist der Paul ein echtes Vorbild, durch und durch ein Profi, wie ich sonst kaum einen kenne. Sicher, er ist nicht so genial in seinen Spielzügen wie der Franz in seinen besten Zeiten, aber wenn's denn unbedingt sein muß, ist Paul auch schon mal ein Genie.

Ganz groß war Paul Breitner auch im Feiern. Wenn wir gewonnen hatten, auch wenn's bloß ein Feld-Wald-und-Wiesen-Bundesligaspiel war, wollte er gleich die Sau rauslassen. Ein Sieg, dann muß ein Flascherl her. Auch das hat ihm bei den Offiziellen viel böses Blut eingetragen. Die verstehen das nicht, daß einer bis zum Zusammenbruch auf dem Spielfeld ackert und dann hinterher auch noch lustig sein kann.

Der Uli war nie ein glänzender Techniker, aber ein ungeheuer kraftvoller Sprinter. Wenn der drei oder vier Mann vor sich hatte, dann wußten wir immer, daß er sie alle überrennen konnte. Ein Traumpaar im Sturm bildete er mit dem Gerd Müller, der stets am schärfsten gedeckt wurde, aber trotzdem auf einem Bierfilz fünf gegnerische

Spieler aussteigen ließ. Und daneben der Uli mit seiner Schnelligkeit, einfach Zucker! Wirklich ein Riesenpech, daß er durch seine Verletzung viel zu früh aus einer großen Laufbahn gerissen wurde.

Aber Fußball allein hätte Uli Hoeneß nie und nimmer befriedigt oder gar ausgefüllt. Schon in seiner Anfängerzeit war er ein Hans Dampf in allen Gassen, einer, der genau kapierte, wo's langgeht. Als hätte er geahnt, daß ihm nicht viel Zeit bleiben würde, sich einen großen Namen zu machen, nutzte er die paar fetten Jahre, knüpfte eine Unmenge Kontakte zu Industrie wie Politik, und zwar so geschickt, daß er mit den Leuten ins Gespräch kam, die nicht bloß den Titel trugen, sondern wirklich am Hebel saßen. Wenn du was gebraucht hast oder auch verkaufen wolltest, der Uli kannte immer Hinz und Kunz: »Ruf den oder den an und sag 'nen schönen Gruß von mir . . .«

Egal, ob es um ein neues Auto ging, um eine Wohnungseinrichtung oder eine gutdotierte Autogrammstunde, der Uli hatte immer die richtigen Beziehungen. Mir hat er einen meiner einträglichsten Nebenverdienste besorgt, da bekam ich für einen Auftritt gleich einen VW Golf.

Wenn es um Geschäfte geht, ist Uli Hoeneß ein Naturtalent. Ich habe mir immer gesagt: der geborene Manager, wenn der mal einen Verein unter seine Fittiche nimmt, dann geht's dem gut. Nun ja, dem Verein, den Uli jetzt managt, dem geht's wirklich nicht schlecht.

Damals machte er das alles noch neben dem Fußball. Kein Wunder, daß er nie zur Ruhe kam. Unvorstellbar, diese Hektik, in der Uli ständig lebte. Familienleben, Ausspannen, Ruhe – so was hat der einfach nicht gekannt.

Mit Udo Lattek, ihrem »Entdecker«, konnten es die beiden Siamesen schon immer gut. Alle drei waren verheiratet, und wenn wir bei Auswärtsspielen oder im Trainingslager waren, trafen sich Hilla Lattek, Hilde Breitner und Susi Hoeneß regelmäßig zum Kaffee, später stießen auch die Bente Hansen und meine Agnes zu dem Kreis, während Brigitte Beckenbauer und Uschi Müller dem »Kränzchen«, wie es bald hieß, demonstrativ fernblieben.

Die Frauen sind oft zusammen ins Kino gegangen, haben Bowling oder Karten gespielt. Da bestand ein richtiger Zusammenhalt zwischen den Familien. Ich fand das sehr vernünftig, daß die Frauen gemeinsam etwas unternahmen, wenn die Männer sie schon alleine zu Hause lassen mußten.

Natürlich ließ böses Gerede nicht lange auf sich warten. Bald hieß es, die Frauen zettelten alle möglichen Intrigen an, sie hetzten ihre Männer gegen die Vereinsführung auf. Der reinste Blödsinn! Wer konnte schon etwas gegen persönliche Kontakte haben?

Unser Präse konnte. Als wir 1974 nach der Weltmeisterschaft in eine Krise gerieten, wollte er die Kaffeekränzchen allen Ernstes verbieten. Im Mißerfolg wird eben alles Gute verteufelt. Aber die Frauen waren bestimmt nicht daran schuld, daß wir schlecht spielten.

Trotz Krankheit im Tor

Maier, Beckenbauer, Schwarzenbeck, Breitner, Hoeneß, Müller. Was für ein Rumpf für die Nationalmannschaft im 72er Jahr! Nie wieder wurde auf internationaler Ebene so guter Fußball gespielt wie in den Qualifikationsspielen und in der Endrunde der Europameisterschaft 1972 in Belgien.

Dabei hatte alles so schlecht für uns angefangen.

Gegen die Ungarn waren wir mit 2:0 baden gegangen. Der nächste Gegner war England, Spielort der heilige Rasen von Wembley. Unsere Moral, unsere Stimmung war auf dem Tiefpunkt, als wir uns mit dem Bundestrainer zur EM-Vorbereitung in Frankfurt trafen. Gerade hatten wir – die Bayern – das Halbfinale des Europacups gegen die Glasgow Rangers verloren und waren auch in der Bundesliga alles andere als erfolgreich. Den Kollegen aus anderen Mannschaften ging es nicht besser. Günter Netzer kam mit einer Verletzung ins Trainingslager, Grabowski und Höttges waren schwer erkältet.

Aber dann brachte Helmut Schön das Wunder zustande, das dann im Triumph von Wembley seinen krönenden Abschluß fand. Noch heute höre ich seine Worte, die uns moralisch aufrichteten: »Schlimmer geht's nimmer. Wir sind ganz unten, und das hat einen gewaltigen Vorteil. Es kann nämlich nur noch aufwärts gehen.«

Eine Großtat des Langen, sein Einfühlungsvermögen, seine lockere Art, die Last der Verantwortung ein bißchen auf uns zu übertragen. Wir vergaßen die Probleme im Verein, spielten auf völlig neuer Ebene – und siehe da, die Verkrampfung löste sich. Von Tag zu Tag wurde die Stimmung besser. In England standen die Platzherren ohnehin als Favoriten fest, wir konnten völlig frei und unbeschwert aufspielen.

Alle, nur nicht ich. In der Nacht vor dem Spiel bekam ich eine Schleimbeutelentzündung am linken Ellbogen. In wenigen Stunden hatte der Arm fast den doppelten Umfang erreicht. Mit Mühe unterdrückte ich ein Stöhnen, als ich gegen Morgen an das Zimmer unseres Masseurs, Erich Deuser, klopfte. Leise mußte das gehen. Der Ersatztorwart, mein Zimmernachbar Wolfgang Kleff, durfte nichts von meiner Verletzung wissen. Deuser bekam einen Schrecken, als er den Arm sah, rief Professor Schoberth zu Hilfe. »Ich will unbedingt spielen«, redete ich beschwörend auf die beiden ein. »Wembley . . . Wembley . . .« Die beiden starrten auf die Schwellung, schüttelten die Köpfe. »Verrückt«, murmelte der Professor, sah dem Deuser über die Schulter, als der sich mit Eis und Salben an den dicken Arm ranmachte.

»Dem Schön sagen wir nichts. Der wird sonst nervös wegen der Mannschaftsaufstellung. Morgen kriegt der Sepp eine Schaumgummipackung. Die Schmerzen muß er einfach aushalten.«

Vor dem Spiel riß ich mich zusammen wie nie zuvor im Leben. Den Arm mit dem Schaumgummiverband konnte ich gar nicht richtig abbiegen. Deshalb verzichtete ich auch auf Gymnastik. Dann kam der Anpfiff, und ich hatte eine Menge zu tun. Jedesmal wenn ich mich werfen mußte, brannte der Arm wie Feuer, trotzdem, an dieses Match in Wembley werde ich mich immer erinnern als eines meiner besten Länderspiele.

Bei der Weltmeisterschaft in England hatte der Schlagabtausch beider Nationalmannschaften begonnen. Das Endspiel hatten wir durch ein umstrittenes Tor verloren, in Mexiko unsere Revanche bekommen. Nun wollten die Engländer uns wieder an die Wand drücken, erwarteten ein defensiv eingestelltes deutsches Team, erlebten stattdessen eine Mannschaft mit zwei großen Regisseuren: Franz Beckenbauer und dem einzigartig aufspielenden Günter Netzer, der an diesem Abend das Spiel seines Lebens machte. Nach einer halben Stunde spielte Sigi Held zu Müller, Rückpaß, Hoeneß ist da . . . 1:0.

Eine Viertelstunde war in der zweiten Halbzeit gespielt, da schoß Francis Lee den Ausgleich. Mir war die Sicht versperrt, ich reagierte zu spät und schoß fluchend den Ball zum Anstoßpunkt. Tändelei im Mittelfeld, Wimmer hielt den Ball, gab ihn an Günter Netzer, Paß zu Sigi Held – der ist schon im Sechzehner der Engländer, Notbremse, Sigi fällt – Elfmeter.

»Günter schießt«, brüllte der Lange vom Spielfeldrand, ging rückwärts zur Bank und wollte sich setzen. Vor Aufregung verschätzte er sich in der Entfernung. Als Günter den Ball an den Innenpfosten knallte, lag der Lange neben der Bank im Rasen. Das Tor mußte er sich später im Fernsehen anschauen. Fünf Minuten später: Sigi und Uli, Doppelpaß an der englischen Strafraumgrenze. Müller von vier Verteidigern umringt, dennoch spielte der Uli ihn an. Damals konnte der Gerd auf kleinstem Raum eine halbe Mannschaft umspielen. Die Engländer haben das wohl nicht gewußt. Eine kaum wahrnehmbare Drehung von kleines dickes Müller – wie Tschik ihn zu nennen beliebte ... Tor. 3:1 – das Wunder von Wembley konnte gefeiert werden. Eine Traummannschaft war geboren.

Aber Träume kann man nicht festhalten, schon gar nicht eine solche Mannschaft hervorragender Individualisten. Zu einer ähnlich großen Form wie in Wembley liefen wir noch einmal zur Einweihung des Olympiastadions in München auf, als wir in einem Freundschaftsspiel die Russen mit 4:1 besiegten.

In der Endrunde gegen die Belgier taten wir uns bereits schwerer, mußten uns mit einem knappen 2:1 begnügen. Deutschland war im Endspiel, der Gegner wieder die Russen. Gegen unser eingespieltes Team hatten sie erneut keine Chance. 3:0 der Endstand. Torschützen: zweimal Müller, einmal Wimmer.

Dennoch hing der Sieg an einem seidenen Faden. Schon vor Schluß der Begegnung stürmten ein paar besoffene Fans das Spielfeld. Ich sah den wild gestikulierenden Schiedsrichter – Marschall aus Wien –, sah, daß er schon das Spiel abbrechen wollte. Da spurtete ich aufs Feld, schnappte mir ein paar der ärgsten Schreier, trieb sie zum Spielfeldrand, wo der aufgeregte Lange die Störer in Empfang nahm und sie an die Polizei weiterreichte.

Maier, der Menschenfänger. Im Tor hatte ich eh nicht viel zu tun. Das war's, Deutschland Europameister.

Diese Mannschaft, und in zwei Jahren die Weltmeisterschaft im eigenen Land, ihr habt den Welttitel schon in der Tasche, tönte die Presse. Aber, aber, aber ... Menschen sind keine Maschinen mit Zweijahresgarantie. Im November 1972 gewannen wir nochmals gegen die Schweiz mit 5:1 – aber damit war der Leistungshöhepunkt überschritten. An die Vorbereitungszeit auf die WM '74 mag ich gar nicht mehr zurückdenken.

Eskapaden in der Provinz

Die Erfolge in der Nationalmannschaft übertrugen sich auf unseren Verein. 1972, '73, '74 wurden wir deutscher Meister, ein sagenhafter Hattrick, den wir mit spielerischen Mitteln schafften, ohne jede Verbissenheit oder gar fanatischen Ehrgeiz. Wir waren ruhiger geworden, gesetzte Leute, die man nicht mehr herumschubsen konnte wie dumme Schuljungen. Seit einem Jahr war ich stolzer Vater. Alexandra heißt mein Liebling, der heute schon zu einer beachtlichen jungen Dame herangewachsen ist.

Die wilden Jahre waren vorbei, die jungen Burschen von damals sittsame Familienväter. Wenn wir uns schon mal die Zeit nahmen, auszugehen, dann ab ins Theater. Latteks Erfolgsrezept, ruhige Arbeit und lange Leine, hatte sich bewährt, aber manchmal auch komische Blüten getrieben. Ich erinnere mich an ein Freundschaftsspiel gegen Kulmbach, eine Mannschaft, die wir nicht sonderlich ernst nahmen.

Trotzdem verordnete der Trainer für elf Uhr Bettruhe, ging dann mit zwei Funktionären essen.

Keiner von uns hatte Lust zu schlafen. Was macht man in einem so kleinen Nest wie der oberfränkischen Stadt in der Nähe von Bayreuth?

Unweit von unserem Hotel war eine Diskothek. Ein paar von uns schlichen durch den Hinterausgang ins Freie, rüber in den Amüsierschuppen. Natürlich erkannten uns die Gäste, natürlich gab's ein großes Hallo, besonders, als im Laufe der nächsten Viertelstunde die ganze Mannschaft eintrudelte. Abwechselnd stand einer in der Nähe der Tür Wache, falls der Trainer ... Die Vorsichtsmaßnahme machte sich bezahlt. Nach einer Stunde kam der Alarmschrei: »Achtung, Deckung!«

Ich nahm das wörtlich, tauchte hinter die Bar, legte mich auf den Boden, während Lattek am Tresen Platz nahm. Stundenlang hätte ich's da ausgehalten – damals war noch die Minimode »in«. Und als mir ein paar äußerst wohlgeformte Schenkel in Reichweite kamen, kribbelte es bei mir plötzlich in den Fingerspitzen. »Diiiieh!«

Atemlose Stille. Dann hörte ich Lattek laut und vernehmlich: »Diesem Quietscher will ich noch nicht nachgehen. Ich schaue jetzt zur Decke und zähle bis 25 000. Wenn sich dann das Quietschen wiederholt oder ich irgendein bekanntes Gesicht bemerke – dann könnte ich allerdings sauer werden.«

Da kam auch Maier, der Zwicker, aus seinem Versteck, und wir haben uns alle mit dem Trainer an einen Tisch gesetzt und bis tief in die Nacht geflachst.

Als der Udo dann ging und auch uns heimschickte, haben wir die Diskothek auch artig verlassen – und sind hinten glatt wieder reinmarschiert. Es wurde noch sehr lustig, zum Schluß waren nur noch Bulle Roth und ich übrig.

Auf dem Heimweg erzählte ich eine lange Geschichte. Plötzlich wunderte ich mich, daß der Bulle keinen Ton sagte. Ein Blick zur Seite, ich glaubte, ich träumte. Kein Bulle.

Aufgeregt rannte ich zurück, nichts zu sehen. Bis ich eine Baugrube entdeckte, an der wir vorbeigegangen waren. Dort lag mein Freund in vier Metern Tiefe. Gott sei Dank war ihm nichts passiert.

Als wir im Hotel eintrudelten, machte unten im Haus gerade die Bäckerei auf, wir konnten frische Krapfen und Semmeln mit aufs Zimmer nehmen.

Geld und gute Worte

Auch nach vielen Jahren im Profifußball geht die Freude am Spiel, an der Bewegung, am Kampf nicht verloren. Ohne dieses spielerische Moment könnte keiner von uns ein wirklich guter Fußballer sein.

In allen anderen Dingen unterscheiden wir uns nicht wesentlich von anderen Berufen. Im Mittelpunkt steht der Erfolg, und der läßt sich deutlich in Zahlen ausdrücken, in Zahlen, die in der rechten oberen Ecke eines Schecks stehen.

Klar, in unserem Arbeitsleben geht es um einiges härter zu als in anderen Branchen. Wir gehen ein extrem hohes Risiko ein, wir können unseren Job nur extrem kurze Zeit ausüben, wir stehen in extremem Ausmaß im Scheinwerferlicht der Öffentlichkeit, und dafür werden einige wenige von uns extrem gut bezahlt. Die meisten dagegen warten bis zum Ende ihrer aktiven Laufbahn auf den großen Durchbruch, der dann nie kommt.

Wen wundert's daher, daß die Konkurrenz unter den Spitzenspielern ebenfalls besonders scharf ist?

Ich habe schon erwähnt, daß die großen Fußballer durch Herkunft und Beruf alle nicht auf Rosen gebettet waren. Wir mußten zupacken, rangeln, verzichten, einiges aufs Spiel setzen, um das zu erreichen, was wir erreicht haben. Und wir wissen genau, daß wir in wenigen Jahren als Spieler nicht mehr gefragt sind. Dann können wir nicht einfach so tun, als sei nichts gewesen, in unserem bürgerlichen Beruf wieder da anfangen, wo wir aufgehört haben. Denn in den entscheidenden Jahren, in denen andere den Aufstieg schaffen, haben wir natürlich den Anschluß verpaßt.

Logisch, daß wir im Fußball rausholen müssen, was rauszuholen ist. Wir wären ja auch blöde, wenn nicht. Also pokern wir um möglichst gute Verträge mit unseren Vereinen, weisen auch ein Handgeld nicht ab, nehmen allerlei Nebenbeschäftigungen mit: Autogrammstunden, Werbung, langfristige Verträge mit Firmen, die sich mit unseren Namen schmücken wollen.

Solange die Spieler jung sind, denken sie meistens nicht daran, was später aus ihnen werden soll. Viele werden auch nicht damit fertig, daß sie urplötzlich ans große Geld herankommen. Die machen dann Highlife, von allen Banken besuchen sie am häufigsten die Spielbank, bestenfalls eröffnen sie eine Boutique, die dann nach kurzer Zeit eine deftige Pleite erlebt. Eines Tages stehen sie vor dem Nichts.

Andere überlegen sich rechtzeitig, wie sie das verdiente Geld sinnvoll anlegen. Daß ich zu denen gehöre, verdanke ich nicht zuletzt meiner Frau, die für Übermut und Leichtsinn noch nie eine besondere Schwäche hatte.

»Du bist jetzt Familienvater, ewig spielen kannst nicht mehr. Was machen wir also mit dem Geld, damit wir später noch etwas davon haben?«

Hobby als Beruf

Zunächst hatten wir an etwas gedacht, das möglichst eng mit meiner Popularität als Fußballer verbunden war: eine Fabrik, die Handschuhe und Kleidung für Torwarte herstellen sollte. Aber bei diesem Plan machte uns das Landratsamt in Ebersberg einen Strich durch die Rechnung.

Also gab ich meinen Überlegungen einen anderen Dreh: Als ich mit dem Fußballspielen anfing, haben alle dauernd gesagt: der spinnt, reibt sich völlig auf für seinen Sport. Ich habe die Spötter widerlegt, konnte von meiner »Spinnerei« ganz gut leben. Warum sollte ich mein Hobby nicht ein zweites Mal zum Beruf machen? Das war der Ausgangspunkt für meine Zukunftsplanung.

Seit Jahren – genau: seit 1966 – war ich ein berühmt-berüchtigter Tennisnarr, dem das Fußballtraining offenbar noch nicht reichte. Wann immer ich konnte, verschwand ich aus dem Lager, um irgendwo ein paar Bälle übers Netz zu dreschen.

Mit dem Tennis wollte ich später mein Geld verdienen. Natürlich wußte ich, daß meine Rückhand schwächer war als die von Björn Borg. Meine Pläne waren auch viel realistischer. Da gab es nur ein Problem: Wie sollte ich der Agnes das alles beibringen?

»Schau mal, ich wüßt' da einen Bauern, der würde uns ein schönes Freigelände auf Erbpacht überlassen.«

»Was willst denn damit?«

»Bauen.«

»Was?«

»Einen Tennispark.«

»Verrückt.«

Diese Antwort hatte ich erwartet und mir daher schon die passenden Argumente zurechtgelegt.

»Schau mal, die Leute arbeiten immer mehr, haben immer weniger Bewegung. Da brauchen sie einen Ausgleichssport. Tennis ist ideal. In einer Stunde rennen sie sich den ganzen Streß aus den Knochen. Laß uns halt mit einer Halle und ein paar Freiplätzen anfangen, dazu ein kleines Restaurant. Erweitern können wir später immer noch.«

»Und das Geld? Was wird das kosten?«

»Einiges haben wir ja auf der Kante. Jetzt sind wir im 73er Jahr. Fünf, sechs, sieben Jahre werde ich noch spielen. Bis dahin muß die Anlage sich tragen.«

»Aber das Geld? Willst einen Kredit aufnehmen?«

»Ich habe schon mit dem Präse gesprochen. Wenn ich einen Fünfjahresvertrag unterschreibe, kriegen wir 300 000 Mark als Darlehen vom FC Bayern.«

»Das ist aber ein Risiko. Dann kannst nimmer um bessere Verträge pokern. Dann bist du die nächsten Jahre festgelegt.«

»Aber dann haben wir auch das Darlehen.«

Langes Schweigen.

»Dann mach's halt.«

Jetzt ist Schluß mit dem Fußball

Dieses Gespräch führten wir im Spätsommer des Jahres 1973. Wenn ich ehrlich bin, war ich damals ganz froh um den Fünfjahresvertrag und das Darlehensangebot. Denn aus meiner Sicht hatte das Jahr – mit Verlaub gesagt – beschissen angefangen. Zum zweitenmal standen wir im Europapokalwettbewerb der Landesmeister, waren diesmal bis ins Viertelfinale vorgedrungen.

Am 7. März 1973 mußten wir in Amsterdam gegen Ajax antreten.

Am Abend nach dem Spiel habe ich das Hotelfenster aufgerissen, meine gesamten Torwartklamotten in den Kanal geworfen, bin nicht zum Abendessen gegangen, habe eine private Pressekonferenz einberufen und die Reporter gefragt: »Wißt ihr niemanden, der mir für irgendeine ordentliche Beschäftigung dreitausend Mark im Monat zahlt?«

»Warum?«
»Ich höre auf mit dem Fußball.«

Dabei hatte das Spiel ganz gut angefangen. Unsere Stürmer bekamen eine Chance nach der anderen, klar in Führung zu gehen.

Ich war gut vorbereitet. In Amsterdam hatte es stark geregnet. Wenn der Ball glitschig ist, gibt es immer Probleme mit den Handschuhen. Wie soll man die Kugel festhalten? Von unserem Masseur hatte ich mir mehrere Schaumgummistreifen geben lassen und sie an die Innenseite der Handschuhe geklebt. Das Probereiben am Hotelfenster war ein voller Erfolg. Es quietschte entsetzlich und hielt phantastisch.

Irgendwo habe ich später gelesen, daß es in der 54. Minute war, als mir die hart aufgepumpte Kugel vor die Brust sprang. Unberechenbar, das Ding. Es prallte von mir ab, fiel dem Haan direkt vor die Füße ... 1:0. Herrgottsakranochmal. Ein paar Minuten später knallte Mühren mir den Ball genau ins obere Dreieck. Voll hatte er den Ball genommen, da war nichts mehr zu machen. Aber das 3:0. In der 70. Minute schoß der Keizer eine Ecke. Ich rausgelaufen, da drehte der Ball über meine ausgestreckten Hände hinweg, rutschte mir regelrecht über die Fingerspitzen ... wirklich ein saudummes Ei, da magst dich selber nimmer leiden. Schließlich jagte mir der Cruyff noch einen Schuß durch meine Spezialhandschuhe.

4:0. Ein guter Maier hätte drei von diesen Toren halten müssen. Ein sehr guter sogar alle vier. Wundert sich da noch jemand, daß meine Klamotten jetzt im Atlantik schwimmen? Vielleicht spielen die Fische damit Fußball – mit einem Sägefisch im Tor, der die Latten zerstückeln kann.

Ajax, Menschenskind!

Der einzige Trost: ich bekam prompt ein Angebot von einem Möbelhändler, der mir dreitausend Mark für einen ordentlichen Job anbot. Aber inzwischen war der Kummer schon nicht mehr so schlimm.

Trotzdem, im Rückspiel hätten wir Ajax packen können – nach den Torchancen gerechnet. Genug für zwei Spiele hatten wir da. Aber ausgerechnet in diesem Spiel muß der Paul mir einen lahmen Rückpaß servieren. Der Keizer sieht das, spurtet dazwischen ... 0:1 für Ajax. Die haben vielleicht ein Glück gehabt. Für uns – Feierabend.

Aber am Ende der Saison waren wir wieder Meister. Auf ein neues im Europacup.

Aufwärtstrend

Mittlerweile hatte ich mein moralisches Tief überwunden. Ich lechzte förmlich danach, meinen angekratzten Ruhm wieder aufzupolieren.

Der erste Gegner war die schwedische Meistermannschaft Atvidaberg. Nie gehört, wo das liegt? Ein kleines, hübsches Dörfchen, wir fühlten uns wie bei einem Freundschaftsspiel. Aber auch die Freundschaft hat ihre Grenzen, wie wir bald zu spüren bekamen.

Barrieren zwischen Spielfeld und »Rängen« gab es einfach nicht. Da war bloß ein Seil gespannt, und das genügte. Dicht hinter dem Tor standen die Leute, schauten mir auf die Finger. Da soll sich einer konzentrieren. Bei jeder Gelegenheit versuchten die Zuschauer, mir auf die Schulter zu klopfen – so was habe ich nie wieder erlebt. Klar, daß wir leichtsinnig wurden.

Das Hinspiel in München hatten wir 3:1 gewonnen. Die Schweden? Ein Spaziergang, dachten wir. Erst beim 3:0 für Atvidaberg wachten wir auf. Der Uli schoß zum Glück das 3:1. Wir mußten in die Verlängerung. 120 Minuten vorüber, kein Tor.

Elfmeterschießen.

Gersdorf ist der erste. Schießt. Vorbei.

Wir sahen unsere Felle davonschwimmen.

Der erste Schwede, Kent Karlsson. Er starrt mich an, läuft ... Ich wußte, der schießt nach links. Ein Riesensatz, eine gedankenschnelle Bewegung. Ich habe den Ball sicher, merkwürdigerweise im rechten Arm. Lieber, guter Ball ... Mit einem sicheren Schuß hat der Franz dann den nächsten Elfer verwandelt.

Mit einem blauen Auge waren wir davongekommen.

Bei den Schweden spielte damals ein junger Kerl eine Sensationspartie. Conny Torstensson hieß der. Wir haben ihn gleich mitgenommen.

Gesamtdeutscher Fußballgipfel

Bayern stand im Achtelfinale.

Das Los bestimmte unseren nächsten Gegner, den DDR-Meister Dynamo Dresden. Das Hinspiel sollte in München stattfinden.

Im allgemeinen geht man als Auswärtsmannschaft mit klarer Defensiveinstellung in ein so schweres Spiel. Hinten dicht, schnelle Konter – das ist das sicherste Rezept, mit heiler Haut und möglichst günstigem Torverhältnis wieder nach Hause zu fahren. Also waren wir daheim auf mauernde Gegner gefaßt, aber der DDR-Fußball stand in jenen Jahren in höchster Blüte.

Ein deutsch-deutsches Derby hat seine eigenen Gesetze. Es geht um mehr als das Weiterkommen, es geht ums Prestige. Folgerichtig starteten die Dresdner einen Sturmlauf über die Flügel, als hätten sie ein Heimspiel. Wir waren davon so überrascht, daß unsere Verteidigung bei dem ersten furiosen Angriff noch schlief. Johnny Hansen kam zu spät an den Ball, versuchte mit einem Spreizschritt zu retten, was noch zu retten war, hatte den Drall aber falsch berechnet . . . Eigentor! »Seisse, Seisse . . .«

Das riß uns hoch. Minuten später hatten wir ausgeglichen, dann schoß Dürnberger uns in Führung, 2:1.

Aber wieder kamen die Dresdner, überholten uns auf 2:3. Das Stadion war ein Hexenkessel. Eine Sensation schien sich anzubahnen. Der Trainer hatte sich abgewandt, das Gesicht war wie aus Stein gemeißelt. Da schoß der Bulle den Ausgleich, der Gerd das 4:3. Schlußpfiff.

Eine miserable Ausgangsposition für das Rückspiel in Dresden.

7. November 1973.

Das Dresdner Stadion ist seit Wochen ausverkauft. Wo wir uns nur sehen lassen, werden wir mit Pfiffen empfangen. Erstaunlich, wenn man bedenkt, wie begeistert die Fans in der DDR die Spiele in der Bundesliga verfolgen, aber verständlich, wenn man an den groben psychologischen Schnitzer denkt, den unser Manager sich tags zuvor geleistet hat. Anstatt Dresden mit dem Bus direkt anzufahren, befahl er einen Halt in der Grenzstadt Hof, wo wir übernachteten.

Hunderte von Fans hatten in Dresden vor unserem Hotel gewartet, wollten uns sehen, begrüßen, hofften auf ein Autogramm. Und nun reisten wir erst am Spieltag an. Die Enttäuschung kann man sich vorstellen, und die offizielle Begründung – in Hof, das nur knapp 200 Meter höher liegt als München, hätten wir ein Höhenlager gehalten – wurde mit Recht als lächerlich empfunden.

In Wahrheit hatten Lattek und Schwan gefürchtet, man würde uns im Hotel etwas ins Essen tun. Daher hatten wir unsere Verpflegung selber dabei. Sicher ist sicher. Die DDR-Presse hat den Vorfall natürlich ausgiebigst ausgeschlachtet (»... unsere Hotels sind den Bayern nicht gut genug ...«), die anfängliche Freundlichkeit war in offene Ablehnung umgeschlagen.

Wir liefen in ein Stadion ein, das vor Begeisterung über die eigene Mannschaft und vor Empörung über den unverschämten Gast nur so kochte.

Ich mag das. Das macht Stimmung, das weckt die Reflexe. Mein persönliches Tief war längst überwunden, ich wollte es heute den Zweiflern, den Kritikern zeigen. Draußen beim Warmschießen hatte ich im Urschrei der Massen regelrecht gebadet, war aber noch immer ziemlich geschafft von einem Gespräch, das ich am Vortag mit unserem Präsidenten in Hof geführt hatte.

Aus heiterem Himmel war Wilhelm Neudecker auf mich zugetreten und ohne Umschweife zur Sache gekommen.

»Sepp, Sie wissen, was auf dem Spiel steht?«

»Freilich, gewinnen müssen wir.«

»Ich meinte das eher persönlich.«

»Wieso? Wegen meinem Fünfjahresvertrag?«

»Den kriegens. Aber wenn wir heute ausscheiden, dann bedeutet das einen großen finanziellen Verlust für den Verein. Für Ihr Darlehen für den Tennispark sehe ich dann schwarz.«

Das mußte er mir nun einen Tag vor dem Anpfiff verklickern. Ich hatte schon die Baufirmen draußen auf dem Gelände. Die ersten Betonpfeiler waren gesetzt. Wenn nun das Darlehen ausblieb, konnte ich in dem Aushub Radieschen züchten. Stell' sich mal einer vor, wie ich in das Spiel gegangen bin! Es ging um nicht weniger als meine Existenz und die Zukunft der Familie.

Anpfiff.

Wir machten es anders als die Dresdner im Hinspiel; wir mauerten, warteten auf die Konterchancen. Und die kamen gleich doppelt, viel schneller als erwartet. Uli Hoeneß in Hochform. Er war die einzige Sturmspitze, sogar der Gerd stand mit in der Abwehr. Ein langer Paß für Uli, ich kann mich noch erinnern, wie er mit dem Ball absauste, zwei Gegner umspielte ... Tor. Minuten später nochmals der Uli ... Tor.

2:0 für uns.

Aber dann kamen die Dresdner auf 2:2 heran, Häfner schoß sogar das 3:2. Damit wären wir aus dem Pokal ausgeschieden. Jetzt ging es hart auf hart, und dann war der Gerd wieder da mit seinem Goldfuß. 3:3.

Schlußpfiff. Wir waren weiter, ich hatte mein Darlehen in der Tasche.

Fußball als Kriegsersatz

Der nächste Gegner hieß ZSKA Sofia. Mit 4:1 und 1:2 haben wir die Bulgaren abgefertigt. Das war vielleicht eine Kulisse beim Rückspiel, au weia. Schon beim Training waren 25 000 Zuschauer da. Bei jedem Fehlpaß haben sie geklatscht. Und gepfiffen. War richtig beängstigend, dieser Fanatismus. Wir hatten das Hinspiel zwar sicher gewonnen, aber ausgerechnet in Sofia verursachte der Paul Breitner aus Nervosität einen Elfmeter. Der Ball knallte mir an den Innenpfosten, über die Linie.

Wie es danach zugegangen ist, das hatte ich in meiner

bisherigen Laufbahn noch nicht erlebt. Die Luft war schwarz. Schwarz von stinkenden Wolken aus den Rauchbomben, die wieder und wieder auf die Aschenbahn hinter mein Tor fielen. Ab und zu, wenn der dichte Qualmvorhang aufriß, sah ich die Arme, Köpfe, Transparente, ein Vorgeschmack auf die Hölle – wenn's mich je dahin verschlagen sollte. Als ich mich nach einem Ball warf und auf dem Boden lag, merkte ich, wie die Erde von der Trampelei und dem Gebrüll der Zuschauer bebte.

Trotzdem haben wir mit 2:1 gewonnen. Und damit kamen wir weiter. Als unsere deutschen Schlachtenbummler daraufhin ihre Transparente entrollten, wurden sie von den Fanatikern mit Steinen beworfen. Fußball als Kriegsersatz. Das haben wir damals am eigenen Leibe zu spüren bekommen.

In der nächsten Runde gelangten wir über den ungarischen Meister Dosza Ujpest Budapest durch 1:1 auswärts und 3:0 daheim ins Finale.

Unser Gegner hieß Atletico Madrid.

Brüssel, 15. Mai 1974.

Vier Tage zuvor waren wir erneut deutscher Meister geworden. Eine große Beruhigung vor dem Europacup-Finale. Wenn wir das Endspiel auch verloren, so waren wir auf jeden Fall im nächsten Jahr wieder dabei. Aber wir wollten den Pott.

Im Heysel-Stadion war der Teufel los, als wir einliefen. Fast nur Spanier auf den Rängen. Das Gebrüll klingt mir noch heute in den Ohren.

Aber, wie gesagt, so was mag ich.

Nach sieben Minuten konnte ich mich auszeichnen, als der Garate eine Granate auf meinen Kasten knallte. Ich flog dem Ball entgegen, rollte mich mit der Lederkugel ab. Fertig zum Abstoß. Garate sah es, konnte es nicht fassen, daß ich den Schuß pariert hatte, warf sich zu Boden und trommelte mit den Fäusten auf den Rasen.

Das Spiel war ausgeglichen, Chancen auf beiden Seiten, torlos ging es in die Kabinen. Die Zuschauer applaudierten begeistert.

Nach dem Wiederanpfiff wollten wir es wissen, gingen voll zur Sache, aber da war kein Durchkommen für unsere Stürmer. Die Spanier standen wie ein Block. Ein paar Leichtsinnsfehler brachten schnelle Konter über die Flügel vor meinen Sechzehner, aber der Franz war in Hochform. Schlußpfiff. Unentschieden. Verlängerung.

Die Spanier sind überraschend stark, halten uns in der ersten Viertelstunde in Atem. Ich habe Schwerstarbeit zu verrichten. Dann kriegen die in der 114. Minute einen Freistoß. Luis läuft an, sieht eine Lücke in der Mauer. Mir ist die Sicht versperrt. 1:0 für die Spanier, sechs Minuten vor Schluß.

War das endgültig das Aus?

Die Minuten laufen nun so rasch davon wie Sekunden. Umarmungen auf der spanischen Trainerbank, Glückwünsche. Die warten nur auf den Abpfiff.

»So ein Scheißdreck«, flucht Manager Schwan, zündet seine Pfeife an, steht auf und will in die Kabine. Da fängt er plötzlich an zu tanzen, läuft zurück zum Spielfeld. Der Katsche ist am Ball, gut zwanzig Meter vor dem Tor. Keiner da, den er anspielen könnte. Da haut er einfach drauf. Mein Gegenüber, der Reina, sieht den Ball viel zu spät. 1:1. Spielwiederholung.

Die Spanier stehen völlig erstarrt. Dann sinken sie fassungslos zu Boden, weinen Tränen der Erschöpfung und Verzweiflung, während ich in meinem Strafraum vor Begeisterung serienweise Purzelbäume schlage.

Zurück zum Hotel. Ab ins Bett.

Der Tag des Wiederholungsspiels, der Freitag nach unserer Beinahe-Niederlage, sah uns in ganz anderer Verfassung. Kein vorsichtiges Taktieren mehr, totale Offensive war das Motto von Trainer und Mannschaft. Wir spielten auf, daß den Spaniern Hören und Sehen verging. Anders als wir, hatten sie es nicht geschafft, den Kräfteverschleiß binnen achtundvierzig Stunden aufzufangen, Geist und Körper wieder auf Vordermann zu bringen. Mit einem 4:0 über den total demoralisierten spanischen Meister holten wir uns den Europapokal.

Dieses Remmidemmi nach dem Spiel ... Nach Mitternacht hatte uns die Feier dermaßen aufgeheizt, daß wir uns in voller Montur in den Springbrunnen vor dem Hotel stürzten. Wie sollten wir auch anders fertig werden mit unserem feuchtfröhlichen Siegestaumel?

Am nächsten Morgen um elf kam der Trainer uns einsammeln. Wir lagen vor dem Hotel im Gras und schliefen. Ab in den Bus.

Warum er uns nicht in Ruhe ließ? Wir hatten noch eine Kleinigkeit zu erledigen. Von Brüssel mußten wir nach Gladbach zum letzten Punktespiel der Saison. Zum Glück waren wir schon Meister.

Wir torkelten in den Bus und schliefen weiter. Nur ab und zu wurde einer munter, weil der Kamerad von nebenan die Sektflasche loswerden wollte. Wirklich eine höchst merkwürdige Fahrt. Einer schaltete das Tonband auf volle Lautstärke: »So ein Tag, so wunderschön wie heute ...« Aus voller Kehle haben wir mitgesungen.

Das würde was werden in Gladbach ...

Als wir zerfurcht und zerwühlt aus dem Bus wankten, hatten wir nur eins im Sinn: die Niederlage in Grenzen halten.

Die Sanitäter wurden unruhig, als sie uns sahen. Wir

lachten über die besorgten Gesichter und marschierten, so aufrecht es eben ging, in die Kabine, bevor die Alkoholverdunstungsstunde auf dem Spielfeld losging.

Dann spielten wir so, wie wir aussahen. Was soll's? Wir und das Publikum haben unseren Spaß gehabt.

Wie die Weltmeister

0:1 gegen die DDR. Mein lieber Mann...

So eine Weltmeisterschaft im eigenen Land ist schon was Besonderes. Nicht nur, daß man sich gegen die besten Mannschaften durchsetzen muß – die Erwartungen der Fans sind so hochgeschraubt, daß die Stimmung in Publikum und Presse zu einer unerträglichen Belastung wird. Obwohl wir zwischendurch schwache Resultate erzielt hatten, sah die Welt nach der Europameisterschaft 1972 in uns den haushohen Favoriten auf den Titel. Das geht ganz schön an die Nerven.

Prämien-Poker

Das Trainingslager in Malente begann schon mit unglücklichen Vorzeichen. Wegen der damaligen Entführungswelle war das ganze Gelände hermetisch abgeriegelt. Überall Polizei. Keinen Schritt konnte man machen, ohne daß einer hinterhergelaufen kam. Furchtbar. Das hemmt die Leistung, man wird einfach nicht locker. Erfolgszwang und die Abgeschiedenheit, das waren grauenhafte Belastungen.

Hinzu kam noch das Hickhack um die Weltmeisterschaftsprämie.

Die Zeitungen waren voll davon. Die denken immer nur ans Geld, hieß es immer wieder. Wo bleibt der sportliche Gedanke, der nationale Ehrgeiz?

Wir hätten die Prämie eben vorher mit dem DFB aushandeln sollen. Aber als wir ins Trainingslager gingen, waren wir sicher, die Herren würden uns nicht hängen lassen. Da haben sie uns die gleiche Prämie wie in Mexiko 1970 angeboten, dreißigtausend Mark. Das klingt vielleicht nach einer Menge Geld. Aber wenn man bedenkt, daß sechzig Prozent an die Steuer gehen, daß man sechs Wochen weg ist, von daheim und damit auch von allen Prämien, allen Nebengeschäften, dann ist das nicht mehr viel.

Außerdem lasen wir Zeitung. Da stand, daß die Italiener für den Titel einhundertzwanzigtausend Mark kassieren würden.

Wir waren ganz schön sauer.

Dann kam die berühmte Nacht, als die Feilscherei um die Prämie bis vier Uhr in der Früh dauerte ...

Wir forderten hunderttausend Mark, für den DFB-Mann Deckert ein willkommener Anlaß, sich ordentlich aufzuplustern: »Das ist Erpressung, schändlich für deutsche Sportsmänner! Ich dachte, ich wäre unter sauberen jungen Männern. Da kommt ihr mit solchen Unverschämtheiten. Wer hat euch das bloß eingeredet?«

Auch Helmut Schön regte sich maßlos über uns auf. Und er hatte einen vermeintlichen Schuldigen, den er mit Vorwürfen überhäufte: Paul Breitner, den ewigen Rädelsführer, der in diesem Fall aber eher abgewiegelt hatte.

Der Lange war so wütend, daß er sofort abreisen wollte. Seine Koffer standen schon gepackt im Zimmer, als der Franz und zwei Funktionäre ihn zum Bleiben überredeten.

Nun wiederum bekam Paul Breitner einen Tobsuchtsanfall, weil Jupp Derwall ihn bei Schön angeschwärzt hatte und der Lange daraufhin mit Volldampf auf ihn losgegangen war. Es bedurfte heftigster Seelenmassage, bis wir den Paul mit vereinten Kräften wieder rumgekriegt hatten. Er warf noch einen Blick auf die aufgehende Sonne, dann schmiß er zornig den Deckel des gepackten Koffers zu. »Scheißfußball!« Endlich konnten wir alle schlafen gehen.

Nach ewigem Hin und Her einigten wir uns schließlich auch auf eine Prämie: Für den Titel sollte es siebzigtausend Mark geben.

Das war die Situation, ich sag's noch mal: Erfolgszwang, Ärger mit dem Geld, Abgeschiedenheit.

Wir waren reif für den Lagerkoller.

Das Kind im Manne

Die ersten sechs, sieben Tage sind die schlimmsten. In so einem Lager hocken zwanzig bis dreißig Männer ununterbrochen aufeinander, du bist satt und ausgeschlafen, voll im Saft, immer nur Training und Fernsehen. Da machst du bloß noch Blödsinn, wirst wieder zum Kind.

In Malente beispielsweise schlief ich mit meinem Ersatztorwart Norbert Nigbur in einem Zimmer. Vor dem Haus patrouillierten die Polizisten mit ihren Schäferhunden, das Gebäude war rundum mit Scheinwerfern angestrahlt. Da kommst du auf Ideen, und ich habe zum Norbert gesagt: »Weißt was? Jetzt hängen wir die Schiffsglocken, die uns der Hamburger Senat geschenkt hat, zum Fenster raus und brüllen: ›Überfall, Überfall!‹«

Einen Riesenaufstand gab das, Hunde bellten, Männer brüllten, und wir sind sofort unter der Bettdecke verschwunden. Am nächsten Morgen stellten wir uns ahnungslos, haben uns dann aber durch unser Prusten selber verraten.

Noch schräger wurde es bei einem Ausflug zum Timmendorfer Strand. Dort entdeckte ich auf dem Klo einen Automaten mit Präservativen, füllte eines der niedlichen Dinger mit Wasser und knotete es zu. Im Bus wurde es dann über der ersten Reihe befestigt.

Wenn der Wagen auf der Rückfahrt in die Kurve ging, schaukelte das Verhüterli vorne immer wild hin und her, haarscharf am Kopf von Horst-Dieter Höttges vorbei. Der ganze Bus johlte, und der Ärmste schaute sich dauernd um, warum wir bloß so lachten.

Offenbar hatte ich aber zuviel Wasser eingefüllt. Jedenfalls platzte der Gummi in irgendeiner Kurve, und der Horst-Dieter war naß wie ein Tropf.

Dann begannen die Spiele.

»Verdammte Sauferei«

In Berlin ging es gegen Chile, wir fuhren mit dem Zug durch die DDR. Keine Ahnung, woher die Leute wußten, wann wir vorbeifuhren. Jedenfalls waren die Bahnhöfe voll mit Menschen. Man erwartete sich so viel von uns. Und dann dieses schlechte Spiel gegen Chile. Jedesmal, wenn es um eine Weltmeisterschaft ging, haben wir uns furchtbar schwer getan. Gegen Chile 1:0, gegen Australien 3:0.

Nach dem 0:1 gegen die DDR war der Ofen anscheinend endgültig aus. Eine Niederlage, ausgerechnet im deutsch-deutschen Vergleich. Was sollten wir nun machen? Den Kopf hängen lassen, vielleicht in Sack und Asche gehen?

Soll ich sagen, was wir gemacht haben?

Gefeiert haben wir, als hätten wir den Titel schon in der Tasche und der DFB den Pokal im Safe.

Die halbe Nacht ist der Sekt geflossen. Paul Breitner hat eine dicke Zigarre nach der anderen geraucht. Gegen ein Uhr nachts kam der Schön dazu, der hat uns beinahe nimmer gesehen vor lauter Qualm. »Das hilft euch auch nicht weiter«, hat er getobt, »morgen um zehn ist Training.«

Er war halt immer besonders nervös, der Lange. Vor einem Länderspiel hat ihm das Essen nie geschmeckt, und die Toiletten in seiner Reichweite waren ständig besetzt.

Kaum war er draußen, da sagte ich zum Uli Hoeneß: »Bis Hamburg sind es bloß achtzig Kilometer. Komm, wir gehen unsere Frauen besuchen.«

Um die Ehefrauen hatte es schon vorher Krach gegeben. Aus der Zeitung erfuhren wir, daß die holländischen Spielerfrauen mit ihren Männern im Trainingslager wohnten. Das wollten einige von uns auch so handhaben, aber da spielte der DFB nicht mit. Schließlich wollte man uns eine Nacht Eheurlaub zugestehen, und im Hotel wurden Zimmer für die Damen bestellt. Da ging die Agnes vielleicht an die Decke: »Ich lasse mich doch nicht in ein Stundenhotel bestellen und breite mein Liebesleben vor der ganzen Nation aus.«

Also schlich ich mich mit dem Uli aus dem Lager, aber draußen stießen wir auf ein Hindernis, zwei Polizisten, die als Leibwächter abgestellt waren. Das war ein

Palaver. Erst weigerten sie sich, uns wegzulassen, dann konnten wir den einen doch noch breitschlagen. Er hatte ein Auto auf dem Gelände. »Du kannst dich auf den Rücksitz legen und schlafen«, habe ich ihm angeboten. »Ich fahre selber.«

Und schon waren wir unterwegs.

Um halb fünf in der Früh kamen wir in Hamburg an. Woher ich das noch so genau weiß? Um diese Zeit werden die Ampeln in den Vorstädten eingeschaltet. Als ich bei Rotlicht halten wollte, trat ich das Bremspedal durch. Kein Druck mehr drauf. Entweder die Flüssigkeit ausgelaufen oder die Beläge waren durch. So ein Mist.

Mit der Handbremse bin ich dann noch zum Europäischen Hof gekommen. Drinnen ging es noch immer hoch her. Die gesamte Presse war in der Halle und an der Bar. Wie sollten wir da reinkommen, ohne gesehen zu werden? Wenn die uns bemerkt hätten, na Servus.

Zum Glück kannten wir einen netten Portier, der uns durch den Hintereingang ins Haus schmuggelte.

Eigentlich wollten wir pünktlich um acht zurück nach Malente. Wir schlichen hinunter – kein Wagen da, kein Leibwächter. Da stehst vielleicht da. Zum Glück hast keinen Spiegel bei der Hand. Dein Gesicht würdest du nimmer wiedererkennen. Um halb neun kam der Wagen endlich an. Der Polizist hatte eine Werkstatt gesucht, um diese Zeit aber keinen Monteur gefunden. Da bin ich die ganze Strecke nach Malente nur mit Hilfe der Handbremse zurückgefahren.

Um zehn waren wir da. Das Training hatte schon angefangen. Meine rechte Hand sah vielleicht aus: voller Wasserblasen vom dauernden Anziehen der Bremse. Wir nichts wie rein in die Trainingsklamotten und runter auf den Platz. Kopfschüttelnd sah Schön uns kommen.

»Wenn ich euch so anschaue, verquollene Augen, grau im Gesicht. Das kommt von der verdammten Sauferei . . .«

Väterchen Franz

Die Pleite gegen die DDR war gerade zum rechten Zeitpunkt gekommen. Der Warnschuß vor den Bug hatte das beinahe führerlose Schiff auf den rechten Kurs zurückgebracht, eine Gelegenheit für den Franz, sich als Kapitän auszuzeichnen.

In einer scharfen Ansprache an die Spieler verurteilte er jeden Versuch, sich durch Einzelaktionen vor dem Publikum persönlich auszuzeichnen. »Auf den Schönheitspreis können wir verzichten. Ab heute wird gekämpft, gerannt, bis zum Umfallen. Ich fordere von jedem den letzten Einsatz. Wer nicht bereit ist mitzuziehen, der kann von der Ersatzbank zuschauen.«

Prominentestes Opfer der neuen Marschrichtung war der arme Uli Hoeneß. Im nächsten Spiel gegen die äußerst starken Jugoslawen wurde er nicht aufgestellt.

Persönlich mochten der Uli und der Franz sich sehr. Aber hier zeigten sich die Qualitäten des echten Anführers. Private Gründe hatten hinter den Interessen des Teams zurückzustehen. Nicht nur bei den Bayern, auch in der Nationalmannschaft war der Franz der beste Kapitän, den wir je hatten. Er hatte Weitblick, und er verstand es, sich durchzusetzen. Sein Nachfolger in der Nationalmannschaft, Gladbachs Berti Vogts, war auch ein guter Kapitän. Aber ihm hat es schon arg an Souveränität gefehlt.

Für den Berti zählten in erster Linie die Interessen des DFB. Die Mannschaft wurde von da an nicht mehr gefragt, hatte nur noch seine Anordnungen zu befolgen.

Der Franz dagegen wußte immer zu unterscheiden zwischen dem Wünschenswerten und dem Machbaren. Das ist es, was ihn neben seinem Kämpferherzen auf dem Spielfeld und am Verhandlungstisch ausgezeichnet hat.

Ab jetzt wurde gekämpft.

In Düsseldorf war es sehr heiß, und wir fürchteten zunächst, die Jugoslawen würden das Klima besser vertragen. Aber der neu erwachte Ehrgeiz schien das Spiel ganz allein zu gestalten. Vor 64 000 Zuschauern schlugen wir die gefürchteten Jugos mit 2:0 durch Tore von Müller und Breitner.

Mit dem Erfolg wuchs der Optimismus. Das zweite Spiel in dieser Runde brachte uns einen unberechenbaren Gegner, einen äußerst schweren Brocken, die Schweden.

Ein dramatisches Spiel. Bei strömendem Regen kam Edström mitten in der ersten Halbzeit an den Ball, Volleyschuß ... Tor. Durch unsere Mannschaft ging ein wütender Ruck. Overath, Bonhof, Grabowski – die sind vielleicht alle gelaufen! Trotzdem schien Hellström unschlagbar. Die zweite Halbzeit, endlich erlöst. Overath und Bonhof schossen uns in Führung. Aber zwei Minuten später schon wieder der Ausgleich durch Sandberg. 2:2. Der Sturmlauf auf beiden Seiten ging weiter. Tor durch Grabowski. Und dann noch einen Elfmeter für uns. Der Schütze: Uli Hoeneß. Die schöpferische Pause gegen Jugoslawien – vom Kaiser verordnet – hatte ihm gutgetan. Eiskalt verwandelte Uli den Strafstoß. 4:2 für Deutschland.

Na also.

Nach dem Sieg in Düsseldorf ging es ab nach Frankfurt, wo der nächste Gegner, eine der spielstärksten Mannschaften des ganzen Turniers, auf uns wartete: Polen.

Wir fuhren mit dem Bus. Die Küche hatte Lunchpakete ausgegeben, die wir auf einem Rastplatz an der Autobahn öffneten. »So weit sind wir also. Nicht mal ins Restaurant dürfen wir«, maulten einige Enttäuschte. Aber diesmal hatte der DFB das Richtige getan. Wir befanden uns mitten in der Ferienzeit. Die Rasthäuser waren überfüllt. Hätten wir uns da sehen lassen, du lieber Gott, das hätte einen Volksauflauf gegeben!

Gegen die Polen ging es um alles, um den Einzug ins Finale. Es hatte geregnet und geregnet und geregnet. Mit einer Art Riesenstaubsauger hatte die Feuerwehr den Platz notdürftig von den Wassermassen befreit, aber der nasse, glitschige und schwere Boden bedeutete eine höllisch schwere Aufgabe für Torhüter und Mannschaft. Dennoch, die Wasserschlacht von Frankfurt wurde eines meiner besten Spiele überhaupt.

Die Polen waren unglaublich stark, ein echter Titelanwärter. Am Anfang der Begegnung sah es gar nicht nach einem deutschen Sieg aus. Torchance über Torchance haben die Polen herausgespielt. Aber, wie gesagt, ich hatte einen besonders guten Tag. Flanken, Direktschüsse, Eckstöße, alles habe ich heruntergeholt, gefaustet und gehalten.

In der 76. Minute schoß der Gerd das 1:0, den Endstand. Während des Spiels merkte ich gar nicht, wenn mir einer anerkennend auf die Schulter schlug. Ich war so konzentriert, derart in Form, daß mir einfach kein Fehler unterlaufen konnte.

Wir waren im Finale.

Auf zum letzten Gefecht . . .

Von Frankfurt mit der »Lufthansa« nach München. Endlich wieder in Bayern, endlich wieder daheim. Schon in Malente hatte ich geschworen, die Heimaterde bei der Rückkehr zu küssen. Den Schwur habe ich gehalten.

Olympiastadion München, 7. Juli 1974, 16.00 Uhr.

Wir kamen aus der Sportschule Grünwald, hochkonzentriert, eiskalt, völlig sicher: Wir packen es.

Die Holländer begingen einen großen Fehler: Sie nahmen unsere ersten Spiele als Leistungsmaßstab für das Finale. Schon beim Warmlaufen auf dem Nebenplatz merkten wir, daß die Gegner uns unterschätzten. So gelangweilt schoben sie sich die Bälle zu, als handle es sich um ein x-beliebiges Match. Sie hatten in den Vorrunden hervorragend abgeschnitten, erstklassigen Fußball gezeigt. Wir dagegen hatten in den ersten Treffen ja keineswegs gut ausgesehen.

Anstoß für Holland.

Der Ball läuft über zwanzig Stationen, keiner von uns hat ihn bisher berührt. Cruyff ist schon im Sechzehner. In höchster Not zieht Uli Hoeneß ihm die Beine weg. Elfmeter. Gespielt war eine knappe Minute.

Neeskens legt sich den Ball zurecht. Ich weiß genau, in welche Ecke er schießen wird, vom Torwart gesehen, nach rechts . . . Unzählige Elfmeter hatte er – immer auf die gleiche Art – verwandelt. Im Endspiel würde er sicher nicht die Seite wechseln. Ich weiß auch, daß er voll draufhaut.

Neeskens läuft an. Ich hechte nach rechts. Der Ball ist im Tor. Wäre ich stehengeblieben, hätte ich ihn gehabt. Neeskens hat nämlich nicht richtig getroffen, ein bißchen in den Boden gehauen. Die Kreide am Elfmeterpunkt staubt in die Höhe.

1:0 für Holland.

Der frühe Rückstand tat uns ausgesprochen gut. Jetzt wurden alle Energien frei. Jetzt wurde gefightet bis zum Umfallen. Ein paar Chancen spielten die Holländer noch heraus, dann hatten wir das Heft in der Hand.

Die Kulisse war einmalig, wie in Südamerika, in Italien oder Spanien. Pfiffe, Applaus, Spannung – mein Körper war eine einzige Gänsehaut. Da, Foul an Hölzenbein im gegnerischen Strafraum. Elfmeter.

Der Paul – als Strafstoßschütze vorher nie im Gespräch – schnappt sich den Ball, legt ihn sich zurecht. Keiner wagt zu atmen. Die Verantwortung ... Aber Paul scheint überhaupt keine Nerven zu haben. Er läuft an, knallt das Ding ins Netz ... 1:1.

Drei Minuten vor Halbzeit erwischt der Gerd einen schon versprungenen Ball. Blitzschnelle Körperdrehung, Schuß ins lange Eck. 2:1.

In der zweiten Halbzeit habe ich der staunenden Fußballwelt gezeigt, was den Josef Dieter aus Metten zum Sepp Maier gemacht hat.

Franz, Berti, Katsche, Paule – meine ganzen Vorderleute, aber auch das Mittelfeld und sogar die Stürmer lieferten den wütend anrennenden Holländern eine Abwehrschlacht, an die jeder von denen noch eine Weile denken wird. Was die Vorderreihen trotz allem überwand, fing ich den Gegnern vom Fuß. Und da waren Schüsse darunter, mit dem Mut der Verzweiflung abgefeuert, manchmal auf zwei oder höchstens drei Meter Entfernung. Die letzten zehn Minuten wollten überhaupt nicht vergehen. Vor einer Ewigkeit waren es schon zehn Minuten. Jetzt sind es immer noch zehn Minuten. Die Uhr ist sicher stehengeblieben. Merkt das denn keiner?

Dann sah es doch aus, als wären es nur noch neun Minuten. Unsere Leute hatten den Ball, starteten einen Entlastungsangriff. »Noch neun Minuten«, brüllte ich ihnen hinterher. Aber die neun Minuten wurden dann doch wieder zu neun Ewigkeiten.

Endlich war es soweit. Schlußpfiff. Das Unfaßbare war geschehen. Deutschland, der neue Weltmeister.

Meine erste Reaktion? Ein gewaltiger Luftsprung. »Wir haben es geschafft!« Der Katsche stand nahe bei mir. Ich riß ihn zu Boden, trommelte auf ihm herum. Dann der Franz, der Paul, der Berti ...

»Zusammenreißen, Männer. Wir müssen zur Siegerehrung.«

Da reiß dich mal zusammen.

Mann, war das eine Freude, das Stadion ein entfesselter Hexenkessel, Fahnen, Transparente, Raketen, Fans auf dem Spielfeld, Polizei und Ordner dazwischen.

Sir Stanley Rous, der Chef der FIFA, mit dem Worldcup.

»Thank you Mister, Sir, für the Weltcup!« habe ich artig gesagt und dem Verdutzten kräftig auf bayerisch die Hand geschüttelt.

Ein Wermutstropfen auf die Freude waren die Gesichter der Gegner. Natürlich, einer mußte verlieren, und besser die als wir. Aber man kann sich eben in die Unterlegenen so gut hineindenken, die sehr fair waren und uns als erste gratulierten. Von der Enttäuschung gezeichnet, hatten einige Tränen in den Augen, die anderen ließen die Köpfe hängen, schlichen weg in die Kabine, während wir die Ehrenrunde liefen.

In unserer Kabine – wie könnte es auch anders sein? – ging es hoch her. Wer von den Offiziellen sich sehen ließ, flog rein ins Entmüdungsbecken. Auf Kleidung wurde keine Rücksicht genommen. Mann, stand ich lange unter der Dusche. Meine Haut war ganz runzelig, als ich mich endlich abtrocknete. Wir hatten den ganzen Tag nichts gegessen und dann völlig ausgelaugt den Sekt hineingegossen. War das gut! Ich hätte tanzen können vor Freude – und wäre meiner Partnerin ausnahmsweise mal nicht auf die Füße getreten.

... und zum Nachspiel

»Was? Keine offenen Wagen für den Weltmeister?«

»Nix da. Sicherheitsbestimmungen. Ihr fahrts mit dem Bus.«

»Verdammt. Und die Leute stehen und warten schon zwei Stunden am Stadionausgang.«

So ist das bei uns. Gefeiert wird streng nach Vorschrift. Die Straßen waren schwarz von Menschen, als wir zum Bankett fuhren. Die Leute wollten uns zujubeln, wir wollten uns beim Publikum bedanken. Ging nicht. Zwischen uns stand irgendein Quadratschädel mit seinen verdammten Vorschriften. So winkten wir aus dem Bus, so gut es ging. Aber das war eben nur die halbe Freude!

Stopp am Hotel. Oben auf den Stufen wartete Alfons Goppel, damals noch bayerischer Ministerpräsident. Den Brasilianern hatte ich's abgeschaut, damals in Mexiko: Wie man einen Worldcup feiert. Genau wie die hatte ich mir die Krawatte um die Stirn gebunden.

Großes Hallo, als wir ausstiegen. Journalisten drängten heran, Passanten, Sicherheitsbeamte. Der Ministerpräsident kam die Stufen herunter.

»Servus Alfons. Wie geht's dir denn?« habe ich ihm zugebrüllt.

Er hat's gehört und gelacht. »Servus, Sepp. Mir geht's gut nach eurem Spiel. Prima warts.«

Das kam so spontan, so natürlich, hat mir imponiert. Da kam der Joch vom DFB dazwischen, nur um mich anzuscheißen.

»Das kannst du doch nicht machen!«

»Was kann ich nicht machen? Heut gehört uns die ganze Welt.«

»Jawoll, recht hat er«, bekam ich Schützenhilfe vom Paul und vom Gerd. Riesenzigarren im Mund, Arm in Arm, nahmen sie mich in die Mitte.

»Der Sepp derf heut alles.«

»Was habt ihr euch da einzumischen?« schrie der Joch.

»Was wuist. Mir san die zwoa Goalies.«

So hatten die beiden Torschützen sich selber getauft. Der Spruch stand anderntags überall in der Presse.

»'s Bankett wartet. Gemma! Gemma!«

Wir waren raufgestiefelt zum Saal, wo die Tafeln hergerichtet waren. Draußen hatte mir ein Passant noch einen Hackelstecken geschenkt, mit einem Tuch oben dran – ich sah aus wie ein richtig uriger Bayer. Singend kamen wir in den Raum, wo die Offiziellen mit ihren Damen saßen. »Ahhh, der Weltmeister, bravo, bravo . . .«

Wir sahen uns um. „Wo sind denn unsere Frauen?«

»Die haben jetzt keinen Zutritt. Das Bankett ist nur für Spieler und Funktionäre.«

»Und die Damen der Offiziellen?«

»Das müßt ihr verstehen. Die sind schon den ganzen Tag dabei. Also setzt euch.«

Der Uli war ganz weiß im Gesicht. »Das laß ich mir nicht gefallen«, sagte er leise. »Wochenlang waren wir von den Frauen getrennt, haben uns abgerackert und den Titel gewonnen.«

Er stand auf, ging in den Nebenraum, holte seine Susi zu uns an den Tisch. Der Joch sah es, kam herüber.

»Frau Hoeneß, das geht nicht. Sie müssen draußen warten.«

Die Arme fing an zu weinen.

»Ihr könnts mich gern haben«, sagte ich empört. »Kommts, wir feiern woanders.«

Fast die ganze Mannschaft folgte meinem Beispiel, stand auf und ging. Im *Trader's Vic* haben wir richtig auf den Putz gehauen und dann weitergemacht in den Diskotheken, während die Offiziellen unter sich waren, ihre Ansprachen hörten und das Essen hinunterwürgten.

Wir Deutschen können eine Weltmeisterschaft perfekt organisieren, auch den schwersten Gegner mit eiserner Disziplin niederkämpfen. Nur vom Festefeiern, da haben wir keinen blassen Schimmer. Übrigens bleibt nachzutragen ... Die Rechnungen in den Nightclubs haben wir gesammelt und an den DFB geschickt. Wie man hört, wurden sie prompt beglichen. Viel kann's eh nicht gewesen sein – man hat uns überall freigehalten.

Inzwischen, so habe ich mir erzählen lassen, hat man auch beim DFB das Feiern gelernt.

Zweite Halbzeit

Sinkt das Bayern-Schiff?

Viel ist geschrieben worden über die satte Bayern-Elf. Wir hatten alles gewonnen, was es im internationalen Fußball und in der Bundesliga zu gewinnen gab. Natürlich haben die Kritiker recht, wenn sie sagen, daß wir nachließen. Wir glichen einer Schraube, die immer fester angezogen worden war und deren Gewinde nun überdreht war.

Der Verein hatte auch Fehler begangen.

Nach der Weltmeisterschaft konnten wir ganze vierzehn Tage Urlaub machen, dann kam eine Woche Training, und schon ging es los mit den Freundschaftsspielen. In 28 Tagen hatten wir 25 Spiele hinter uns zu bringen. Das war der helle Wahnsinn, und dann gegen Gegner der untersten Bezirksklassen. Man wird ja nie gefordert, wir gewannen die Spiele im Stehen. Aber was hat man davon? Gymnastik, Spielen, Geldverdienen – natürlich hatte der Trainer keine Zeit, Konzepte auszuarbeiten, die Mannschaft zielbewußt auf die Saison vorzubereiten, natürlich zog die Schluderei in unser Zusammenspiel ein. Wen wunderte es da, daß wir zum Saisonstart gegen Offenbach ein 0:6 einstecken mußten? Nur die Vereinsobersten, die die Schwierigkeiten provoziert hatten, als sie uns diesen Gewaltmarsch aufzwangen, staunten. Aber denkst du, die hätten das zugegeben? Von wegen. Auf den Trainer gingen sie los. Plötzlich war der arme Udo an allem schuld. Der macht's nimmer lang in München, hieß es in der Presse, und die Mannschaft hat auch den Biß verloren. Arrogante Großverdiener nannte man uns. Dem Paul hat das schwer gestunken. Ständig hatte er Ärger mit

Präse und Manager. Dann war er es leid, sich »Maoisten-Paule« schimpfen zu lassen und folgte Günter Netzer nach Real Madrid.

Damit hatte der Verein eine seiner sichersten Stützen in die Wüste geschickt. Die Folgen bekamen wir zu spüren. Wir befanden uns damals schon in einem Zustand der Selbstauflösung. Nur unsere große Routine hielt den Betrieb noch aufrecht. International haben wir ja noch einiges erreicht, aber das alles stand auf tönernen Füßen, war ohne soliden Unterbau. Der FC Bayern, ein schwankendes Schiff, ab und zu ganz oben auf dem Wellenberg, aber viel öfter in Gefahr zu kentern und mit Mann und Maus unterzugehen.

Nun liegt es mir fern, in den Chor derjenigen einzustimmen, die Lattek die alleinige Verantwortung an unserer Krise zuschoben. Sicher waren wir auch übersättigt, hatten alles erreicht, wovon man im deutschen und internationalen Fußball nur träumen kann. Aber es war nicht zu leugnen, daß in unser Training eine gewisse Ermüdung und Verflachung einkehrte.

Während wir unter Zebec ein Programm höchstens alle sechs Wochen wiederholten, war es bei Udo die Regel, daß wir einen oder zwei Monate lang keine Abwechslung in die Übungen brachten. Ewig kann man halt nicht bloß Spielchen machen. Dann wird Fußball langweilig, erstarrt zur Routine.

Frankenstein in Magdeburg

Am 23. Oktober 1974 trafen wir im Cup der Landesmeister wieder auf ein großes Team aus der DDR, auf den FC Magdeburg. Diesmal brauchte keiner mehr vor unseren Landsleuten zu warnen, die Niederlage der Nationalmannschaft bei der Weltmeisterschaft durch das Tor von Sparwasser war uns allen in bester Erinnerung.

Wieder waren wir in der unangenehmen Lage, zuerst das Heimspiel bestreiten zu müssen, wieder ging der Gegner – genau wie bei Dynamo Dresden – durch ein Eigentor von Johnny Hansen in Führung. Sparwasser setzte mir wieder ein Ei ins Nest – kurz vor der Pause, kruzitürken.

0:2 Rückstand. Wer will es den Zuschauern verdenken, daß sie uns abgeschrieben hatten?

Aber da machte der Gerd zwei Tore. Ausgleich. Und der Libero der Magdeburger bereitete uns die Freude, schoß auch ein Eigentor. 3:2, wieder so ein Mistergebnis. Der Schatten von Dresden reichte bis nach Magdeburg.

Vierzehn Tage später, das Rückspiel. Das war schon eine denkwürdige Angelegenheit ...

Vier Wochen vor dem Spiel war der Schwan in Magdeburg gewesen, um sich das Hotel anzuschauen. »Können wir unseren eigenen Koch mitbringen?«

Das ist international üblich. Jede Mannschaft reist mit eigenen Lebensmitteln und eigenem Koch, Hans Georg Damker hat die Nationalmannschaft, Gerd Käfer den FC Bayern überallhin begleitet. Das soll keineswegs heißen, daß man der Küche des Gastgeberlandes mißtraut, aber der eigene Mann weiß halt genau, was Fußballer an Kost brauchen. Das Fleisch soll nicht ganz durchgebraten, die Saucen nicht zu schwer sein, und vor der ungeheuren Körperbelastung sind auch nicht alle Gewürze verträglich.

Die Magdeburger wußten das, hatten auch ohne weiteres eingewilligt, unserem Koch eine eigene Ecke in der Küche einzuräumen, da schaltete das DDR-Gesundheitsministerium plötzlich auf stur.

»Seuchengefahr durch fremde Lebensmittel. Der FC Bayern ist Gast des FC Magdeburg und wird vom Verein bewirtet.«

Das muß man sich mal vorstellen. Als ob wir mit verdorbenen Lebensmitteln reisen würden.

»Wir werden uns doch nichts ins Essen tun lassen«, tobte der Schwan. »Wenn sie uns nicht gestatten, selber zu kochen, dann reisen wir einfach mit einem extra Speisebus.«

Gesagt, bestellt. Mit zwei Bussen fuhren wir nach Magdeburg. Das gleiche Theater wie in Dresden. Damals hieß es, die Bayern sind zu fein, in unseren Hotels zu wohnen. Jetzt ärgerte man sich, daß wir das Hotelessen verschmähten.

Die Ober taten uns wirklich leid. Die haben beinahe geweint, als wir im Bus blieben. Sie hatten sich so darauf gefreut, uns bedienen zu können, mit uns zu sprechen und zu diskutieren.

War das eine merkwürdige Situation: Hunderte von Leuten standen um die Busse herum, sahen uns beim Essen zu. Der Bissen bleibt dir da im Hals stecken. Wir mußten die Sonnenblenden herunterziehen, um ein bißchen unter uns sein zu können. Natürlich kommt man sich da lächerlich vor. Aber unsere Vereinsführung hatte diesen Sicherheitstick.

Ich habe mich richtig geschämt. Stell dir vor, da stehst du morgens auf, bist geduscht und rasiert, dann gehst runter in den Bus, um zu frühstücken. Vopos drängen die Leute zurück. Platz für die Herren Stars aus dem Westen – und zwar ein bißchen plötzlich. Der Kaffee wird kalt.

Da glaubst, du träumst . . .

Richtig lustig wurde es erst nach dem Frühstück.

Spielerbesprechung. Aber nicht etwa im Hotel oder hier im Bus. Da könnten ja Abhörgeräte installiert sein. Also, allgemeines ... Pssst ... Der Bus ruckt an. Hinaus gehts in die Natur. Hinter uns auf Motorrädern ein ganzer Pulk von Polizisten, die uns aus der Distanz abschirmten.

Im Wald und auf der Wiese haben wir haltgemacht, uns in einem Halbkreis niedergekauert wie die Indianer, und der Udo hat jedem nochmal erklärt, was er zu tun hatte. Dann wußten wir's alle. Wir mußten gewinnen.

Während diese hochgeheime Marschroute festgelegt wurde, umkreiste der treue Schwan seine verschworene Gemeinde, immer auf der Suche nach irgendwelchen Spionen. Vielleicht kam er sich selber albern vor, denn am Mittag gab er plötzlich und unerwartet grünes Licht für das Hotelmenü. Wir durften drinnen essen, genossen das ausgezeichnet zubereitete Mahl. Und, o Wunder, keiner ist daran gestorben.

Logisch, daß sich das Küchendrama in Stadt und Land herumgesprochen hatte, logisch, daß wir die harten Knochen zum Nachtisch auf dem Spielfeld verdauen mußten.

Diese Scheiß-Bayern!

Mittlerweile waren wir's gewöhnt.

Anpfiff.

Hatte da jemand von einem Spiel gesprochen?

Wir waren unter die Holzfäller geraten. Erst die Knochen, dann der Ball. Das war die Devise. Als der Gerd uns mit zwei Toren in Führung geschossen hatte, besannen die Magdeburger sich endlich auf ihre Technik. Damit wurden sie gefährlich, ich bekam eine Menge zu tun, und die Samthandschuhe hatten sie ohnehin zu Hause gelassen.

Von links eine hohe Flanke in den Sechzehner. Kurz vor der Linie springe ich hoch, halte den Ball. Da haut mir einer den Ellbogen in die Rippen, daß mir die Luft wegbleibt. Ich krache gegen den Pfosten, geh in die Knie. Mir wird schwarz vor Augen. Als ich sie wieder aufmache, sehe ich Gelb. Schiedsrichter Linnemayr mit der unheilvollen Karte. Er hält sie mir hin, guckt mich böse an. Ich weiß heute noch nicht, was er eigentlich von mir wollte.

Die zweite Halbzeit ist mir unvergeßlich.

Wieder eine hohe Flanke, wieder rette ich mit einem gewaltigen Satz. Wieder ein Ellbogen. Der Mewes war's, glaube ich. Er trifft mich voll an der Oberlippe. Nix wie weg mit dem Ball. Weiter Abschlag. Ich greife mir in den Mund. Der Zahn tut plötzlich weh. Ich will ihn mir einrichten, da habe ich ihn in der Hand. Blutgeschmack im Mund, Blut im Gesicht, auf dem Pullover, auf den Handschuhen. Unser Medizinmann, der Ritschi Müller, kommt angesaust. »Was ist mit dir? Geht's noch?«

Mit einem Watteröllchen in der Zahnlücke habe ich die Partie zu Ende gespielt.

Mit 1:2 waren wir eine Runde weiter.

»Sepp Frankenstein«, lästerte der Udo. Ich konnte wirklich nicht darüber lachen. Beim Einatmen wäre ich jedesmal beinahe in die Luft gegangen. Und als die anderen dann beim Essen saßen, zuckelte ich meine Suppe durch einen Strohhalm ein, mußte dabei aber den Kopf schiefhalten, damit bloß nichts in die Wunde kam. Was ich mir da für Sprüche hab' anhören müssen ...

Trotz unserer Erfolge im Europapokal wurde unsere Formkrise in den Punktespielen der Bundesliga immer deutlicher. Udo Lattek mußte gehen. An seiner Stelle wurde Dettmar Cramer engagiert.

Die Weltmeister

Franz Beckenbauer und Sepp Maier haben allen Grund zu jubeln. Sie halten die begehrteste Trophäe des internationalen Fußballs, den Pokal des Weltmeisters. Dabei hatte beim Weltturnier 1974 in der Bundesrepublik alles miserabel angefangen. Prämienstreit mit den Funktionären, Niederlage gegen die DDR, deftige Standpauken des »Kaisers«. Nur mit Ach und Krach hatte die Nationalmannschaft das Endspiel gegen den Favoriten Holland erreicht. Aber beim Halbzeitpfiff führen die Außenseiter mit 2 : 1. Daß sie diesen Stand über die zweite Spielhälfte retten können, verdanken sie nicht zuletzt ihrem Schlußmann, der über sich selbst hinauswächst, Schüsse aus zwei, drei Metern Entfernung hält, faustet, hechtet, fliegt.

Siege, Titel, Pokale

Mit dem FC Bayern München gewann Sepp Maier alles, was im Vereinsfußball zu erreichen ist. Viermal wurde er Deutscher Meister (dreimal in Serie), viermal gewann er den DFB-Pokal, dreimal hintereinander brachten sie den Europapokal der Landesmeister heim an die Isar.
Links oben: Europacup 1975 (gegen Leeds United).
Links unten: Deutsche Meisterschaft 1969.
Oben: Deutscher Fußballmeister 1973.

Seine Spezis, die Spieler

Links oben: Freude über Paul Breitners Rückkehr in die Nationalmannschaft (1975, nach dem 1 : 1 in Sofia).
Oben: Zwischen Uli Hoeneß und Johnny Hansen im armenischen Eriwan (1975).
Links unten: Zwei Stammspieler auf der Ersatzbank – dreimal mit seinem Freund Branko Oblak, für den Sepp Maier sich bei seinem Abschiedsspiel bis zum Krach mit der Vereinsführung einsetzte.

Seine Freunde, die Trainer

Fünf Trainer haben dazu beigetragen, Sepp Maier zum wohl erfolgreichsten Torhüter der Fußballgeschichte zu machen: »Tschik« Cajkovski, der gutmütige Jugoslawe; sein unerbittlich harter Landsmann Branko Zebec; der großzügige Kumpel Udo Lattek (rechts unten). Menschlich beeinflußt wurde er vor allem von dem »Fußball-Professor« Dettmar Cramer (rechts oben) und von Helmut Schön (oben).

Nächste Seite: Die »Bayern-Achse« Müller, Maier, Beckenbauer.

rungen
MOSKOVSKAY
adidas
s Bier

Der laufende Meter

Fachlich war Dettmar Cramer einer der Größten, körperlich einer der Kleinsten. Deshalb fiel mir für ihn gleich ein passender Spitzname ein: »Der laufende Meter«. Andere sprachen respektloser vom »Nabelriecher«.

Sportlich und menschlich habe ich nie mit einem Trainer besser zusammenarbeiten können. Das soll in keiner Weise Helmut Schön herabsetzen, der für mich schon seit meiner Zeit als Jugendspieler eine Art zweiter Vater war und dem ich mehr verdanke als allen anderen – aber mit dem Bundestrainer hat man ja nur in großen Zeitabständen zu tun, während der Kontakt mit dem Vereinstrainer Tag für Tag stattfindet.

Für die meisten Trainer, die ich kenne, gibt es in ihrem Leben nur eines: Fußball, Fußball und noch einmal Fußball. Das ist bestimmt nicht das schlechteste Rezept, in diesem knallharten Job zu überleben.

Ganz anders der Detti. Mit dem kann sich ein jeder über alles unterhalten. Von seinem ungeheueren Fußballwissen einmal abgesehen, kann man mit ihm genauso angeregt über Weltraumfahrt wie über Beethoven diskutieren.

Für die FIFA, den internationalen Fußballverband, war er der ideale Trainer gewesen, hatte die ganze Welt bereist, um sportliche Entwicklungshilfe zu leisten. Das trug ihm noch Jahre später von seinem großmäuligen Konkurrenten Max Merkel das böse Wort ein: »Der Kollege Cramer ist zwar ein sehr kluger Mann. Er hat in Theorie immer eine Eins gehabt, aber sonst hat er doch nur den Schwarzen im Sudan beigebracht, wie man Kakteen umspielt.«

Aber der Dettmar war auch nicht auf den Mund gefallen und konterte: »Ich schätze den Max, er ist wirklich ein guter Trainer, aber hier ist er schwach in Geographie. Im Sudan gibt es gar keine Kakteen.«

1966 hatte ich ihn kennengelernt, als Assistenten von Helmut Schön bei der WM in England. Vor allem bewunderte ich seine klugen Analysen, seine Menschenkenntnis und die überwältigende Freundlichkeit.

1974 war er längst ein international anerkannter Fachmann in unserem Sport, als Hertha BSC den Versuch machte, ihn als Trainer anzuwerben. Er hatte auch sein vorläufiges Jawort gegeben, da kam eine Anfrage der *American Soccer Association.*

Ein Traumberuf?

Fußball – Massensport überall auf der Welt, nur nicht in den Staaten. Die Marktlücke mußte geschlossen werden. Sie hatten einen Fachmann gesucht und ihn in Dettmar Cramer auch gefunden. Die Aufgabe mußte den Fußballprofessor reizen. Mit Hertha BSC bestand nur eine lose Absprache, die Kündigung war weiter kein Problem. Detti ging in die Staaten.

Da bekam er den Schock seines Lebens. Ein Mann wie er, ein echter Sportler, der seinen Beruf als Hobby verstand, sah sich plötzlich als Marktobjekt, als Werbeträger für irgendwelche Industrieprodukte. Ich will uns gar nicht als reine Engel hinstellen – auch wir in Europa mißbrauchen den Sport nach Kräften, aber unsere Einstellung ist doch eine andere.

Niemand zwingt bei uns die Kinder zum Fußballspiel, um sie zu künftigen Stars aufzubauen. Aber in den Staaten ist das gang und gäbe. Man macht sich einen Namen, der dann vermarktet wird. Denken wir nur an das Boxgeschäft, für die armen Teufel aus den Slums die einzige Möglichkeit, sich nach oben zu kämpfen – buchstäblich mit den Fäusten. Das ist nur ein Beispiel. Die Baseball-, die Football-, die Soccermannschaften, sie alle sind private Aktiengesellschaften, Abschreibungsobjekte der Konzerne oder Werbeträger im privaten Fernsehen. Sport als Spiel ist längst eine Farce, Sport als Geschäft die harte Wirklichkeit.

Natürlich hatte Cramer davon gewußt, aber die persönliche Konfrontation ist eben doch eine andere Sache. Als er den Ruf des FC Bayern hörte, muß ihm das vorgekommen sein, wie der unerwartete Hinrichtungsaufschub kurz vor dem Gang zur Guillotine. Drüben wäre er mit Sicherheit kaputtgegangen, aber auch bei uns mußte er Samstag für Samstag aufs Schafott.

Ich habe mich oft gefragt, was einen hochintelligenten Menschen wie ihn dazu gebracht hat, den verrückten Beruf eines Profi-Trainers zu ergreifen. Er war doch in Sicherheit bei der FIFA, hätte dort mehr leisten und mehr Lorbeeren ernten können als in der Nervenmühle Bundesliga.

Denn unter den Trainern herrscht noch härtere Konkurrenz als unter Spielern. Sobald sich herumspricht, der Stuhl eines Bundesliga-Trainers sei ins Wanken geraten, geht gleich ein Dutzend Geier in Stellung, um noch ein Bein abzusägen.

Jahr für Jahr absolvieren mehr oder minder begabte Sportlehrer ihre Prüfungen, etliche ausgediente Profispieler erwerben die Lizenz als Alterssicherung. Dabei ist keineswegs gesichert, daß gute Fußballer auch überdurchschnittliche Trainer werden: Luis Suarez, Alfredo di Stefano und Bobby Charlton waren als Lehrer mitnichten die großen Zampanos, die sie als Aktive dargestellt hatten, während so erfolgreiche Trainer wie Udo Lattek, Hennes Weisweiler oder auch Max Merkel als Spieler beileibe keine Offenbarung gewesen waren.

Jedenfalls ist das Angebot auf dem Trainermarkt übergroß – an die tausend Männer besitzen die Lizenz –, interessante, hochdotierte Jobs hingegen sind Mangelware. Logisch, daß es auf diesem Schlachtfeld erbarmungslos zugeht. Die Devise heißt: Du mußt um jeden Preis Erfolge erzwingen, deine Triumphe geschickt an die Presse verkaufen, deine Rivalen mit allen Mitteln zur Schnecke machen. Wer gewinnt, ist König, wer ein paarmal Mist baut, kommt untern Ball.

Die Trainer müssen sich halt voll in die allgemeine Hackordnung der Fußballandschaft einfügen. Allmächtig sind die Vereinspräsidenten und Manager, denn die unterschreiben den Vertrag. Also muß man sie hofieren, vor ihnen kuschen, und aus Angst vor der eigenen Pleite geben die Trainer die Tritte kräftig nach unten weiter.

Die Mannschaft muß siegen, koste es, was es wolle, denn wenn sie nicht siegt, kostet es den eigenen Kopf. Daher wird der Spieler von frühester Jugend erbarmungslos durch die Mangel gedreht, ausgequetscht bis auf das letzte Quentchen Energie. Menschliches Versagen kann ihm nicht verziehen werden, denn das kostet Punkte und Zuschauer. Bleiben die aus, ist der Trainer schuld. Und der gibt die Komplimente an die Spieler weiter. Höheres Tempo, schärferes Training. Versager kommen ins Abseits, bevor sie den Tritt in den Hintern kriegen.

Fußball, ein Traumberuf? Schon, manchmal aber auch ein Alptraum.

Soll ja keiner glauben, daß gutes Spiel allein genügt. Von meiner Generation haben die wenigsten sich gehalten. Die paar, die einen anständigen Absprung schafften, sind eben Ausnahmemenschen, die es auch in jedem anderen Beruf zu was gebracht hätten. Ich hatte Glück und eine gute Frau. Wir haben uns in das Tennisparadies gerettet. Der Franz hat längst ausgesorgt, Uli Hoeneß und Günter Netzer sitzen auf ihren Managerposten, Jupp Kapellmann ist bald praktizierender Arzt.

Aber die vielen anderen? Raus aus dem Ferrari, rein in den VW. Manche greifen, wie gesagt, nach dem Strohhalm der Trainerlizenz – aber die sind arm dran. Samstag für Samstag auf der Abschußliste. Wessen Nerven halten das schon aus?

Die verdienen einen Haufen Geld? Klar, Gehalt, leistungsbezogene Prämie, steht alles im Vertrag. Aber was ist so ein Stück Papier schon wert? Wenn der Trainer keinen Erfolg hat, kann er sich den Vertrag in die Haare schmieren. Der ist höchstens eine kleine Sicherheit, wenn dann um die Abfindung gefeilscht wird, aber damit hat sich's.

Mit all diesen Abschweifungen wollte ich eigentlich nur klarstellen, daß der Dettmar Cramer sich in keiner Hinsicht in die beschriebene Trainergruppe einordnen ließ.

Der war kein Leuteschinder, sondern ein Mensch.

Seine wichtigsten Anliegen: Vertrauen zur Mannschaft, neuer Teamgeist, behutsame Weiterentwicklung der individuellen Persönlichkeiten. Er war überzeugt, daß die ganze Mannschaft sich steigern würde, wenn der einzelne Spieler seine jeweiligen Talente voll entfalten könnte.

Er selbst ging mit bestem Beispiel voran. Er kümmerte sich um alles, um jeden, suchte das Gespräch, verblüffte uns mit neuen Trainingsmethoden, über die viele von uns zuallererst allerdings laut kichern mußten.

Aus Amerika hat er uns beispielsweise das Astronautenessen mitgebracht, so ein kohlehydratreiches Muszeugs, das angeblich die Leistungsfähigkeit ungeheuer steigerte. Furchtbar! Geschmeckt hat's, als wenn man einem nachläuft und ihn nicht erwischt. Wir haben den Fraß nur kurz probiert und ihn dann ganz schnell wieder weggestellt.

Vor dem Spiel hat er dann immer Vitaminpillen und Herztropfen verteilt. Davon bin ich richtig süchtig geworden, habe mir eingebildet, ohne diese Chemie könnte ich mich nicht mehr konzentrieren.

Und dann die Manschgerl. Das waren Plastikpuppen, die er auf Betonsockel montieren ließ und im Sechzehnmeterraum aufstellte. Stürmer und Mittelfeldspieler mußten an dieser künstlichen Mauer Freistöße üben. Dabei hat der Kalle Rummenigge einiges an Schußkraft gewonnen. Unter Cramer wurde er zum Star und kam in die Nationalmannschaft.

Eine Übung, die vor allem Gerd Müller nicht ausstehen konnte, war der Cooper-Test, ebenfalls von den US-Mondfliegern importiert. Zwölf Minuten lang mußten wir auf einer abgesteckten Strecke laufen, und die Vorgabe hieß, 2,7 bis 3,4 Kilometer in dieser Zeit zu schaffen. Jupp Kapellmann hat sogar 3,6 Kilometer bewältigt, auf den Plätzen folgten Sepp Weiß, Bulle Roth und ich.

Bemerkenswert an Dettmar Cramers Training waren jedoch vor allem die ausgedehnten Spielerbesprechungen. So was Narrisches an Vorbereitung, das gibt's überhaupt nicht! Der Detti besaß nämlich ein richtiges Fußballarchiv. Zentnerweise hat der Spielberichte, Zeitungsartikel und eigene Notizen zusammengetragen, über jede Mannschaft, jeden Spieler der Bundesliga und der wichtigen europäischen Vereine. Über jeden einzelnen besaß er Material – der ist stark im Kopfball, der hat fünfzig

Haare auf dem Kopf, der läßt sich leicht zu Handgreiflichkeiten reizen, der hat Schuhgröße 48 und jener ißt am liebsten Sauerkraut.

Über jeden Spieler hatte er alles gesammelt, was für uns von Bedeutung sein konnte: körperliche Merkmale, Psychogramm, typische Spielzüge, einfach alles.

Vor einem internationalen Wettbewerb waren seine Spione in ganz Europa auf Achse. Am Spielort kannten wir dann jede Kleinigkeit, den Notausgang aus dem Stadion ebenso wie Abspielschwächen des alternden Jungstars.

Dettis Feuertaufen

Im Europacup der Landesmeister war die Hürde Magdeburg genommen, der sowjetische Meister Ararat Eriwan in München mit 2:0 geschlagen. Das Rückspiel in der armenischen Hauptstadt sollte Cramers erste Bewährungsprobe im Ausland sein.

Die Armenier sind ein ganz anderer Menschenschlag als die Russen aus Moskau oder Kiew. Ein Unterschied wie Bayern und Preußen. Damit will ich sagen, sie sind ausgesprochen freundliche, gesellige Leute. Natürlich bin ich zum Sender gefahren. Die haben sich vielleicht über unseren Besuch gefreut, den Laden dichtgemacht und gelassen über meine Radio-Eriwan-Witze gelacht. Kannten sie aber schon. Länger als eine Stunde haben wir da geblödelt, uns richtig wohlgefühlt und dann höflicherweise 0:1 verloren. Konnten wir uns erlauben – mit dem Ergebnis waren wir eine Runde weiter.

Der französische Meister in jenem Jahr hieß wieder AS St. Etienne. Einmal hatten die Franzosen uns schon aus dem Pokal geworfen, ein zweites Mal sollte das nicht passieren. Mit einem 0:0 in St. Etienne hatten wir uns für das 0:3 aus dem Jahr 1969 revanchiert, in München die Franzosen dann 2:0 abgefertigt. Ich habe keine besondere Erinnerung an das Gastspiel in St. Etienne. Das Stadion liegt zwischen Kohlebergen und Fördertürmen. Der reinste Hexenkessel.

Nach dem Spiel sind wir im Sprinter-Tempo vom Platz unter die Dusche, haben uns im Bus fertig angezogen, das Flugzeug startete schon, als die Stewardeß noch die Luken schloß. Nachtlandeverbot in München. Wir mußten uns höllisch beeilen. Dennoch erreichten wir die Einflugschneise ein paar Sekunden zu spät.

»Landeverbot«, kam es vom Kontrollturm.

»Wir haben einen Schwerverletzten an Bord«, probierte Manager Schwan.

Es half nichts. Wir mußten nach Nürnberg, dann mit dem Bus nach München.

Da fallen dir ganz neue Flüche ein ...

Am 28. Mai war es dann mal wieder soweit. Endspiel um den Europapokal der Landesmeister. Der Gegner: Leeds United. Spielort: Paris.

Das Finale barg einiges an Zündstoff in sich. Erstens war ein Sieg unsere einzige Chance, im nächsten Jahr wieder im internationalen Geschäft mitmischen zu können, zweitens ging es um unser Renommee – wegen unserer miserablen Ligaergebnisse gab uns kein Mensch eine Chance – und drittens ging es um den Kopf Dettmar Cramers, der bereits nach halbjähriger Tätigkeit wegen seiner angeblich zu lockeren Führung auf der Abschußliste stand.

»Wir spielen heute nicht um die Prämie, wir spielen für den Trainer.« Mit dieser Einstellung gingen wir in das Match.

Die Fahrt ins Stadion war schon ein Erlebnis für sich.

Feierabendverkehr in Paris, die Straßen verstopft. Polizisten auf dem Motorrad machten uns den Weg frei. Menschenskind, sind die gefahren. Es war nicht zum Ansehen. Zwischen den Autos durch, Fußtritte gegen Wagen, die nicht schnell genug Platz machten. Teilweise ging es über die Trottoirs, zwanzig Minuten nur dauerte die Fahrt vom Hotel ins Stadion. Uns hat's gereicht. Wir waren schweißgebadet, als wir endlich aussteigen konnten.

Ich muß sagen, das Match haben wir mit Glück gewonnen. Allerdings kam das Spiel der siegessicheren Engländer uns auch entgegen. Ziemlich phantasielos haben sie angegriffen. Über die Flanken, hohe Bälle vors Tor, immer dieselbe Masche, keine Ideen. Und dann dieses üble Foul an Björn Andersson.

Wütend, daß sie unsere Abwehr nicht bezwingen konnten, gingen die Engländer voll zur Sache. Björn spielt den Ball ab, da nimmt Terry Jorath regelrecht Anlauf, tritt dem Björn in voller Absicht, richtig bösartig das Knie weg. Auf dem Spielfeld hätten wir diesen Mistkerl verprügeln sollen! In meiner ganzen Laufbahn habe ich kein übleres Foul gesehen. Björn schrie vor Schmerzen. Das Kreuzband, die Seitenbänder, der Meniskus, alles war kaputt. Mir stehen heute noch die Haare zu Berge, wenn ich daran denke. Björn tat uns so leid, daß wir uns über den Sieg nachher gar nicht recht freuen konnten.

0:0 stand es zur Pause, die Engländer hatten kein Mittel gefunden, unseren Abwehrriegel zu knacken. Nach dem Wiederanpfiff wurden sie immer nervöser, wir hatten unsere Konterchancen. Uli mußte raus, auch er war am Knie verletzt. Uns packte die heilige Wut.

Billy Bremner ist durch, fünf Meter nur noch vor dem Kasten, ich fische ihm den Ball vom Fuß. Die Fans von Leeds fangen an, durchzudrehen, zerhacken ihre Sitze, schleudern sie aufs Spielfeld. Sie haben mich mit Wurfgeschossen regelrecht bombardiert. Und der Schiedsrichter läßt weiterspielen.

Dann die ausgleichende Gerechtigkeit, irgendwann um die siebzigste Minute. Der Bulle ist durch ... 1:0. Das Geheul aus der englischen Ecke klang so, als würden die ersten Schlachtopfer gebracht. Jupp Kapellmann mit einem Flankenlauf, Paß zu Gerd Müller, 2:0. Jetzt war endgültig der Teufel los. Diese englischen Fans – auf ihrer Insel sonst so diszipliniert – waren an jenem Abend mit menschlichen Maßstäben nicht mehr zu messen. Mord lag in der Luft. Mein Strafraum war übersät mit Plastiksitzen, Aluminiumstützen. Endlich kamen die Ordner, und damit fingen die Schlägereien an. Alles in meinem Rücken.

Die Engländer waren nicht zu bändigen. Nach dem Spiel haben sie noch Busse umgeworfen und Autos angezündet. In ganz Paris tobten die Krawalle. Die UEFA ist im Nachhinein eingeschritten, hat Strafen über den Verein verhängt. Aber was nützt das schon? Die besoffenen Randalierer sind nicht mal mit einem Tritt in den Arsch oder einem kalten Guß nur Vernunft zu bringen.

Damit muß man leben.

Hauptsache für uns war, daß wir Dettmar Cramer als Trainer behalten konnten.

Im nächsten Jahr als Cupverteidiger haben wir ähnliches erlebt. Über Jeunesse Esch, Malmö FF, Benfica Lissabon waren wir ins 1976er-Halbfinale vorgestoßen. Der Gegner: Real Madrid. Mit 110 000 Zuschauern war das Bernabeu-Stadion in Madrid bis auf den letzten Platz gefüllt. Die hart ans Kriminelle grenzende Leistung eines holländischen Schiedsrichters hatte Real in der Vorrunde über Gladbach triumphieren lassen. Erneut eine deutsch-spanische Begegnung, und dann in diesem Stadion. Das muß man einfach erlebt haben, diese Stimmung, dieses Brodeln, dieser Wille auf den Rängen, den Gegner vernichtet zu sehen.

Aber ich mag das ja. In Madrid war's die letzten Tage heiß und trocken gewesen, trotzdem stand der Platz knöcheltief unter Wasser. Paul Breitner – damals mit Günter Netzer bei Real – konnte wegen einer Verletzung nicht spielen und klärte uns über den »Wassereinbruch« auf: »Damit wollen sie euch irritieren ...« Vielen Dank. Die hätten uns gar keinen größeren Gefallen tun können.

Die Spanier beginnen mit einem hohen Tempo. Amancio und Martinez machen mir eine Menge Arbeit, aber alles geht gut, bis die schlechte Abwehr einer meiner Vorderleute Martinez in Schußposition bringt. Nichts zu machen. 1:0 für Real. Aber kurz vor der Pause ist der Gerd durch, lockt mein Gegenüber, den Miguel Angel, aus dem Kasten ... 1:1.

Jubel bei uns.

Da sehe ich hinter mir eine Bewegung. Zuschauer sind über die Absperrung. Einer rast aufs Spielfeld, haut mir auf die Schulter, läuft weiter, versetzt dem Gerd einen Kinnhaken. Ich hinterher. Im Catchergriff packe ich den Burschen. Er reißt sich los, will den Schiedsrichter angehen. Uli Hoeneß kommt mir zu Hilfe. Plötzlich sind Polizisten da, schlagen auf uns ein. Auf uns, die Spieler ... Da springt der Schiedsrichter dazwischen. Und Real hat sich eine Platzsperre für die nächsten beiden Cupspiele eingehandelt.

Da machst was mit.

Aber auch unsere Fans vom FC Bayern sind nicht so ohne. Beim Rückspiel gegen Real war Paul Breitner wieder gesund, lief mit der spanischen Mannschaft ein. Bei jedem Ballkontakt haben sie ihn ausgepfiffen. Neunzig

Minuten lang. Ausgerechnet den Paul, nach allem, was er in der Nationalmannschaft und im Verein fürs Münchner Fußballrenommee getan hat.

Kenn sich einer aus. Damals hätten sie ihn am liebsten erschlagen, heute ist er König in München.

Übrigens, das Rückspiel gegen Real haben wir 2:0 gewonnen. Wir waren wieder mal im Finale.

Langsam wurde der Europacup für uns zur Routineangelegenheit. Der Gegner hieß wieder mal AS St. Etienne, gespielt haben wir in Glasgow. Wem das wohl eingefallen ist? Zwei Mannschaften, beinahe Nachbarn, treffen sich oben in Schottland. Warum nicht gleich auf dem Mond? Da kann man mit Frau Luna noch was unternehmen, da werden nicht wie im langweiligen Britannien abends um zehn die Bürgersteige hochgeklappt.

Wir hatten zwar ein schönes Hotel an der Küste, wohnten unter dem gleichen Dach wie die Rolling Stones, die da rumprobierten. Während die anderen Spieler sich zum Mittagsschlaf hingelegt haben, bin ich mit dem Reisinger Willi und dem Dürnberger Bernd Golfspielen gegangen. Waren gar nicht so schlecht, unsere ersten Versuche, aber das Spiel ist uns schnell langweilig geworden – diese ewige Sucherei nach den Bällen. Außerdem haben wir den kostbaren Rasen zerhackt.

Finale '76. Zwei Tore hat der Schiedsrichter uns nicht anerkannt. Für die Franzosen waren diese Tatsachenentscheidungen jedoch ein ungeheurer Auftrieb. Zwei Schüsse knallten sie mir an die Latte, Franz und ich hatten Schwerstarbeit zu verrichten, bis der Bulle kurz vor Spielende uns mit einem Freistoßtor erlöste. Zum drittenmal in Serie hatten wir den Pokal gewonnen, wenn auch die Presse in unserem Gegner den moralischen Sieger sah. St. Etienne hatte das Spiel gemacht, wir hatten es gewonnen. So ist das nun mal beim Fußball, nur die Tore zählen.

Groß gefeiert haben wir den dritten Cup nicht mehr. Erst mal war's stinklangweilig in dem Hotel, dann mußten wir uns noch die Nacht um die Ohren schlagen. Um drei Uhr morgens nämlich ging erst unsere Maschine. Wir waren todmüde, als wir um sieben Uhr früh in München landeten.

Das war unser letztes großes Auftreten im internationalen Fußballgeschäft bis zum Jahre 1980. Die nächsten Spiele meiner Bayern werde ich am Fernseher erleben. Maier, der Pensionär. Das ist vielleicht ein Gefühl!

Im Jahr 1977 stolperten wir über Dynamo Kiew. In München hatten wir zwar 1:0 gewonnen, aber das reichte nicht. Wir wollten ein Unentschieden in Kiew, konnten es auch halten bis zur Pause. Kurz vor der Halbzeit macht der Peter Gruber ein langes Bein, Blochin nützt das aus, läßt sich fallen. Der Schiedsrichter pfeift Elfmeter.

Ich ahne die Ecke, erwische das Leder mit den Fingerspitzen, lenke es an den Pfosten, der Ball springt zurück auf meinen harten Schädel und geht ins Aus.

Na, das war doch was.

Wir fühlten uns schon als Sieger. Da kriegen wir in der zweiten Halbzeit nochmals einen Elfer verpaßt – Konkow verwandelt. Wäre nicht so schlimm gewesen, hätte nur die Verlängerung bedeutet, da foult der Unglücks-Gruber den Blochin kurz vor dem Strafraum. Drei Minuten vor Schluß war das. Freistoß Burjak, Kopfstoß Slobodjan ... Maier guckt dumm aus der Wäsche. Das internationale Aus für den FC Bayern. Ein Glück, daß wir vor drei Monaten noch den Weltcup, um den der Gewinner des Europapokals und der Südamerika-Meister jährlich kämpfen, gegen Belo Horizonte gewonnen hatten. Aber wie es dazu kam, das ist eine lustige Geschichte.

Wenn einer eine Reise tut

So lustig war es gar nicht. Eigentlich eher eine Tortur. Wir hatten den Weltpokal nie so recht ernstgenommen, in früheren Jahren die Teilnahme Atletico Madrid – dem Endspielpartner – überlassen und einmal ganz verzichtet, da wir gegen eine argentinische Mannschaft nicht antreten wollten. Aber 1976 wackelten wir uns doch ganz schön durch die Bundesliga, und solange man die Möglichkeit hat, soll man etwas fürs Prestige tun. Wer wußte schon, was im nächsten Jahr sein würde?

Das Hinspiel gegen Cruzeiro Belo Horizonte in München hatten wir 2:0 gewonnen. Im Dezember mußten wir dann nach Brasilien.

Das Wetter! Schnee und Glatteis in Europa. Wir konnten nicht abfliegen. Alles mußte umgebucht werden. Mach das mal für zwanzig Personen. Mit vierundzwanzigstündiger Verspätung konnten wir endlich starten. Das ist ein ewig langer Flug. Zum Schlafen kommst eh nicht viel. Und als wir nach mehr als zwanzig Stunden in Rio aus der Maschine stiegen, traf uns fast der Schlag. Aus dem tiefen Winter in den brasilianischen Hochsommer. Die Hitze haut einen fast um. Und noch dazu mußten wir vier Stunden auf dem Flughafen warten, bis wir Anschluß hatten nach Belo Horizonte. Ich bin zum Friseur, habe mich rasieren lassen, nur um ein bißchen Abkühlung und Erfrischung zu bekommen.

Dann ab in die Maschine. Ganze vier Stunden vor Anpfiff waren wir endlich am Spielort. Rasch ins Hotel. Ein bißchen hinlegen. Wir waren so überdreht; Schlaf hat keiner von uns gefunden. Als wir uns im Stadion warmliefen, waren wir seit achtundzwanzig Stunden auf den Beinen. Ein leichter Nieselregen ging herunter. Das Bild bleibt mir unvergeßlich. Wegen der Hitze und der Feuchtigkeit lag eine Nebelwand, die sich langsam nur verflüchtigte, auf dem Rasen.

Die reinste Waschküche. Unser Aufwärmtraining hielten wir ganze zehn Minuten durch, dann waren wir fix und fertig. Trikotwechsel. Anpfiff.

In den ersten zwanzig Minuten haben die Brasilianer uns schwer zu schaffen gemacht. Aber wie es bei einem übermüdeten Körper so ist – plötzlich macht er Energien frei, die man gar nicht in ihm vermutet. Todmüde waren wir und gleichzeitig hellwach. Für mich war es eines meiner besten Spiele. Ich glaube, die Brasilianer habe ich an diesem Abend an den Rand der Verzweiflung gebracht. Der Rasen war so schön naß und glitschig. Alles gehalten. Mit einem 0:0 gingen wir vom Platz. Ach ja, und den Weltpokal hatten wir damit auch im Gepäck.

Das Entmüdungsbecken in der Kabine hat uns so richtig fertiggemacht. Fast sind wir eingeschlafen. Erst die Donnerworte des Trainers brachten uns in den Bus.

Vor dem Hotel erwartete uns eine Überraschung. Eine unübersehbare Menschenmenge ließ uns hochleben, schwenkte Fahnen und ließ Raketen steigen. *»Bayern Munich, Bayern Munich . . .«* Das sind aber mal faire Fans, haben wir uns gedacht, bis der Dolmetscher uns aufklärte, daß es sich hier um Anhänger des Konkurrenzvereins von Cruzeiro handelte.

»Die freuen sich nicht über euren Sieg, die freuen sich, daß Cruzeiro verloren hat.«

Die ganze Nacht dauerte draußen das Remmidemmi. Wieder konnten wir nicht schlafen. Der Erfolg, die Erschöpfung, die Freude, der Zeitunterschied, der Klimawechsel, oh Gottogottogott.

Am nächsten Morgen ging's ab nach Rio in ein Hotel an der Copacabana. Eine wohlverdiente Ruhepause am berühmtesten Strand der Welt. Gebadet hat aber nur der

Detti. Wir waren zu kaputt, um über die Straße oder gar in die Stadt zu gehen.

Traumstadt Rio. Wir haben sie total verschlafen.

Rückflug ins scheußlich kalte Europa. Bei der Zwischenlandung in Dakar wollten wir die Wärme noch ein bißchen genießen, gehen raus in die Halle. Plötzlich sind wir von Schwarzen umringt, die uns anstrahlen, uns auf die Schulter klopfen. »Maier, Beckenbauer, Müller . . .«

Wir wollten es nicht glauben, daß man uns hier kennt. Des Rätsels Lösung: Unser Brasilienspiel war in den Senegal übertragen worden, und als die Angestellten erfuhren, daß wir hier zwischenlanden würden, ist bei Schichtwechsel niemand nach Hause gegangen. Die wollten uns sehen, uns auf die Schulter klopfen. Ein Ereignis am Rande, aber wirklich, das hat uns sauber gerührt.

Ergreifend war noch eine andere Geschichte, ergreifend für unsere Lachmuskeln . . .

Unser Ersatztorwart, der Hubertus Licht, wollte sich unbedingt ein Souvenir aus Dakar mitnehmen. Zu einem günstigen Kurs gedachte er, seine restlichen Cruzeiros loszuwerden, und fand in einer Boutique, die extra unseretwegen nochmals geöffnet hatte, das ideale Mitbringsel: einen Elefanten.

Einen Elefanten mit großen Stoßzähnen aus Elfenbein und geschnitzt aus einem schweren braunen Holz, aus Dschungelholz, wie der Verkäufer versicherte. Hubertus zahlte. Unter dem Ladentisch wickelte der Händler das Tierchen ein.

In der Maschine konnte der Hubertus es nicht lassen, packte unter unseren Augen – leichtsinnigerweise – seinen Elefanten nochmal aus.

Und da erlebte er seine Überraschung.

Der Verkäufer hatte unter dem Tisch blitzgeschwind

die Zähne aus dem Holztier montiert. Der Hubertus saß da mit seinem Elefanten, saß und konnte die Pleite nicht fassen.

Der Kurzausflug nach Brasilien war sicher eine extreme Strapaze, aber erholsam waren unsere Abstecher in fremde Länder eigentlich nie. Der FC Bayern galt nun einmal als einer der reiselustigsten Vereine der Welt, und zu allem Überfluß verabschiedete uns Präsident Neudekker auch noch gerne mit aufmunternden Sprüchen wie: »Ihr habt's gut. Als junger Mann hätte ich mein Brot auch gerne in schönen, fernen Ländern verdient.«

Fern waren die Länder schon, ob sie jedoch schön sind, weiß ich beim besten Willen nicht. Denn ich habe fast die ganze Erde bereist, aber zu sehen bekam ich als Weltreisender in Sachen Fußball fast nur die Flughäfen, die Hotels und die Fußballplätze. Meistens hat es sich damit. Für große Besichtigungen hast du einfach keine Zeit, oder du bist schlicht zu groggy, noch einen Fuß vor die Hotelzimmertür zu setzen. Besonders erhebend ist es immer, wenn die Gastgeber den Spielern aus dem exotischen Deutschland unbedingt vorführen wollen, worauf sie besonders stolz sind: die Clubhäuser mit Ehrenurkunden, Pokalen und anderen Trophäen. So etwas hatten wir natürlich noch nie gesehen.

Aber das Fleisch ist schwach

Wir waren ein nervöser Haufen geworden.

Die großen Jahre waren fürs erste vorbei. Das wollte zwar keiner wahrhaben, aber jeder spürte es. Alles köchelte unter der Oberfläche, und wir versuchten mit aller Gewalt, die Krise zu verdrängen, nur spielte uns die mangelnde Konzentration doch immer wieder böse Streiche.

Betroffen waren wir alle, am deutlichsten offenbarten sich die Probleme jedoch in der Person von Franz Bekkenbauer.

Der Kaiser in der Krise

Dem Franz schwappte das Wasser über dem Kopf zusammen. Er bekam Probleme mit der Steuer, hatte Ärger in der Familie. Wir wußten natürlich längst, seit ungefähr eineinhalb Jahren, daß er eine Freundin hatte, fanden aber, das gehe niemanden etwas an. Da waren die Zeitungsfritzen natürlich anderer Meinung. Wie die Geier stürzten sie sich auf das Thema, mixten aus Dichtung und Wahrheit einen zähen Brei.

Robert Schwan erkannte die Reaktionen natürlich auch, fürchtete um die Popularität seines Stars und damit um die eigene Kasse. Also fing er allmählich an, seine Fühler im Ausland auszustrecken.

Zuerst fiel uns der Schlamassel im Spiel auf. Der Franz, sonst stets ein Muster an Zuverlässigkeit, schoß seine berühmt gewordenen Eigentore und erschreckte mich zu allem Überfluß noch durch ein paar Lattenschüsse.

Ich versuchte, diese Vorfälle durch einen Ulk zu bagatellisieren. Als der Trainer in der Besprechung Schwarzenbeck aufforderte, besonders auf den gegnerischen Mittelstürmer aufzupassen, warf ich ein: »Nein, Katsche, um den brauchst dich nicht zu kümmern, schau lieber zu, daß du den Franz ordentlich deckst, der ist der gefährlichste Gegner.«

»Du blöder Hund, du», war alles, was der Franz darauf sagte. Die Mannschaft hat schallend gelacht.

Wenn ich da an unsere gemeinsame Sturm- und Drangzeit zurückdachte ...

Ich kannte den Franz ja schon von der Jugend her. Wir waren bayerischer Vizemeister geworden, und als Belohnung bekamen wir vom Verband einen Aufenthalt auf einer Hütte bei Oberstdorf bezahlt. Er war vierzehn, ich ein Jahr älter. Bei ihm hat das Spiel schon damals immer ganz leicht und elegant ausgeschaut, dabei hat er sich genauso geplagt wie alle anderen auch. Talent allein genügt nicht, nur hat man ihm die Mühe halt nie angesehen.

Außenstehende hielten den Franz häufig für einen arroganten Schnösel. Die lagen völlig schief. Er ist wirklich alles andere als überheblich, sondern ein ganz ruhiger, zurückhaltender Typ. Diese Zurückhaltung, gepaart mit dem genialen Auftreten auf dem Spielfeld, deuteten Leute, die ihn überhaupt nicht kannten, als Dünkel, als blasierte Selbstherrlichkeit.

Natürlich hat er beim Spiel dauernd rumgeschimpft wie ein Rohrspatz, aber das war sein Temperament – und seine Aufgabe. In der Hitze des Gefechts habe ich meinen

Mitspielern auch schon harte Brocken an den Kopf geworfen. »Was bist du denn für ein Depp?« hat der Franz dann gebrüllt. »Spiel, spiel!« Aber nach dem Abpfiff hatte er alles vergessen, Schmollen und Grollen hat es bei ihm nicht gegeben.Manchmal ist er mit seinem Perfektionismus, mit seiner Ungeduld allerdings auch mir gehörig auf den Wecker gefallen, wenn er seiner Unzufriedenheit mit der bekannten wegwerfenden Geste Luft machte. Und das im Stadion, vor dem Publikum.

»Gell, das machst mir nicht nochmal.«

»Was?«

»Diese Abwinkerei.«

»Ich winke doch gar nicht.«

»Das merkst schon nicht mehr.«

Aber er konnte es nicht lassen, empfahl mir sogar, mehr Karottensaft zu trinken. »Ist gut für die Augen, damit den Ball besser siehst.«

Wieder diese Geste.

»Franz, noch einmal, dann knie ich vor 60 000 Leuten vor dir nieder und bete dich an.«

»Das machst nicht.«

»Noch einmal. Laß es nicht darauf ankommen.«

Er ließ es nicht darauf ankommen.

Beckenbauers spielerische Qualitäten verliehen ihm eine Autorität, die so manche Situation retten half. Besonders deutlich wurde das bei der Weltmeisterschaft 1974, nach der Niederlage gegen die DDR. Helmut Schön war völlig deprimiert, ließ sich zur Beruhigung heiße Milch aufs Zimmer bringen. Da hat der Franz zusammen mit ihm das Ruder in die Hand genommen, einen beispiellosen Rundumschlag gegen die spielerischen Schwächen jedes einzelnen geführt, uns alle wieder mit einem Gewaltritt auf Vordermann gebracht – und damit vielleicht den Titel gerettet.

Dabei sah er sich aber nie als Handlanger des DFB, sondern stets als Interessenvertreter der Mannschaft. Etliche alte Zöpfe hat er so gekappt, zum Beispiel den Treueschwur vor Länderspielen. Vorher mußten wir uns immer im Kreis aufstellen, uns an den Händen halten, und der Kapitän hielt eine wohlgesetzte Rede über die Bedeutung des Spiels, unsere Einsatzbereitschaft bis zum Umfallen und ähnliches Blabla. Nur mühsam konnten wir uns beherrschen, sonst wäre die feierliche Zeremonie im allgemeinen Gelächter untergegangen.

Nach der Niederlage gegen die DDR platzte dem Franz endgültig der Kragen: »Ihr könnt mich mal. Soll doch reden, wer will. Ich bin nicht euer Pausenclown!« Der »Kameradschaftskreis« war abgeschafft.

Dies alles schien eine Ewigkeit her zu sein.

Damals hatten wir uns noch immer zusammengesetzt, uns untereinander kritisiert und damit der Mannschaft geholfen. Alles wurde erarbeitet, jede Kleinigkeit gemeinsam beredet, selbst scheinbare Nebensächlichkeiten wie die Torwarthose, wegen der ich oft ausgelacht wurde, weil ich die großen langen Dinger nun mal den heißen Höschen vorziehe. Die lange Hose, die bis zum Knie, schützt vor Verletzungen. Der Rasen im Torraum ist ja immer am stärksten strapaziert. Um den Boden einigermaßen hinzukriegen, werfen die Platzwarte viel Sand auf. Wer da als Torwart elegant aussehen will, hat ständig aufgerissene Oberschenkel.

Fußlange Hosen habe ich im Spiel nie getragen. Bei trockenem kaltem Wetter sind sie wohl annehmbar, aber schon bei normalen Temperaturen saugen sie den Schweiß auf und irritieren den Spieler. Bei Nässe werden sie gleich ein paar Kilo schwerer. Es ist wesentlich besser, auch bei strenger Kälte mit nackten Beinen zu spielen.

Man muß sich ständig bewegen, bleibt dadurch locker, ist schwerer zu überraschen. Und der andere Kram wie Strumpfhosen oder mehrere übereinandergezogene Pullover, das hindert mehr als es nützt. Ach ja, die Pullover.

Früher durften wir Torleute ganz in Schwarz spielen. Das habe ich sehr gemocht. Heute haben sie es verboten. Der Torwart soll sich vom Schiedsrichter abheben. Das tut er ohnehin – durch seine Leistung, womit ich natürlich nichts gegen die Schiedsrichter gesagt haben will. Man kann den Umstieg auf den bunten Pulli auch positiv sehen. Dadurch kommt etwas Farbe ins Spiel. Kleinigkeiten, aber doch so wichtig für den Erfolg.

Das geht auf die Knochen

Aber da war auch der Ehrgeiz ...

Von den 476 Spielen des FC Bayern bis zu meinem Unfall stand ich 473mal im Tor, davon 442mal in Serie. Das sind dreizehn Jahre Fußball ohne eine Unterbrechung.

Massel gehabt? Was für eine Frage. Natürlich war Glück dabei, aber ich habe auch Spiele durchgestanden mit Verletzungen, bei denen andere sich ins Krankenhaus gelegt hätten.

Am schlimmsten erwischt hat es mich einmal in einem Spiel gegen Rot-Weiß Oberhausen.

Wir führen bereits 3:0, da bekomme ich kurz vor Schluß einen hohen Flankenball in den Sechzehner. Ich sehe Kobluhn in den Schuß fliegen, springe höher als er, habe den Ball. Aber ich lande auf seinem Rücken. Überschlag. Ein mörderischer Schmerz in der Schulter.

Spielunterbrechung. Unser Arzt, Dr. Spannbauer, hastet her zu mir. »Kannst du weitermachen?«

»Klar kann ich«, erwiderte ich völlig benommen.

Pfiff. Oberhausen stürmt. Schuß aus fünfundzwanzig Metern in mein rechtes Toreck. Ich will abwehren, kriege den Arm nicht hoch. Der Ball hat zum Glück einen Drall, dreht am Eck vorbei, geht ins Aus.

Aber dieser Schock. Mein Arm. Bis zur Hüfte konnte ich ihn noch bewegen. Fünfzehn Minuten vor Schluß mußte ich mich auswechseln lassen.

Mit einer schmerzstillenden Spritze habe ich es bis München geschafft.

Was aber weiter? Trainieren konnte ich nicht. Und am Mittwoch darauf hatten wir ein schweres Spiel gegen Schalke, das wir übrigens 3:0 gewannen. Aber das nur am Rande. Ich wußte wirklich nicht, was ich machen sollte. Spielen oder aussetzen?

Der Arzt überließ mir die Entscheidung, und ich entschied mich fürs Weitermachen. Mit einem Riesenbrummschädel von dem ganzen Cortison-Mist bin ich auf den Platz gegangen.

Noch eine schmerzstillende Spritze vor dem Anpfiff. War fabelhaft, das Dreckszeug. Ich habe nichts gespürt, keine Schmerzen. Brachte den Arm hoch, konnte mich werfen. Und es war ein schweres Spiel. Die Schalker haben das Tempo über neunzig Minuten diktiert, und wir haben ihnen drei Dinger reingehauen. So geht es nun mal im Fußball. Aber kurz vor der Halbzeit waren die Schmerzen wiedergekommen.

»Doktor, ich halte es nicht mehr aus. Ich kann nicht mehr.«

»Reiß dich zusammen. Wenn du nicht spielst, verlieren wir. Scheiß dich nicht in die Hosen wegen deinem Arm. Du kriegst noch 'ne Spritze.«

Da hat er mir wieder die Nadel angesetzt. Das Zeug brannte schlimmer als Höllenfeuer. Schreiend wie ein

Hund wartete ich auf die Wirkung. Und dann habe ich weitergespielt. Heute weiß ich den Namen der Verletzung. Schultergelenksprengung.

Ich habe noch immer einen Buckel auf dem Knochen. Damals hat mir das Essen nicht mehr geschmeckt. Dauernd ist mir heiß und kalt geworden. Aber Dr. Spannbauer hat mich wieder hingekriegt. Nicht einmal habe ich wegen der Verletzung ausgesetzt.

Anders war das in meiner Anfangszeit in der Bundesliga. 1956, ich erinnere mich genau an das Jahr. Denn damals durfte man noch nicht auswechseln. Nach einem Zusammenprall mit Uwe Seeler in Hamburg zog ich mir am Knöchel eine Verletzung zu. Ich konnte zwar noch stehen, aber der Schmerz war einfach überwältigend. Hinter dem Tor mußte ich mich behandeln lassen. Inzwischen mußte einer von uns in den Kasten. Und nun rate mal, wer das war? Kein anderer als Gerd Müller. Der wollte schon immer gern im Tor stehen. Ist das nicht verrückt? Ich wollte immer Mittelstürmer werden ...

Wir hatten keinen Arzt dabei. Dr. Fischer vom HSV gab mir eine schmerzstillende Spritze. Das Spiel lief weiter. Dabei habe ich Blut geschwitzt für den Gerd. Ein Bild war das für die Götter!

Der Kleine mit seinen stämmigen dicken Beinen im Tor fuchtelte mit den Armen wild herum, als wollte er Fliegen fangen. Schnell gesprochen hat er schon immer, aber damals hat er sich selbst übertroffen mit seinen kurzen bellenden Lauten.

»Da, da, da ... raus, raus, raus ... schau, schau, schau ... weg ... weg, weg ...« Und dann hat er tatsächlich einen gewaltigen Schuß abgewehrt.

»Donnerwetter«, dachte ich bei mir, aber ich war noch nie ein guter Zuschauer, wartete deswegen die Wirkung der Spritze gar nicht erst ab und bin zurückgehumpelt in den Kasten.

Die schmerzhafteste und gleichzeitig langwierigste Verletzung hatte ich mir zu Cramers Zeiten angelacht. Ich weiß nicht mehr genau, wo ich mir die eingefangen habe. Es war eine Nagelbettentzündung, die langsam immer schlimmer wurde. Der Fuß tat mir seit Wochen weh. Dann spielten wir mal gegen Schalke auf Schneeboden. Und da ist es richtig schlimm geworden. Noch am Samstagabend – wir waren kaum zurück in München – nahm Detti mich beiseite.

»Was war mit deinen Abschlägen los? Unpräzise, unkonzentriert, ist was mit deinem Fuß?«

Da mußte ich wohl oder übel Farbe bekennen. Ich zeigte ihm das Bein, höre noch heute, wie er zischend Luft holte.

»Sofort zu Dr. Tasnady.«

Ich war selber erschrocken. Bis zum Unterschenkel lief ein roter Strich. Blutvergiftung.

Ein lustiger Samstagabend war das. Der Arzt entschied sofort: »Der Nagel muß runter. Jetzt gleich.«

»Muß das wirklich sein, Doktor? Ich habe morgen einen Tennis-Schaukampf.«

»Den kannst vergessen.«

»Aber ich habe fest zugesagt. Die haben schon über tausend Karten verkauft.«

»Mensch, Maier ... Du hast eine Blutvergiftung.« Er bereitete die Spritze vor. »Tennis spielen, der Kerl ist völlig verrückt.«

Die Operation tat eigentlich gar nicht weh, die Spritze wirkte rasch, ein Ruck mit der Zange, Verband um den Fuß. Fertig. »Ich hab mir das schlimmer vorgestellt«, sagte ich erleichtert.

»Wart's ab, bis die Betäubung nachläßt«, knurrte der Arzt und gab mir ein Päckchen Schmerztabletten. »Aber nur eine vor dem Einschlafen.«

»Okay. Vielen Dank und gute Nacht.«

Im Auto ging es los, als die Warmluft von der Heizung auf die Zehe strömte. Ich hab gepfiffen wie ein alter Wasserkessel. Zum Glück hatte ich ein Automatic-Getriebe, legte das rechte Bein auf den Nebensitz. Schnell heim!

Irgendwie bin ich dann ins Haus gehumpelt. Die Agnes war beim Skifahren. Große Aufregung bei den Hunden. Was hat denn das Herrli? Schnüffel-schnüff an meinem großen Zeh. »Hauts ab . . .« Keine Zeit zur Begrüßung. Ich wollte bloß ins Bett. Aber von wegen schlafen. Tabletten gefressen habe ich so an die fünf oder zehn Stück.

Am Morgen rief ich den Veranstalter an. »Das und das ist mir passiert. Ich kann unmöglich Tennis spielen.«

»Herr Maier . . . die Leute . . . ich bin ja so bekannt. Wenn Sie nicht kommen, halten die mich hier für einen Lügner . . . Bitte, wenigstens Autogramme.«

»Ja, wenn Sie das gleiche zahlen.«

»Geld ist jetzt nicht so wichtig. Aber kommen Sie um Gottes willen.«

So ließ ich mich denn breitschlagen.

Mein Freund Rainer Bley fuhr mich runter. Das war so eine Kleinstadt in der Nähe von Stuttgart. Ich lag auf dem Rücksitz, hielt das Bein hoch auf dem Beifahrersitz. Am Ortsschild wartete schon der Veranstalter.

»All die Herren sind da, der ganze Tennisclub. Die freuen sich so auf Sie.«

»Die Freude ist gar nicht meinerseits. Ich kann kaum gehen.«

Große Begrüßung im Clubhaus. »Herr Maier, wir wollen Sie doch so gern spielen sehen.«

»Gegen wie viele Gegner?«

»Drei Mann stehen bereit.«

»Bringts mir meine Schuhe.«

»Du bist völlig verrückt«, sagte der Rainer. Ich konnte ihm nur beipflichten, besonders als ich merkte, daß der Zeh so angeschwollen war, daß er gar nicht ins Schuhwerk paßte.

»Ein scharfes Messer! Schneiden wir die Kuppe weg, so daß der Zeh nicht gedrückt wird. Dann geht's vielleicht.«

Und es ging tatsächlich. Den ersten Satz gegen den schwächsten der drei Gegner habe ich haushoch verloren. 6:2 glaube ich. Das war eine Humpelei – als Laufen konnte man das wirklich nicht bezeichnen.

Beim zweiten Gegner war mir schon besser. Plötzlich konnte ich mich bewegen, die Schmerzen waren weg. Satz und Sieg an mich. Dann kam der Dritte. Der Ortschampion. Den habe ich regelrecht vom Platz gefegt. Applaus und Scheck.

Dann erst sah ich mir den Fuß an. Rot war er und geschwollen. Im Lokal hinterher kamen die Schmerzen mit voller Wucht. Ich dachte, ich werde wahnsinnig – schluckte vor Verzweiflung den ganzen Rest Tabletten, bekam fürchterliche Magenschmerzen, einen fast mexikanisch zu nennenden Durchfall und erlebte die Rückfahrt wie in Trance.

Um die Sache rund zu machen: Die Presse hatte Wind bekommen von dem Abenteuer, und irgendein Käseblatt brachte die Geschichte in großer Aufmachung. Klar, daß ich dann noch Ärger hatte mit dem Trainer. Zwei Tage blieb ich daheim, dann war ich wieder am Säbener. Unser Hausmeister, der Schmid Sepp, schnitt mir die Schuhe zurecht, so daß der große Zeh rausschaute. Die nächsten Spiele überstand ich mit Verband, und damit die Gegner nichts merkten, wickelte ich schwarzes Klebeband um die

Binde. War unangenehm, so zu spielen, aber nicht unmöglich.

Ich habe einen besonderen Instinkt entwickelt. Egal, wo ich verletzt war, Finger, Schulter, Bein, immer habe ich mich so geworfen, daß ich die schmerzende Stelle nie unnötig belastete.

Schlimm war immer nur der Verbandswechsel. Dr. Tasnady kannte keine Gnade, wenn er der Schwester befahl, die Binde runterzureißen. Meine Jammerei amüsierte ihn nur.

»So, du bist zu feige mit deinem Wehwehchen. Aber Tennis spielen und fette Honorare einstecken, das kannst du damit. Schwester, runter mit dem Ding.« Brüllend überstand ich die Prozedur. Und wenn er sich dann die Zehe ansah, eine Penicillin-Infusion befahl und dabei bemerkte: »Vielleicht müssen wir doch noch amputieren«, dann hätte ich ihn für seine tröstenden Worte streicheln mögen.

Aber er hat mich wieder prima hingekriegt.

Wir hatten immer Glück mit unseren Medizinmännern, Spannbauer, Tasnady oder jetzt Müller-Wohlfahrt. Ärzte sind manchmal wichtiger als der Trainer. Lizenzspieler sind das Kapital eines jeden Vereins. Deshalb muß ein Verletzter schnell wieder gesund werden, damit der Trainer die bestmögliche Besetzung aufbieten kann. Das birgt natürlich eine Gefahr in sich. Wenn die Ärzte dem Druck des Vereins zu sehr nachgeben, zu viele Spritzenkuren verordnen, dann kann das Kapital zwar wieder arbeiten, aber ebenso leicht viel zu früh als Abschreibung verbucht werden.

Fußballinvaliden

Neunmalkluge Außenseiter verkünden mitunter fröhlich, Leistungssport bekomme dem Körper blendend. Schmarrn! Die sollten sich mal unter aktiven oder ehemaligen Spielern umschauen. Profi-Fußball ist eine ausgesprochen gesundheitsschädliche Angelegenheit.

Aber das sieht wieder keiner. Die Gschaftlhuber in Presse und Verbänden mokieren sich über unsere Gehälter und Prämien, vergessen aber nur allzu gerne, daß diese Einnahmequellen erstens alles andere sind als unerschöpflich – und zweitens, daß wir nach Beendigung unserer aktiven Laufbahn häufig in einer Verfassung sind, die der Volksmund derb, aber zutreffend als halb verkrüppelt bezeichnen würde.

Alle erinnern sich an Fritz Walter, den strahlenden Weltmeister von 1954. Nur: wer denkt auch mal ein bißchen an den Menschen Fritz Walter, dem mit fünfzig Jahren ein künstliches Hüftgelenk eingepflanzt werden mußte?

Die Liste der Berufsspieler, die ihre Karriere wegen einer schweren Verletzung abbrechen mußten, ist mit großen Namen gespickt: Wolfgang Sühnholz, Uli Hoeneß, zuletzt Heinz Flohe.

Und der tragischste Fall: Klaus Stürmer, brillanter Mittelfeldspieler und Partner Uwe Seelers beim HSV und in der Nationalmannschaft. Ihm prallte ein extrem harter Ball unter die Gürtellinie und quetschte die Hoden. Er beachtete die Wunde nicht weiter, hielt sie für auskuriert, wurde Trainer in Zürich. Nach Jahren setzten die Spätfolgen der nicht rechtzeitig behandelten Verletzung ein. Trotz aufwendiger Rettungsversuche war alles zu spät. Unter entsetzlichen Qualen ist Klaus Stürmer gestorben.

Wir Berufsspieler machen uns keine Illusionen. Wir leben vom Einsatz unserer Körper, und wir kennen das Risiko, das wir mit dieser Arbeit auf uns nehmen. Deshalb sind wir als Profis geradezu verpflichtet, uns darum zu kümmern, daß unser Körper, unser Handwerkszeug, ständig intakt bleibt. Zwangsläufig entwickeln wir ein Höchstmaß an Schmerzunempfindlichkeit. Auch wenn wir sämtliche Engel im Himmel singen hören, müssen wir es aushalten, müssen wir zähneknirschend wieder aufstehen, müssen alles daransetzen, weiterzuspielen. Eigene Erlebnisse habe ich ja schon berichtet, und die sind keine Einzelerscheinungen. Bei einem Europapokalspiel in Amsterdam hat Gerd Müller es fertiggebracht, länger als eine Halbzeit mit gebrochenem Wadenbein zu spielen. Und seine Bandscheibe war so kaputt, daß ihm manchmal die Tränen in den Augen standen, wenn er seine Platzrunden drehte. Auch Franz Beckenbauer war gegen Verletzungen keineswegs gefeit. Einmal war seine Zehe so stark angegriffen, daß sie um ein Haar hätte amputiert werden müssen. Dann wäre der Thron des Kaisers schon wesentlich früher verwaist gewesen.

Was es bedeutet, mit dem Hochleistungssport aufzuhören, erfahre ich jetzt am eigenen Leibe. Alles ist ramponiert, die Bandscheibe, der Rücken, die Leisten, bei mir vor allem die Knie – kein Wunder, wenn man bedenkt, daß ich mich im Laufe meiner Karriere sicher öfter als eine halbe Million Mal auf den Boden, manchmal auf sehr harten Boden, geschmissen habe. Schleimbeutelentzündungen sind sowieso gang und gäbe.

Ganz zu schweigen von den Beklemmungen, den Angstzuständen, die sich bei jedem von uns einstellen, wenn wir aufhören, hervorgerufen von dem überbeanspruchten, ausgeweiteten Sportlerherz. Also müssen wir weiter intensiv Sport treiben, sonst drehen wir durch. Mein Glück dabei ist, daß Tennis mir auch Spaß bereitet, so werde ich mit den Schwierigkeiten des Sportlerherzens einigermaßen fertig.

Auf sportmedizinischem Gebiet ist noch ein weiter Weg zurückzulegen, da müssen auch Vereine, DFB und Mediziner kräftig umdenken. Die medizinischen Betreuer der meisten Clubs sind Chirurgen oder Orthopäden – »Knochenschuster« und »Meniskusschneider«, wie wir sie nennen. Aber Knochenbrüche sind nun mal nicht die gängigsten Verletzungen in unserem Beruf, sondern Muskelzerrungen und Faserrisse.

Wenn die Sportmedizin ihre therapeutischen und vorbeugenden Methoden in den fußballtypischen Gefahrenzonen weiterentwickelt, dann, ja, dann könnte das Fußballgewerbe zu einem weniger riskanten Unternehmen werden.

Gaudi gehört dazu

Natürlich beruhte Sepp Maiers Erfolg auf seiner überragenden Leistung im Tor, aber seine Beliebtheit verdankte er nicht zuletzt seinen Talenten als Spaßmacher, als Entertainer, als »Strafraum-Chaplin«. Seine einfallsreichen Auftritte waren belebende Farbtupfer in einer stocknüchternen, leistungsbezogenen Fußballwelt.

das
12

Valentiniaden

Lustige Einlagen trugen Sepp Maier immer wieder den Vergleich mit seinem bayrischen Landsmann Karl Valentin ein. Prompt schlüpfte er für Fernsehauftritte gelegentlich in die Haut des Meisters, Szenen, die seiner Popularität weiteren Auftrieb gaben. So wurde er zum »Fußballer des Jahres«, zum »Supersportler«, zum »Mann des Jahres« und zum »populärsten Sportler Deutschlands« gewählt.

Servus Sepp

Die letzten zwanzig Minuten eines Fußballebens, vielleicht die bewegendsten Augenblicke einer beispiellosen Karriere: Abschiedsspiel für Sepp Maier am 3. Juni 1980 im Münchner Olympiastadion. Alles, was im Fußball gut und teuer ist, hat sich eingefunden, das Stadion ist ausverkauft. 80 000 Fans jubeln ihrem Idol zum letztenmal zu: »Seeepppeee! Seeepppeee!« Da ist der Gefeierte nur noch eine einzige vibrierende Gänsehaut, vergißt sogar den Ärger mit Trainer und Vereinsführung. Dann übergibt er seinen Stammplatz an seinen Nachfolger Walter Junghans (rechte Seite), der nun doch kein »Althans« wird.

Die Angst des Schützen beim Elfmeter

Eigentlich hatte Helmut Schön nach der erfolgreichen Weltmeisterschaft 1974 aufhören wollen, aber auf Bitten des DFB und nicht zuletzt Franz Beckenbauers ließ er sich breitschlagen, noch die vier Jahre bis zur WM in Argentinien anzuhängen. Seine nächste große internationale Aufgabe war die Verteidigung des Europameistertitels in Jugoslawien.

Aber nach 74 war, wie schon gesagt, die Luft raus aus unserem sieggewohnten Team. Mit Routine schafften wir die Qualifikation für die Endrunde. Zum Glück bekamen wir in der Finalgruppe als ersten Gegner die Jugoslawen serviert. Mein Gott, haben die stark gespielt, mir in der ersten Halbzeit zwei Dinger in den Kasten gehauen. Das war ein derart wütender Sturmlauf ... hätten die so weitergemacht, wären wir 4:0 oder 5:0 baden gegangen. Aber sie hatten sich zu sehr verausgabt, ihr Spielfluß war plötzlich wie abgerissen; wir kamen auf 2:2 heran und waren damit in der Verlängerung. Jetzt waren die Jugos stehend k. o. Ich glaube, ich hatte nur noch einen Kopfball zu parieren. Wir machten das Spiel und schlugen sie 4:2.

Ulis Fehltritt

Im Endspiel standen wir gegen die Tschechen, die vor Beginn des Turniers keiner so recht ernst genommen hatte. Unbewußt unterschätzten wir sie trotz der guten

Spiele, die sie inzwischen geliefert hatten, unbewußt sahen wir uns wieder in Glanz und Würden des neuen Europameisters. Ein Traum, aus dem wir erst nach dem 0:2-Rückstand erwachten. Wieder mußten wir den Toren nachlaufen. Wieder gelang uns der Ausgleich buchstäblich in letzter Sekunde. 2:2. Verlängerung. Beide Teams taktierten mit größter Vorsicht; es fielen keine Tore mehr.

Elfmeterschießen.

Das war ein Schock für uns. Nicht im Traum hatten wir daran gedacht, auf diese Weise eine Europameisterschaft entscheiden zu müssen. Nicht einmal trainiert hatten wir für die Strafstöße. Das ist auch eine saublöde Einrichtung.

Durch Elfmeterschießen Europameister werden. Dann doch lieber ein zweites Spiel.

Na, ja. Nichts zu machen. Wir hatten nicht einmal die Schützen parat. Ich wollte mich freiwillig melden, der Franz ließ mich nicht.

Der Ausgang der Tragödie ist ja bekannt. Uli Hoeneß schoß das Ding in die Wolken. Das bereitet ihm noch heute schlechte Träume. Aber er hat sich immer vorgedrängelt bei so etwas, wollte immer schießen. Wie damals gegen die Polen bei der WM 74, wo er auch nicht verwandeln konnte. Wahrscheinlich hat er sich gesagt: »Den entscheidenden Elfer, den verschieß ich selber. Da laß ich keinen anderen ran.«

Deutschland, Vizeeuropameister ... Der Putz fing an zu bröckeln. Das Beispiel von Uli Hoeneß in Belgrad hat es deutlich bewiesen: Der Spruch von der Angst des Torwarts beim Elfmeter, nach dem der Handke Peter dann auch noch Buch benannte, ist reiner Unsinn. Ist der Strafstoß erst gepfiffen, machen die Fans die Trompeten und Transparente schon startklar.

Elfmeter gleich Tor. Kein Mensch erwartet vom Torwart, daß er aus der kurzen Distanz seinen Kasten – 7,32

Meter breit, 2,44 Meter hoch – sauber hält. Vom Schützen dagegen wird der Treffer als Selbstverständlichkeit verlangt.

Nun stelle man sich die nervliche Belastung vor, mit der ein Spieler fertigwerden muß. Sicher, so ein Tor erscheint riesig groß. Kein Mensch behindert ihn beim Schuß, sein Gegner auf der Linie darf sich erst bewegen, wenn der Ball getreten ist. Der Schütze läuft an. Aber in den Sekundenbruchteilen zwischen Anlauf und Schuß wird das eben noch so große Ziel winzig klein, der Torhüter dagegen zu einem wahren Berg.

Ich kenne das, ich war selbst mal Stürmer.

Hinzu kommen die kleinen Ablenkungsmanöver, die Kommentare der verurteilten Mannschaft, die den Treffer unbedingt verhindern will.

Am besten ist es in diesen Momenten, der Schütze verschließt die Ohren, konzentriert sich auf die gewohnte Ecke und schießt so schnell wie möglich. Wenn sein Unterbewußtsein erst mal auf die Verdächtigungen der Umstehenden und des Publikums reagiert, die seine männliche Potenz, seine Schußkraft, die Tugenden seiner Ehefrau und ähnliches angehen, dann ist er in den meisten Fällen unweigerlich verloren.

Die Angst des Schützen beim Elfmeter, das wäre einen neuen Roman wert. Denn jeder vernünftige Mensch weiß, daß der Torwart ohnehin keine Chance hat. Es gibt Kollegen – Rudi Kargus beispielsweise –, die genau Buch führen über jeden Bundesligaspieler. Der Rudi weiß, in welche Ecke der jeweilige Schütze normalerweise schießt, und richtet sich danach.

Dann gibt es die Mätzchen – man stellt sich nicht genau in die Mitte des Torraums, konzentriert sich auf die längere Ecke, man achtet auf das Standbein, denn mit dem wird der Schütze abziehen – aber das alles sind höchstens

Hilfen, niemals sichere Rezepte. Wie bei Neeskens damals im WM-Finale – ich kannte seine Ecke. Da haute er in der Nervosität in den Dreck, und peng – der Ball landete ganz woanders.

Manchmal ist der Spieler müde, unkonzentriert – er trifft den Ball nicht richtig – peng ... wieder ein Erfahrungswert beim Teufel. Ein Elfer läßt sich einfach nicht berechnen, da hilft auch die größte Routine wenig. Die einzige Möglichkeit ist, daß man sich zu früh bewegt und den Schützen dadurch außer Kontrolle bringt. Ich finde das übrigens ein völlig gerechtfertigtes Mittel. Dadurch wird das ungleiche Duell etwas spannender für alle drei, für den Torhüter, den Schützen und das Publikum. Jedenfalls, in einem Entscheidungsspiel einen Elfer zu treten und sicher zu verwandeln, das braucht Typen, die selten über Schlaflosigkeit klagen. Dünnhäutige Spieler sollten die Füße davon lassen.

Es gibt ganz wenige Fälle, in denen Franz Beckenbauer einen Elfer getreten hat. Das war am Anfang seiner Karriere, als die Nerven noch in bester Ordnung waren. Später hatte er zu sehr unter Kritikern und Neidern zu leiden. Verrückte Welt. Der Kaiser von München und der Nationalmannschaft war häufig heftigen, unverständlichen Anfeindungen ausgesetzt, die ihm das Leben nicht selten vermiesten.

In der Cramer-Zeit ging das Kesseltreiben gegen den Franz richtig los. Hätten sie ihn nicht außer Landes geschrieben, er wäre nie und nimmer in die USA gegangen. Alle wußten von seinem Privatleben, aber wen zum Teufel ging das etwas an? Franz gehörte der Öffentlichkeit auf dem Spielfeld, und da hat er sensationell gut gearbeitet. Warum mußten sie ihre neugierigen Nasen in sein Privatleben stecken und halbwahre oder erfundene Geschichten in ihren Blättern breitschmieren? Als er uns dann in Argentinien fehlte, war der Katzenjammer groß. Aber auch der ließ sich gut verkaufen.

Umsatz, Umsatz, täterä ...

Zwei Abschiede: Beckenbauer und Cramer

Nach der Europameisterschaft in Belgrad überschlugen sich die Gerüchte: Franz verhandelt mit Monaco, Franz verhandelt mit Cosmos ... Von uns wollte es keiner glauben, Cramer und auch Schön hatten keine Ahnung, wie die Dinge sich entwickelten. Franz lächelte zu allen Fragen, und der treue Schwan verschwand hinter den Schwaden seiner Pfeife.

Dann war es passiert. Sozusagen über Nacht schwirrte er ab ins Land der unbegrenzten Unmöglichkeiten. Und da man sich vor der Öffentlichkeit keine Blöße geben wollte, wurde „der Schwan" als Alleinschuldiger auf dem Altar des Volkszorns geschlachtet. Dem emsigen Agenten des abgedankten Kaisers machte das weiter nichts aus, denn er schaufelte seine Kohlen nun ebenfalls in den USA.

Dettmar Cramer setzte sich dafür ein, daß der Managerstuhl nicht neu besetzt wurde. Er machte einfach alles selbst. Von acht Uhr morgens bis um Mitternacht war er am Säbener anzutreffen. Er kümmerte sich um jede Kleinigkeit, suchte die Trikots aus, schraubte die Stollen auf, suchte bei Auswärtsspielen die Hotels aus. Wenn ein Spieler verletzt war, ging er mit ihm zum Arzt, sagte dem Doktor, wie der Geschundene zu behandeln sei.

Logisch, daß er sich mit seinem Einsatz überall Feinde machte.

Die Leute bekamen Angst um ihre Pöstchen, die Routine geriet in Gefahr, durch Initiative abgelöst zu werden. Und wer hebt schon gerne den Hintern aus dem warmen, bequemen Nest?

Besonders erbitterte Gegner schuf der Detti sich bei den „Kibitzen", einer eigentlich nur komischen, leider aber auch bedeutsamen Einrichtung beim FC Bayern. Die Kibitze sind nämlich unsere „treuesten" Fans, gealterte Mitglieder zwischen fünfzig und achtzig, unermüdliche Zaungäste bei jedem Training, bei Regen wie bei strahlendem Sonnenschein. Sie selber halten sich für hundertprozentige Fußballexperten, schließlich stehen sie schon lange genug am Zaun.

Ihre Sternstunde schlägt, wenn die Mannschaft in einer Krise steckt, möglichst weit unten auf der Tabelle rangiert. Dann geilen sie sich auf – auch darin echte Kibitze –, dann erscheinen sie zu Hunderten, dann können sie endlich beweisen, daß sie viel mehr vom Geschäft verstehen als Trainer und Spieler, diese Grünschnäbel, die noch nicht einmal die silberne Vereinsnadel besitzen.

Gnade in ihren Augen findet nur ein Trainingsprogramm, das jedem Kasernenhof zur Ehre gereichen würde. Folgerichtig waren sie bei Dettmar Cramer frustriert wie die Trüffelschweine, denn der war kein Spieß, sondern ein Lehrer.

Sein schwerstes Vergehen: sein Training bestand zu einem beträchtlichen Teil aus Spielerbesprechungen, und die fanden im Saale statt, entzogen sich also ihrer Beobachtung. Was der Cramer da wohl an dunklen Machenschaften planen mochte?

Auf ihn mit Gebrüll!

Von Tag zu Tag mehrten sich die Anrufe beim Präsidenten, die bitteren Beschwerden, die Forderungen nach dem Kopf des kleinen Professors.

Das blieb nicht ohne Wirkung.

Hinzu kamen bald die Unkenrufe der allmächtigen Boulevardzeitungen, die über Sein oder Nichtsein von Trainern und Spielern der Münchner Vereine das letzte Wort haben.

Die Treibjagd war eröffnet, und von uns erwartete man auch noch, beim Fangschuß mitzuwirken.

Mitternachtssitzung im Clubhaus an der Säbener Straße. Fünf Spieler waren zum Verhör geladen: Gerd Müller, Katsche Schwarzenbeck, Uli Hoeneß, Jupp Kapellmann und ich.

Einzeln wurden wir in den großen Versammlungsraum gerufen, die Vorhänge waren zugezogen, vor den Vitrinen mit Pokalen und Wimpeln saß die Vereinsspitze, ergänzt durch den Beirat, also die prominenten Förderer des Clubs in Politik und Wirtschaft.

Zwischen den U-förmig angeordneten Tischen stand ein einsamer Stuhl. Die Herren stärkten sich mit Leberkäs und Fruchtsäften, während sie ihre Fragen stellten.

„Setzen Sie sich, Herr Maier. Wie war das ... Wir haben gehört ... Trifft es zu ... Glauben Sie ..."

Wie in einer Gerichtsverhandlung.

Kurz gesagt: alle fünf Spieler stellten sich vollauf hinter den Trainer.

Gerade daraus drehten sie ihm einen Strick: Wenn die Spieler sich für einen Trainer, der sie eigentlich nur antreiben sollte, stark machen, dann muß an dem Kerl etwas faul sein.

Nach unseren Aussagen wurde der Detti selbst reingerufen. Kreuzverhör.

Das Ergebnis der Verhandlung stand eh von vornherein fest. Cramer wurde abgesägt, ging zu Eintracht Frankfurt, und in einem genialen Bäumchen-wechsel-dich-Spiel bekamen wir dafür den in Frankfurt gescheiterten Gyula Lorant.

Wir Spieler waren stocksauer. Mit dem Detti hatten wir gut arbeiten können, unsere schlechte Verfassung war gewiß nicht seine Schuld. Aber uns, die eine solche Entscheidung auszubaden haben, fragt ja keiner. In solchen Augenblicken hast du manchmal Lust, den ganzen Krempel hinzuschmeißen, so ohnmächtig kommst du dir vor.

Hochzufrieden waren die Kibitze. Jetzt gab's wieder etwas zu sehen, Lorant war ganz nach ihrem Geschmack: Willst du nicht laufen, tret ich dich in Hintern. Hast du Schwellung am Knöchel, schmier Zahnpasta drauf. Willst du nicht spielen mit gebrochenem Zeh, bist du Schlappschwanz.

Vor unserem ersten Punktspiel unter Lorant – gegen Kaiserslautern – ließ er uns nur ein paar Runden um den Platz drehen.

„Seh schon, ihr habt Kondition. Alle reinkommen. Ab morgen spielen wir Raumdeckung."

Mit einigen Salzstreuern hat er uns dann erklärt, wie er sich die Umstellung auf das neue System vorstellte. Das wird was geben, dachte ich mir. Selbst dem Blauäugigsten mußte klar sein, daß man eine eingespielte Mannschaft nicht von heute auf morgen umkrempeln kann. Von der Manndeckung zur Raumdeckung überzugehen, das braucht, wenn man scharf trainiert, gut und gerne ein paar Wochen.

Verrückterweise haben wir das Spiel gegen die Lauterer prompt gewonnen.

Buenas noches, Argentina

Die Fußballandschaft wurde eintöniger, belebende Farbtupfer waren immer seltener anzutreffen. Beckenbauer, Netzer, Breitner als Fremdenlegionäre im Ausland, Uwe Seeler seit langem, Wolfgang Overath gerade in Pension, Gerd Müller in der Nationalmannschaft im Abseits.

Aber auch im Ausland fehlten die großen Gegner, an denen jüngere Spieler sich hochranken könnten. Weit und breit war kein neuer Pelé, kein Stanley Matthews, Bobby Charlton oder Oleg Jaschin in Sicht.

Ich habe wirklich keine Lust, ein sentimentaler alter Narr zu werden, der sich sehnsüchtig an die gute alte Fußballzeit erinnert, aber eine krasse Verschiebung ist unverkennbar.

Nie zuvor wurde so schnell und so kämpferisch Fußball gespielt, aber die großen, unverkennbaren Spielerpersönlichkeiten haben abgedankt, werden nicht ersetzt. Seeler in Hamburg, Netzer in Mönchengladbach, Overath in Köln, die Achse Beckenbauer-Müller-Maier in München – das waren Angelpunkte, um die sich ganze Spiele drehten. Mit ihren Ideen gestalteten sie den Ablauf einer Begegnung – obwohl sie ohne „Wasserträger" natürlich auch nicht hätten glänzen können.

Für das Publikum war es ein Hochgenuß, solche Spiele mit individuellen Auftritten und technischer Brillanz zu erleben. Die Zuschauer kamen ins Stadion, wie andere in die Oper rennen, um ein hochkarätiges Ensemble zu hören. Aber was ist so ein Ensemble ohne die Arien der alles beherrschenden Solisten?

Die Sternstunde der Kraftbolzer

Das Spielkonzept hatte sich gewandelt, der Leistungsdruck war an die Macht gekommen. Schon die Jugendlichen, aber erst recht die Profis wurden einseitig auf Kraft und Kondition getrimmt. Schluß mit dem Dribbeln, hier wird gebolzt! Die Zukunft gehört den Athleten, den ehemaligen Zehnkämpfern, den Sport-Robotern. Individualisten, unberechenbare Virtuosen sind nicht mehr gefragt. Die Kraftmeierei feiert fröhliche Urständ.

Persönlichkeiten können sich nur im Rahmen einer Mannschaft entwickeln, in der einige herausragende Spieler Maßstäbe setzen. Heute soll jeder jede Position einnehmen können, jeder hat Kondition, jeder kann lange Pässe von zwanzig bis dreißig Metern spielen. Mit der Ablösung der Spezialisten zugunsten der „Allroundspieler" hat die Hausmannskost weltweiten Einzug in den Stadien gehalten.

Die erste Probe aufs Exempel bestand der neue Trend 1978 in Argentinien, der langweiligsten aller Weltmeisterschaften. Was in den Vereinen vorprogrammiert worden war, erlebte dort seine Premiere auf der internationalen Bühne.

Hätten wir mit Franz und Gerd, mit Grabowski und Stielike besser ausgesehen? Uns bleibt der Trost, daß wir dauernd „hätte – hätte" sagen können. Im Nachhinein können wir uns noch ein gewisses Format in die Tasche lügen, den Funktionären die Schuld an unserem Versagen zuschieben. Warum bleiben wir nicht ehrlich und sagen es geradeheraus: Argentinien war die Stunde der Wahrheit unserer Selbstgefälligkeit.

Man kann kein Haus vom Dachstuhl her errichten, und wenn man der staunenden Nachwelt ein baufälliges Gebäude erhalten will, dann gilt es als erstes, die morschen Stützbalken herauszureißen, sie durch neue und beständige zu ersetzen. Aber dazu braucht es einen guten Baumeister, der den rechten Blick hat für gutes Material.

Spieler für eine neue, gute Nationalelf gab es genug in der Bundesliga. Nur machten die Vereine schlimme Krisen durch. Schlechtes Management, die falschen Klub-Trainer konnten den Idealismus in der Truppe nicht zu neuem Leben erwecken. Geschäftssinn allein reicht nicht für eine in sich fest gefügte Nationalelf.

Der HSV hatte einen Manager, über den die ganze Liga lachte, von Schalke brauche ich nicht zu reden, bei uns war der menschlichste aller Trainer gegangen worden, hatte einem wilden Steppenreiter Platz machen müssen, der nun mit Salzstreuern die Spiele analysierte, mit Zahnpasta verstauchte Gelenke heilte, die Mannschaft gegeneinander austrickste und dem Präsidium gegenüber den unschuldsvollen Mißverstandenen spielte.

Im Februar 1977 hatte der Franz das letzte Mal in der Nationalmannschaft gespielt. Dann ging es mit allen Kräften an die Vorbereitung für die WM. Im Gegensatz zu den früheren Welt- und Europameisterschaften wußte diesmal kein Mensch – selbst wenn er zum Aufgebot gehörte –, ob er spielen würde. Schön mußte ohne einen festen Stamm von einem oder zwei Vereinen auskommen, damit auf seine Methode verzichten, die für uns alle so erfolgreich gewesen war. Spieler aus einer ganzen Reihe von Klubs wurden zusammengekehrt. Natürlich kannten wir uns alle aus der Liga, aber wir waren eben kein Team.

In Belgrad hatte der junge Dieter Müller seinen kometengleichen Aufstieg erlebt, ein Strohfeuer, das rasch in sich zusammengebrochen war. Wer konnte den vakanten Platz des Mittelstürmers einnehmen? Natürlich nur der Schalker Klaus Fischer. Aber der stand auf der schwarzen

Liste des DFB, seit er eine dumme Rolle im Bundesligaskandal gespielt hatte. Sein Glück, daß er so dringend gebraucht wurde. Man begnadigte ihn, und Fischer erfüllte in seinen ersten Spielen im DFB-Dreß voll und ganz die Erwartungen, die man in ihn gesetzt hatte.

Aber wer sollte neben Fischer stürmen? Abramczik, der unzuverlässigste aller Flankengötter? Oder Rummenigge, damals noch der Mann mit der ewigen Ladehemmung? Und was war mit dem Mittelfeld? Beer, Hansi Müller, Flohe – oder doch noch Grabowski? Fragen über Fragen, um die niemand den Helmut Schön beneidete. Der zuverlässigste Mannschaftsteil wäre eigentlich die Abwehrreihe gewesen, aber Cosmos gab Franz Beckenbauer für die WM nicht frei.

Eigentlich war die Vorbereitungsreise durch Südamerika nach Wunsch verlaufen, aber dann, als es ernst wurde, hatten wir doch alle ein komisches Gefühl. Diese Unsicherheit... Früher wußten so um die sieben oder acht Leute, daß sie auf jeden Fall spielen würden. Das hebt das Selbstbewußtsein, das bringt Ruhe in die Mannschaft. In Argentinien war das anders. Abramczik – Rummenigge, Beer – Hölzenbein, Kaltz – Zewe und... und... und. Drei Tage vor dem Eröffnungsspiel gegen Polen wußten die wenigsten mit Sicherheit, ob sie aufgestellt waren. Das Konzept war da, auch gute Spieler, aber eben keine Mannschaft.

Unser Quartier in Ascochinga – 60 Kilometer von unserem Spielort Córdoba entfernt – trug auch einiges zur Unzufriedenheit bei. Wir waren zwar fabelhaft untergebracht, aber diese Einöde. In Buenos Aires vor unseren Spielen gegen Italien und Polen war es nicht besser. Dort waren wir zwar in der Großstadt, konnten uns aber nicht mal im Hotel frei bewegen. Überall die Aufpasser. Mich macht so was fertig. Ich brauche Luft, meinen freien Raum.

Den Schweden ist diese Enge auch auf den Nerv gegangen, und man weiß, die sind regelrecht ausgebrochen, sind ihren Bewachern entwischt und haben gelebt wie die Weltmeister. Nur waren ihre Spiele nicht danach. Aber wenn man die enge gespannte Atmosphäre gekostet hat, kann man diese übertriebene Reaktion wohl verstehen.

Schöns Defensiv-Taktik im Eröffnungsspiel ist allgemein verurteilt worden. Sicher, für die Zuschauer ist es keine Freude, wenn beide Mannschaften auf ein Unentschieden aus sind. Aber was willst machen? In Schönheit sterben oder dich bei kalkulierbarem Risiko durch die Tabelle rechnen? Wir haben gerechnet und hören noch heute die Flüche unserer Fans. Es war ja so leicht in Argentinien. Du hast gewußt, bei einem 0:0 können die anderen in der Gruppe ruhig gewinnen. Mit einem 1:1 im nächsten Spiel ist das wieder aufzufangen. Natürlich ist das kaltblütiger Mord am Fußball, aber man will ja weiterkommen, nichts riskieren. Und hinterher ist man ohnehin immer klüger.

0:0 gegen Polen, wir hatten zwar den einen Punkt, uns aber selbst vor den Augen der fernsehenden Welt dabei entzaubert. Mexiko schien den Umschwung gebracht zu haben, aber dann kam Tunesien. Gegen die favorisierten Italiener sahen wir wieder ganz gut aus, aber dann kam Holland ... Mit dem Franz als Libero hätten wir diese blöden Tore nie kassiert. Muß ich über die Tragödie des Österreichspiels sprechen? Ich komme wohl nicht drum herum.

Die meisten aus dem Team kannten wir persönlich, viele spielten in der Bundesliga. Die Österreicher hatten einen tollen Start erwischt, dann aber von den Holländern mit 1:5 Toren fürchterliche Prügel bezogen. Vor dem Spiel trafen wir uns bei der Platzbesichtigung. »Wir haben gar keine Lust mehr«, klagten sie so scheinheilig wie möglich. »Macht's gnädig mit uns.«

Wir haben es geglaubt, uns einseifen lassen, leichtsinnig und unkonzentriert unsere Endspielchance vertan.

3:2, nach 47 Jahren der erste Sieg Österreichs über die deutsche Nationalmannschaft, und dann ausgerechnet in einem so wichtigen Spiel.

Die Tore haben mich fürchterlich geärgert. Als wir wieder in der Kabine waren nach der Pleite, hätte ich am liebsten alles zusammengehauen. Meine Spindtür knallte wie ein Kanonenschuß, als ich sie zuwarf. Dann habe ich meine ganzen Klamotten, auch die Trainingsanzüge, den Angestellten und Putzfrauen geschenkt – und mich gewundert, daß sie die Sachen tatsächlich annahmen. Mit einem Riesenkoffer war ich nach Argentinien gekommen, den Deckel hatte ich kaum zugekriegt. Jetzt war er leer bis auf die Zahnbürste und ein paar Ansichtskarten.

Nur eine einzige Freude habe ich mir geleistet, einen Oldtimer, der jetzt in meinem Tennispark steht. Den habe ich einem deutschstämmigen Polen abgeschwatzt. Ein Hubmobil, ein Achtzylinder-Cabrio, in Chicago gebaut. Ein herrlicher Wagen. Im Sommer mache ich damit die Landschaft unsicher. Meine einzige schöne Erinnerung an *Argentina '78.*

Komisch. Das war meine letzte Weltmeisterschaft. Trotzdem habe ich sie aus den Gedanken so gut wie verdrängt. Das ist wohl so eine Art Selbstschutz, und diese Fähigkeit ist wichtig für einen Profi. Wenn man sich zu lange beim Wenn und Aber aufhält, wird man unsicher. Und dann sind schon die Wölfe da. Wehe, wenn sie einen angeschlagenen Artgenossen wittern ...

Unsere Rückreise war nicht gerade eine Jubeltour. Nur tröstlich, daß in unserem Kulturkreis die faulen Eier nicht so häufig anzutreffen sind. Vor Tomaten hatten wir schon weniger Angst. Aber dann überraschte uns die Reaktion der Leute in Frankfurt doch sehr. »Nehmt's nicht so tragisch. Das nächste Mal wird es besser.«

So was zeugt doch von einigem Format. Und auch die Unkenrufe der Reporter – wartet nur, in der Bundesliga spielt ihr vor leeren Rängen – erwiesen sich als falsch. Die Enttäuschung war zwar groß, aber man hat sie auch rasch vergessen. Die Stadien sind überall voll, die Leute kommen genauso gern zum Fußball wie früher. Die Deutschen sind doch sehr tolerant; sie wissen, es kommen auch wieder bessere Zeiten.

Revolution in München

Im Jahre 1977 hatten die freundlichen Sportjournalisten mich nach 1975 zum zweitenmal zum Fußballer des Jahres gewählt, obwohl unsere Leistungen im Verein doch sehr zu wünschen übrig ließen. Die Löwen waren in die Bundesliga wieder aufgestiegen, gewannen ausgerechnet gegen uns ihr erstes Saisonspiel. Gegen Hertha hatten wir zu Hause verloren, gegen den MSV Duisburg ein 6:3, gegen die Frankfurter Eintracht ein 4:0 kassiert. Cramer war daraufhin von Lorant abgelöst worden.

Man kann gegen Lorant sagen, was man will – der frische Wind, den er in seiner Anfangszeit in unseren Club brachte, trug uns in der Tabelle doch ganz schön weit nach vorn. Aber der Aufwind war nur von kurzer Dauer. Nach der Pokalniederlage – 4:5 gegen den zweitklassigen VfL Osnabrück auf eigenem Platz – begann der Lorant, sich mit dem Paul anzulegen, den Neudecker von der Braunschweiger Eintracht nach München zurückgeholt hatte. Zu dieser Zeit trug der Gerd die Kapitänsbinde, verpaßte es aber, sich in dieser Eigenschaft für die Mannschaft gegen Trainer und Präsidium stark zu machen.
Unsere Rückendeckung hätte er gehabt, aber der Gerd war schon immer so, daß er Schwierigkeiten lieber mit einem Kompromiß umging. Als Kapitän genießt man Autorität nur dann, wenn man selber gut spielt. Aber die Leistungen des Bombers hatten in letzter Zeit stark nachgelassen. Wir wußten es, Lorant wußte es, der Gerd wußte es, aber nie kam ein Wort der Kritik vom Trainer. Wenn einer zu sich selber ehrlich ist, bringt er das aus

eigener Kraft in Ordnung, dem Gerd war das unmöglich. Er spielte seinen Stiefel weiter, war aber nie in der Lage, durch sein Beispiel die Mannschaft nach vorn zu peitschen. Da ist der Paul heute ein ganz anderer Kerl. Der rennt und kämpft wie ein Wahnsinniger um jeden Ball – er ist ein echtes Vorbild.

Der Lorant hatte natürlich auch seine guten Seiten. Früher habe ich selber darüber gelästert, aber sein Tick mit der Raumdeckung war wirklich die beste Methode für unser neues Spiel. Nur hat er sein eigenes System nie erklären können. »Tafel? Brauch ich nicht. Bin ich kein Theoretiker, bin ich praktischer Mensch. Hört mal zu . . .«

Zweieinhalb Stunden hat er dann geredet, am Schluß waren wir so schlau wie vorher. Trotzdem, wenn du ständig dasselbe hörst, nach vier, fünf Wochen merkst du, daß irgend etwas davon hängen bleibt. Unser Spiel wurde tatsächlich besser, obwohl wir mehr aus dem Unterbewußtsein reagierten. Daß die Raumdeckung in unserem Club aber Einzug halten konnte und diese Technik sich bis zum heutigen Tag mehr und mehr verfeinert hat, ist alleine Lorants Verdienst.

Sein Assistent und Landsmann Pal Csernai hatte den Vorteil, daß er sich besser artikulieren konnte. Nachdem Lorant weg war, Csernai allein das Sagen hatte, wurde zielbewußt in die neue Richtung gearbeitet. Der Verein ist damit wieder deutscher Meister geworden. Mich freut's. Und für den Lorant ist es sicher eine Art später Triumph. Hätte er sich mehr unter Kontrolle gehabt, hätte er sich besser vorbereitet und nicht die Cliquenbildung in der Mannschaft gefördert, dann hätte er seinen Job so schnell nicht verloren.

Teile und herrsche

Das Training war sehr hart, sehr gekonnt, wenn man vom Torwarttraining absieht. Er wollte mir mit 34 Jahren doch tatsächlich beibringen, wie man die Bälle fängt, und hat dabei allerhand Unsinn geredet. »Mußt du stehen an rechtes Pfosten, wenn Flanke kommt von rechts . . .«

So ein Schmarrn.

Wenn ich am Außenpfosten stehe, und der Ball kommt mit Effet, muß ich ja rückwärtslaufen, um ihn zu erwischen. Hinten habe ich keine Augen. Ein Kinderspiel für einen Kopfballspezialisten, mich dann auszutricksen. Ich habe dem Lorant das in aller Ruhe erklärt – nach zwei oder drei Versuchen, mich umzumodeln, ließ er mich dann in Frieden.

Bei den anderen Spielern stieß er auch auf Granit, als er denen eine neue Schußtechnik beibringen wollte.

»Aus der Knie . . .«, das war seine Lieblingsbemerkung.

Und mit Kalorien wollte er uns unbedingt vollstopfen. Vor dem Spiel sollten wir recht viel Kuchen essen, in der Kabine lagen immer Plätzchen herum. Wie ein Kind freute er sich, wenn einer ordentlich zulangte.

Unangenehm war seine arg linke Art, die Spieler untereinander und dem Präsidium gegenüber auszutricksen. Natürlich brauchte er die Cliquen nicht zu erfinden, die waren schon vorhanden, wie in jeder Mannschaft. Aber eigentlich hat der Trainer sich da rauszuhalten. Nur meinte der Lorant halt, daß die Uneinigkeit unter den Spielern seine Stellung festigen würde. Teile und herrsche, wie gehabt. Solche Intrigen habe ich nie vertragen können. Den Gerd ließ er immer spielen – ob gut oder schlecht –, der war sein Star. Uli Hoeneß verstand es auch, ihm Honig ums Maul zu schmieren, und das hat er geliebt.

Jupp Kapellmann dagegen, der sich noch nie im Leben

ein Blatt vor den Mund genommen hat, der saß auf der Ersatzbank. Als Lorant dann anfing, an Breitner herumzumeckern, war der Jupp sofort auf der Seite des Gescholtenen. Gemeinsam gingen sie auf Lorant los, der diesen Dauerbeschuß dann nicht überlebte. Csernai war am Ruder, Hoeneß wurde Manager. Darüber regte der Jupp sich nun wieder auf, da er glaubte, über kurz oder lang würden Breitner und Hoeneß den Lattek zurückholen, um dann eine fröhliche Cliquenwirtschaft zu betreiben. Breitner hielt natürlich zu seinem Siamesen. Das Resultat – Jupp wurde zu den Sechzigern abgeschoben für lächerliche dreihundertfünfzigtausend Mark, obwohl er gut und gern eine Million wert gewesen wäre.

Das war so ein kleiner Einblick in die Giftküche ... Ich mag das nicht. Meine Arbeit will ich in Ruhe tun, Erfolg haben, Kasse machen – und mich ansonsten um die Familie kümmern. Diese Machtkämpfe um fragwürdige Positionen, nun, mancher braucht das wohl. So rückblickend auf meine aktive Zeit, tauchen mehr und mehr Gesichter in der Erinnerung auf, die scheinbar nur mit Magenkrämpfen schlafen können.

Ich habe mich – wie gesagt – da immer rausgehalten. Deshalb werde ich diese Vorgänge auch nur so weit berühren, als sie zum Verständnis meiner Geschichte notwendig sind.

Der große Knall, mit dem die Lorant-Ära endete, kündete sich an, als wir in Düsseldorf ein 7:1 kassierten. Die haben gegen den Trainer gespielt, hieß es allgemein. Schmarrn, Hauptursachen der hohen Niederlage war Konzentrationsmangel, interner Ärger und vor allem das äußerst provozierende Verhalten des Präsidiums.

Die Münchner Sportpresse hatte Paul Breitner und mich zu ihrem großen Sportfest eingeladen.

»Aber wir spielen in Düsseldorf und haben am nächsten Tag ein Freundschaftstreffen in Hamm . . .«

»Macht nichts. Wir schicken euch ein Sportflugzeug, das euch nach dem Ligaspiel nach München bringt und Sonntagmittag zurück nach Düsseldorf.«

»Wenn das so ist, okay. Wir können das nicht entscheiden. Fragt mal beim Präsidenten an.«

Neudecker konnte sich nicht entscheiden. Ja, nein, jein.

»Aber Herr Präsident, wir müssen doch wissen, woran wir sind. Die Maschine, der Chartervertrag, alles muß noch geregelt werden.«

In die Enge gedrängt, machte er uns schließlich einen seltsamen Vorschlag. »Gut, ich gebe euch mein Ja, aber nur unter einer Bedingung. Wenn ihr euch beim Sportpressefest verletzt und für ein paar Spiele ausfallt, dann zahlt jeder von euch pro Spiel fünftausend Mark in die Vereinskasse und bekommt keine Prämie.«

»Das können wir nicht unterschreiben.«

»Wie ihr wollt.«

»Herr Präsident, wir sind keine unmündigen Kinder mehr. Wir teilen Ihnen offiziell mit, daß wir der Einladung folgen werden. Wiedersehen . . .«

Die Forderung war eine Gemeinheit, reine Schikane.

Unsere Reaktion: Paul arrangierte von sich aus den Charterflug bei einer Sportfliegerei. Alles war vorbereitet, wir flogen nach Düsseldorf. Jeder in der Mannschaft wußte Bescheid, jeder Spieler, der Trainer und auch das Präsidium.

Der Trainer hätte wirklich den Mund aufmachen können. Er war die einzige echte Autorität, die uns – sportliche Gründe vorschützend – den Flug nach München hätte verbieten können. Aber Lorant versteckte sich hinter seiner Zigarre und schwieg.

Im Düsseldorfer Stadion – kurz vor dem Anpfiff – kam

Walter Fembeck, der Geschäftsführer des FC Bayern, in die Kabine.

„Habt ihr die Erklärung wegen der fünftausend Mark unterschrieben?«

»Nein. Wir dachten, das hätte sich erledigt.«

»Nichts hat sich erledigt. Ohne Unterschrift kein Auftritt. Wenn ihr trotzdem fliegt, müßt ihr mit Disziplinarmaßnahmen rechnen.«

»Verdammich. Der Sportflieger ist bestellt.«

»Eure Sache. Bestellt ihn eben wieder ab.«

Ja, so war das. Statt uns auf das Spiel zu konzentrieren, statt mich warmzulaufen, hing ich am Telefon. München, die Charterfluggesellschaft, lange Erklärungen. Ich kam gerade zum Anpfiff auf den Platz.

Da denkst du eben noch an die Folgen der Absage, an das Presseecho, an geschäftliche Nachteile ... Zur Pause hatten wir drei Dinger kassiert. Und wenn eine Mannschaft erst einmal so weit zurückliegt, ist es irrsinnig schwer, sich noch zusammenzureißen. Da spielt sie nur mehr unter der Grasnarbe. Der Endstand ist bekannt. 7:1, heiliger Himmel.

»Das Spiel habt ihr manipuliert«, tobte der Präse.

»Aber wieso denn? Das kann doch mal passieren.«

»Ich kenne Sie, Herr Maier. Damals in Tunesien haben Sie mir's selber gesagt. Wenn der Trainer Schwierigkeiten hat mit der Mannschaft und man liegt um ein paar Tore zurück, dann kämpft man nicht mehr so, als wenn man sich mit dem Trainer gut versteht.«

»Was hat denn das mit dem Pressefest zu tun?«

»Reden Sie sich nicht raus, ich bin schon dabei, mir Konsequenzen zu überlegen.«

Er schnaubte vor Wut, der Herr Senator ehrenhalber – dabei hatte er den ganzen Mist selber angerührt.

Dann kam das Spiel gegen den VfL Osnabrück. Auf eigenem Platz haben wir 4:5 gegen den Zweitligisten verloren und waren damit aus dem Pokal ausgeschieden.

Na, da war was los. Lorant rechtfertigte sich mit heftigen Angriffen auf Paul Breitner, bekam plötzlich Meniskusbeschwerden und meldete sich krank. Stellvertretend führte Pal Csernai das Training weiter. Ein Hickhack war das in der Presse, du lieber Gott. Echte und erfundene Interviews, Indiskretionen und Intrigen – das war die schlimmste Zeit, die ich beim Verein erlebt habe.

Bezeichnend für die allgemeine Atmosphäre waren die Umstände, unter denen Gerd Müller seinen Hut nahm. Beim Spiel in Frankfurt, das wir mit 2:1 verloren, schickte Csernai den Bomber auf die Ersatzbank. Der dünnhäutige Gerd war tief getroffen, spielte noch einmal, redete dann von Abwanderungswünschen in Richtung USA, trainierte sogar bei einem anderen Verein. Nach langem Hickhack um seine Freigabe ließen sie ihn dann nach Florida ziehen. Nicht mal ein Abschiedsspiel haben sie ihm gegönnt, genau wie der Franz war er in einer Nacht-und-Nebel-Aktion ins Ausland geflüchtet. Mir ist das unverständlich. Zwei so verdiente Spieler, die den Namen FC Bayern weltweit bekannt gemacht haben – und dann so sang- und klanglos in der Versenkung verschwunden.

Natürlich bedrückten uns diese Vorgänge, natürlich brachten wir keine Leistung, da tauchte an einem schönen Montagmorgen der Präse in der Spielersitzung auf. Er kochte vor Wut wegen unserer mäßigen Leistungen. Gegen Arminia Bielefeld hatten wir in einem Heimspiel gerade eine 0:4-Niederlage eingesteckt. Innerlich wischte er sich wohl den Schaum vom Mund, bevor er uns zusammenschiß. »Zwei Auswärtsspiele habt ihr noch Zeit. Ich verlange mindestens zwei Punkte. Wenn nicht, kriegt ihr einen neuen Trainer. Und der, an den ich denke, der wird euch gehörig den Marsch blasen. Die faulen Zeiten, meine Herren, sind endgültig vorbei.«

Dabei waren wir mit Csernai sehr zufrieden. Lorant war weg, wir hatten die ersten ruhigen Wochen seit langem, bereiteten uns nun gewissenhaft auf das schwere Auswärtsspiel gegen Braunschweig vor – und erreichten ein Unentschieden. 0:0. Das war der erste der beiden geforderten Punkte.

Wir rieben uns die Hände. Mal gespannt, was der Präse dazu sagt.

Aber der hatte schon gesprochen, und im Fernsehen einen neuen Trainer für den FC Bayern angekündigt: Ab Montag, den 19. März, übernimmt Max Merkel die Trainingsarbeit ...

Wir erfuhren die Neuigkeit auf unserer Zwischenlandung am Flughafen Frankfurt. Betroffenheit bei allen.

»Aber er hat uns doch versprochen, zwei Spiele abzuwarten. Da fällt er diese Entscheidung über unsere Köpfe ... Was sollen wir jetzt machen, Sepp?«

Ja, richtig. Diese Frage ging direkt an mich. Seit Gerds Abwanderung trug ich die Bürde des Kapitänsamtes.

Alle Augen richteten sich auf mich. »Gehen wir ins Restaurant. Reden wir mal darüber.«

Eigentlich waren wir gar nicht so sehr gegen Merkel, eigentlich wäre uns jeder Trainer recht gewesen. Was uns an der Sache ärgerte, war die Art und Weise, wie Präsident Neudecker mit uns umsprang, wie er sein gegebenes Wort gebrochen hatte und wie wir von der Neuverpflichtung erfahren mußten. Das jedenfalls waren die Gründe der einhellig ablehnenden Haltung gegen Max Merkel.

»Tja, wenn das so ist ... Dann werde ich jetzt in München anrufen und dem Präse unseren Widerstand mitteilen ...«

Gesagt, getan. Ich ging ans Telefon.

»Herr Neudecker, wir sind mit Ihrer Entscheidung nicht einverstanden.«

»Was heißt hier, nicht einverstanden? Was im Verein passiert, bestimme immer noch ich. Außerdem ist die Entscheidung in eurem Interesse. Bei den Ergebnissen der letzten Wochen werdet ihr die Folgen sonst sehr rasch am eigenen Geldbeutel spüren.«

»Aber Sie haben uns versprochen zu warten. Braunschweig und Gladbach. Zwei Punkte sollten wir holen aus zwei Auswärtsspielen. Den einen haben wir bereits. Lief doch gut heute. Und nächste Woche – da bin ich sicher – werden wir noch besser dastehen.«

»Das Risiko ist mir zu groß. Mein Entschluß steht fest. Merkel ist der neue Trainer.«

»Dann muß ich Sie bitten, am Montag in die Spielerversammlung zu kommen und den Leuten Ihre Gründe selber darzulegen. Es tut mir leid, aber wir haben Ihr Wort. Ihr Wort, abzuwarten. Wenn Sie das jetzt brechen, müssen Sie sich vor der Mannschaft rechtfertigen.«

»Wie reden Sie denn mit mir ...«, brüllte er durch den Draht, »was ist denn das für eine Sprache? Das ist die Anarchie! Sie ... Sie ... Gewerkschaftsboß!« In der Aufregung ist ihm kein schlimmeres Schimpfwort eingefallen. Ich legte jedenfalls den Hörer auf, teilte den Kameraden den Inhalt des Gespräches mit. »Bis Montag, also. Was dann wird? Ich weiß es selber nicht.«

Die Montagsversammlung hat denn auch Vereinsgeschichte gemacht. Neudecker trat von seinem Posten zurück. Eine knappe Minute hat er zu uns gesprochen, zu uns – und zu mir im besonderen: »Aha, der Kapitän ... Ihr werdet schon sehen, wo ihr hinkommt. Aber wenn die

Mannschaft die Meinung des großen Vorsitzenden teilt. Bitte sehr! Ich erkläre meinen Rücktritt.«

Draußen war er.

Wir waren zu verblüfft, um zu reagieren, entschlossen uns, erst mal in Ruhe abzuwarten. Csernai war ja da, und er hatte seine Sache bisher gut gemacht. Das wichtigste war jetzt, in Gladbach zu überleben. Raus zum Training.

Tja, und gegen Gladbach haben wir dann einen hübschen Sieg gelandet. Wieder 7:1. Diesmal für uns.

Und an diesem Abend widerlegten wir endgültig die Ansicht Paul Breitners, der einmal gesagt hatte: »In diesem Scheißverein kann man nicht mehr feiern.« Um halb elf landeten wir in München, vom Flughafen ging es direkt zum »Käfer«, wo die Stimmung, vom besten Schampus angeheizt, hohe Wellen schlug. In Mönchengladbach hatten wir um unsere Selbstachtung gekämpft – und einen überzeugenden Sieg heimgebracht.

Mit diesem Spiel haben wir den Kritikern an unserem Verhalten den Wind aus den Segeln genommen. Jetzt konnte wieder Ruhe im Verein einkehren.

Auf einer außerordentlichen Hauptversammlung am 24. April 1979 wurde der bisherige Schatzmeister Willi O. Hoffmann – den schon Wilhelm Neudecker, freilich unter anderen Umständen, als seinen Nachfolger auserkoren hatte – zum neuen Präsidenten gewählt.

Der Rest ist eigentlich eine interne Angelegenheit. In der Frage nach dem zukünftigen Trainer vertraten Paul Breitner und ich unterschiedliche Auffassungen. Der Paul sah die beste Lösung in Udo Lattek, dessen Vertrag mit den Gladbacher Borussen auslief. Ich stimmte dafür, Pal Csernai eine Chance zu geben, sich als Cheftrainer zu bewähren.

Csernai blieb.

Uli Hoeneß, der nach seinem kurzen Ausflug zum

1. FC Nürnberg einsehen mußte, daß es für ihn mit dem aktiven Fußball endgültig Schluß war, hatte noch mit Neudecker einen Vertrag als Manager des FC Bayern abgeschlossen. Jupp Kapellmann war gegen diese Einstellung, ich war für den Uli.

Uli kam, Jupp ging. »Sie Judas«, verabschiedete er sich von Csernai, der inzwischen vollends auf Paul Breitners Linie eingeschwenkt war.

Der Paul, der einen hochentwickelten Sinn für Macht besitzt, hatte jetzt freies Spiel: Der Manager war sein bester Freund, der Trainer Wachs in seinen Händen, der neue Präsident, Willi O. Hoffmann, besaß nicht genügend Kraft, ihm ernsthaften Widerstand entgegenzusetzen.

Im letzten Jahr konnte er seine Position noch weiter ausbauen. Jetzt bekommt man leicht den Eindruck, daß er das Geschehen auf dem Spielfeld wie im Verein unumschränkt bestimmen kann, daß er zugleich Mannschaftskapitän, Manager und Präsident ist. »Ayatollah Paule« haben die Journalisten ihn getauft.

Unter Neudecker wäre diese Entwicklung bestimmt nicht drin gewesen. Der ehemalige Maurerlehrling, der sich im Leben zum millionenschweren Bauunternehmer hochgeboxt hat, war selber viel zu herrschsüchtig, um einem anderen so großen Spielraum zu lassen. Siebzehn Jahre lang hat er den FC Bayern so geführt, wie er wahrscheinlich auch seine Firma aufbaute: mit eiserner Hand – und mit Erfolg. Schließlich ist Bayern München auch ein beachtliches Wirtschaftsunternehmen, mit einem Jahresumsatz von rund fünfzehn Millionen Mark.

Alles schön und gut. Nur hat Wilhelm Neudecker halt eines nie begriffen: daß die Spieler das wichtigste Kapital dieses Unternehmens sind, aber keine Baumaschinen, die man an- und abschalten kann. Wir wissen, daß die Zuschauer, die den Umsatz bringen, unseretwegen ins

Stadion kommen. Natürlich wollen wir Geld verdienen, aber deshalb lassen wir uns noch lange nicht unbegrenzt das Maul stopfen, auch nicht mit Tausendmarkscheinen.

Und der Präse mußte auf die bittere Tour erfahren, daß ich zwar ein verträglicher Mensch bin, aber den Mund nicht nur aufmache, um einen Witz zu erzählen.

Wie wenig ihm das schmeckte, das erlebte ich ein paar Tage nach dem Theater um den Trainerwechsel. Da stand nämlich das Länderspiel gegen die Türkei auf dem Programm. Und obwohl ich mit Jupp Derwall immer gut zurechtgekommen bin, obwohl ich auch Kapitän der Nationalelf war, hat der Bundestrainer mich von diesem Spiel ausgeladen.

»Unruhe könnte in die Nationalmannschaft kommen«, lautete die offizielle Begründung. Und jeder, der mich kennt, weiß, daß das an den Haaren herbeigezogen war. Neudecker hat immerhin eine wichtige Position im Ligaausschuß des DFB. Ich bin sicher, daß er mir mit der Ausladung eins auswischen wollte.

Beweise für meine Vermutung habe ich keine, sollte ich ihm unrecht getan haben, biete ich ihm meine Entschuldigung an.

Nach den Gründen meiner Ausladung habe ich mich auch beim DFB-Präsidenten Hermann Neuberger erkundigt. Das ist ein Mann, mit dem man reden kann, der ein offenes Ohr hat für Probleme. »Herr Präsident, als Bayern-Kapitän habe ich nur meine Pflicht getan, nämlich für die Mannschaft gesprochen. Sie wissen doch, ich bin kein Stänkerer.«

»Ist ja gut, Sepp. Beim nächsten Spiel bist du wieder dabei.«

In der Bundesliga wollten wir es jetzt wissen, wollten allen Unkenrufern zeigen, was eine Harke ist. Trotz der endlosen Querelen, trotz der bitteren Abgänge von Gerd und Jupp schafften wir am Schluß der Rückrunde den vierten Tabellenplatz und damit die Qualifikation für den UEFA-Cup, nach drei Jahren Abstinenz also die Rückkehr auf die internationale Fußballbühne. Für die kommende Saison nahmen wir uns einiges vor.

Für mich persönlich ging es außerdem gleich um zwei denkwürdige Jubiläen. In der Bundesliga fehlten mir noch genau siebenundzwanzig Einsätze zum fünfhundertsten Spiel. Und mit der Nationalmannschaft stand die Europameisterschaft vor der Tür. Fünfundneunzig Länderspiele hatte ich auf dem Buckel, das hundertste Jubiläum wollte ich auf jeden Fall begehen.

Von unserem letzten Punktspiel, dem von Irrsinnskrawallen begleiteten Sieg über den neuen Meister HSV, verschwand ich gleich nach Marbella.

Urlaub in Spanien, glückliche, entspannte Tage.

Voller Kraft und Optimismus kehrte ich nach München zurück. Vorbereitungszeit. Auf ein Neues.

Dann kam der 14. Juli 1979.

Schlußpfiff

Der Unfall

»Was machts ihr denn mit mir? Wo bin ich?« Ich wollte mich aufrichten. Da spürte ich den Druck auf Oberkörper und Beinen. Ich sah die weißgekleideten Männer, die Bahre, auf der ich festgeschnallt war. »Was ist denn los?«

Die beiden Weißgekleideten beugten sich zu mir her. »Nur ruhig. Wir fahren Sie nach Ebersberg.«

»Was soll ich denn da? Ich muß nach Hause.« Mühsam nur brachte ich die Sätze hervor. Der ganze Körper war wie gelähmt. Ich merkte wohl, daß ich in einem fahrenden Wagen lag, dennoch drangen die Erschütterungen gar nicht so richtig durch.

Der Arzt hatte mir eine Spritze gegeben. Die Injektionen und der nachwirkende Schock versetzten mich in dieses merkwürdige, schwebende Gefühl, dieses Schwanken zwischen Bewußtsein und Ohnmacht.

»So schlimm kann's ihm ja nicht gehen, wenn er schon wieder redet«, hörte ich den Mann zu meiner Linken sagen. Der andere brummte etwas, meinte dann: »Glück hat er gehabt, unverschämtes Glück. Wie der Wagen ausgesehen hat . . .«

Wagen? Was war mit meinem Wagen? Ich wollte mich erkundigen, brachte aber keinen Ton mehr heraus. Da fiel mir plötzlich wieder alles ein.

Vor vierzehn Tagen hatten wir das Training für die neue Saison wiederaufgenommen, befanden uns also mitten in der Vorbereitungszeit.

Urlaub ist ja eine schöne Sache – für den Normalverbraucher. Für einen Fußballer, einen Hochleistungsathleten also, hat das Wort eine völlig andere Bedeutung. Wer sich da ein paar Wochen auf die faule Haut legt, der ist bei Dienstantritt ein armer Hund. Man glaubt gar nicht, wie schnell der Körper sich an den Schlendrian gewöhnt, und wenn das Training dann wieder anfängt, kriegt man kein Bein mehr vors andere. Man kommt sich vor wie ein Amateur.

Also wird auch in den Ferien weitergeackert.

In der eintönigen Vorbereitungszeit waren wir ganz froh, gegen ein paar A-Klassen-Vereine spielen zu können. Das bringt doch wenigstens Abwechslung, obwohl man vom harten Training meist so geschafft ist, daß man nur einen Bruchteil der normalen Leistung bringen kann. Da muß ich auch noch ein Wort sagen zur Gefährlichkeit dieser Begegnungen. Für kleine Vereine ist es immer eine tolle Sache, wenn der FC Bayern zu ihnen auf die Dörfer kommt. Dann wird jeder ehrgeizig, dann will jeder es dem berühmten Star zeigen, und da geht es oft rücksichtslos auf die Knochen. Obwohl man sich freut, wieder spielen zu können, bleibt einem doch ein unangenehmes Gefühl in der Magengegend.

Beim SSV Ulm war das natürlich anders. Die Mannschaft hat ja einen guten Namen in der zweiten Liga, und keiner der Gegner nahm das Spiel für mehr als es war, eben ein Spiel.

Unser Sponsor, die Ulmer Firma Magirus Deutz, hatte die Begegnung für den 14. Juli 1979 arrangiert. Die Stimmung war bombig. Wir haben haushoch gewonnen, 7:0 oder 8:0. Ich hatte einen ruhigen Tag im Kasten und genügend Zeit, mit den Zuschauern meine Späße zu treiben. Im Torraum baute ich eine kleine Sandburg, und die

Damen habe ich durch eine scheinbar rutschende Hose zum Kreischen gebracht.

Heiß war's, lustig war's, und der Veranstalter hatte sich nicht lumpen lassen, nach dem Spiel nämlich zum großen Bankett in den Rathaussaal geladen, wo eine bayerische Brotzeit und ein frisch angestochenes Faß Bier auf die Durstigen warteten.

Nun herrscht bei uns in der Vorbereitungszeit absolutes Alkoholverbot. Deshalb stand der Trainer neben dem Faß, paßte auf wie ein Schießhund, daß ja keiner von der Mannschaft sich eine Maß zapfen ließ. Wir saßen also beim Essen mit Überkinger oder Traubensaft, den Teller stur im Blick – bloß nicht auf das Bierfaß sehen. Da schmeckt einem das beste Essen nicht mehr. Und da habe ich so bei mir gedacht, was bist du doch für ein armer Hund, kannst nicht mal trinken, was du willst.

So gegen neun Uhr abends waren wir in der Säbenerstraße, wo wir unsere Autos stehenlassen, wenn wir zu Auswärtsspielen fahren. Und da hat mich doch der Hafer gestochen. Es ist kindisch, ich weiß, aber um es mir zu beweisen, um dem Trainer eine Nase zu drehen oder einfach aus einer Trotzreaktion bin ich rein in die Gaststätte.

»Mach mir ein Pils«, sagte ich zum Wirt, »aber schnell, mir pressiert's. Draußen zieht ein Unwetter auf.«

Den ganzen Tag war es schwül gewesen, und jetzt in den Abendstunden schien es nur noch eine Frage der Zeit, wann das Gewitter herunterkommen würde.

»Wie habt ihr denn gespielt?«

»Meisterlich ... Hochklassigen Zweitligafußball.«

Gelächter am Bayernstammtisch, wo an die zwölf Mann beim Abendschoppen saßen. »Komm, Sepp, setz dich zu uns. Erzähl uns ein bißchen mehr.«

»Keine Zeit.«

Ich hatte endlich mein Pils, trank es auf einen Zug zu

drei Vierteln aus, stellte das Glas ab. Wenn man wochenlang keinen Alkohol mehr getrunken hat, schmeckt auch vom besten Bier nur der erste Schluck.

»Ah, das war gut. Jetzt muß ich aber heim.«

»Kriegst sonst Krach mit der Agnes?« wollte einer wissen. Und ein ganz Schlauer setzte hinzu: »Die steht wohl schon mit dem Tennisschläger hinter der Tür?«

»Depperter Depp, depperter«, knurrte ich ihn an. Ich kann es auf den Tod nicht leiden, wenn jemand am Stammtisch über die Frauen herzieht. Meinen Ärger muß er mir wohl angesehen haben, er stand auf, entschuldigte sich. »War doch bloß ein Spaß. Komm, trink einen Schnaps.«

»Später. Ich geh' bloß mal auf die Terrasse. Muß ein bißchen Luft schnappen. Vielleicht ist mir das Bier auf den Magen geschlagen. Mir ist nicht gut.«

Das war natürlich eine Ausrede. Ich war immer noch ein bißchen sauer. Außerdem wollte ich wirklich nach Hause.

Auf der Autobahn zwischen der Raststätte Vaterstetten und meiner Ausfahrt ist dann ein fürchterliches Unwetter runtergegangen.

Der Scheibenwischer stand auf der höchsten Stufe, trotzdem schaffte er kaum die Wassermassen. Da, das Schild Richtung Anzing. In letzter Sekunde habe ich es gesehen, obwohl das meine Hausstrecke ist. Der Autobahnzubringer ist zuerst vierspurig, verengt sich dann auf zwei Bahnen. Da muß man sich links einordnen, weil die rechte Spur nach Parsdorf geht.

Wenn man jahrein, jahraus mehrmals täglich die gleiche Strecke fährt, bekommt man ein Gefühl für jeden Meter Wegs. Da weiß man, wie dicht der Verkehr ist und was man sich und dem Wagen zumuten kann. Selten habe ich um diese Zeit bei solchem Sauwetter jemanden auf der

Straße angetroffen. Die Gefährlichkeit der Linkskurve, da, wo die Straße sich verengt, kannte ich wohl. Die Strecke ist etwas abschüssig, hängt ein bißchen zur Gegenfahrbahn hin. Kein Problem für meinen Wagen – normalerweise. Aber ich hatte einfach die Wassermenge unterschätzt, die sich in den ausgefahrenen Spuren in der Schräge gesammelt hatte. Ich bin gar nicht so schnell gefahren – vielleicht 80 Kilometer –, da merkte ich, wie ich die Gewalt über den Wagen verlor.

Aquaplaning. Ein Wasserfilm schiebt sich zwischen Straßendecke und Reifenprofil, sekundenlang hat man das Gefühl zu fliegen.

Mitten in der Linkskurve packte die Fliehkraft den Wagen, wirbelte ihn herum, das Heck drehte sich. Ich wollte aufschreien, ruderte wie verrückt mit dem Steuer. Da, ein grellweißes Licht zu meiner Rechten. Scheinwerfer. Kreischende Bremsen, ein donnerähnlicher Krach, und über allem das Knirschen zerfetzenden Stahls. Ich spürte einen fürchterlichen Schlag in der Seite. Der Schmerz raubte mir den Atem, halb die Besinnung.

Knirschend gab die Tür nach, ich sank einem der Weißgekleideten entgegen.

»Ich bin gar nicht gefahren!« schrie ich ihn an, »ich bin gar nicht . . .«

Von der Fahrt ins Krankenhaus Ebersberg weiß ich nichts mehr, merkte auch nicht, wie sie mich röntgten. Als ich das erste Mal zu mir kam, hatte ich meine Kleider noch an.

»Was ist denn passiert?« Ich bekam kaum Luft, die Frage strengte mich an, aber die Antwort, die ich erhielt, beruhigte mich einigermaßen.

»Ein paar Rippen sind gebrochen.«

»Was ist mit meinem Arm? Der tut so furchtbar weh.«

»Ziehen wir mal die Jacke aus«, sagte der Arzt. Aber das war nicht möglich, der Arm war schon zu sehr angeschwollen. Sie mußten den Ärmel runterschneiden. Nochmals kam ich unter den Röntgenapparat, und erst jetzt sahen sie, daß der Knochen gebrochen war. Diese Prozedur erlebte ich bei vollem Bewußtsein.

Inzwischen hatte die Polizei meine Frau verständigt, und die hat mit ihrem Anruf beim Verein Großalarm ausgelöst. Am nächsten Morgen – einem Sonntag – schleppte Uli Hoeneß in aller Herrgottsfrühe den Professor Viernstein an mein Krankenbett. Sie hatten sich über meinen Zustand wohl schon längere Zeit unterhalten. Als ich erwachte, bekam ich die letzten Sätze gerade noch mit.

»Der muß sofort weg von Ebersberg. In meiner Klinik kann ich ihn besser beobachten.«

Am selben Tag haben sie mich dann in das Orthopädische Krankenhaus Harlaching überführt. Dieser Anordnung verdanke ich heute mein Leben.

Professor Viernstein war mein Zustand nicht geheuer. Er forderte zwei Spezialisten aus Großhadern an, die sich kopfschüttelnd meine Röntgenbilder ansahen. Vom rechten Lungenflügel waren gerade noch fünf Zentimeter sichtbar. Auf so einer Aufnahme ist das Lungenbild immer schwarz, alles andere – so habe ich es wenigstens verstanden – ist weiß.

»Da ist irgendwas gerissen«, sagte einer der Ärzte. »Wie fühlen Sie sich, wenn Sie einatmen?«

»Das tut elend weh, Doktor. Und ich kann nicht so richtig durchschnaufen.«

Er nickte, betastete meinen Bauch, fühlte eine faustgroße Verhärtung unterhalb des Rippenbogens.

»Hab' ich mir gedacht. Ich muß gleich schneiden.«

Er gab mir eine Spritze, zog mit dem Skalpell einen tiefen Schnitt in die harte Stelle. Das Blut schoß heraus wie eine Fontäne. Das Zwerchfell war gerissen, die Leber hatte sich in den Lungenflügel geschoben, Blut hatte sich in der Bauchhöhle gesammelt. Fast zweieinhalb Liter waren es schon. Daher der Schmerz, daher die Schwierigkeiten beim Atmen. Von wegen einfache Rippenbrüche ... Ich hatte unverschämtes Glück gehabt. Normalerweise hält das Zwerchfell wesentlich mehr aus als die Leber. Wenn die gerissen wäre, dann gute Nacht, Herr Maier.

Am Montagabend gegen zehn kam ich auf den Operationstisch. Meinen Dank an Uli Hoeneß, der mir Professor Viernstein ans Krankenbett brachte. Meinen Dank an Professor Viernstein, der Professor Heberer konsultierte. Einen Tag länger in Ebersberg mit meinen »Rippenbrüchen«, und es wäre aus gewesen.

Ist doch ganz schön, wenn man prominent ist. Die richtigen Leute kümmern sich im richtigen Moment um dich. Was aber ist mit den ungezählten anderen Opfern, denen nicht gleich die beste Behandlung zuteil wird?

Ich war noch nie ernstlich krank, bin nie im Hospital herumgelegen. Ein unheimliches Gefühl ist das, wenn du weißt, gleich wirst du aufgeschnitten. Ich trug schon meine OP-Gala-Uniform, als sie mich noch mal mit dem Bildwandler genau anschauten. Das ist so ein Röntgengerät, das das Bild direkt auf einen Monitor überträgt. Ganz genau konnte ich da meine Innereien in Schwarz-Weiß begutachten. »So viele Millionen hat das Klinikzentrum gekostet – für einen Farbfernseher hat es wohl nicht mehr gereicht?«

Ein mühsamer Flachs, gewiß, und ich bekam dafür auch den erhofften Applaus. Ein Scheißgefühl ist das nämlich, wenn der Narkosearzt schon die Spritze aufgezogen hat. Du weißt ja nie, ob du wieder aufwachst.

Länger als zwei Stunden haben sie an mir rumgeflickt. Irgendwann in der Nacht kam ich zu mir. Wie durch einen Nebel sah ich eine Gestalt an meinem Bett. Die Agnes. Ich wollte was sagen, brachte auch ein unartikuliertes Lallen heraus, da verschwand das vertraute Bild. Zwei Ärzte beugten sich über mich. In der Hand hielten sie einen schwarzen Gummischlauch, so ein Ding, wie die Taucher es an ihren Geräten haben. Sie schoben mir das Mundstück zwischen die trockenen Lippen. »Blasen Sie dagegen, Herr Maier, so fest Sie nur können.«

Das mach mal.

Die Preßluft erstickte mich fast. Ich wollte den Schlauch ausspucken. »Gegenpusten, sonst können wir nicht für Sie garantieren.«

Außer dem Zwerchfell hatte auch die Lunge einen Riß abgekriegt. Und wenn die nach dem Eingriff nicht richtig arbeitet, besteht die Gefahr einer Embolie. Ich versuchte zu pusten – aber der Schmerz raubte mir fast wieder die Besinnung. Ich weiß nicht, wie sie mich wach hielten. Ich mußte pusten, immer wieder pusten, und ich wollte doch nur endlich schlafen.

Die Stunden nach der Operation waren ein echter Graus.

An die ersten fünf oder sechs Tage nach dem Eingriff habe ich überhaupt keine Erinnerung. Da waren Leute um mich herum – die Totenwache, hab' ich mal gedacht. Dann waren da Blumen. Von den Gesprächen bekam ich nur Bruchstücke mit. Angeblich habe ich mich sogar an der Unterhaltung beteiligt, aber da bin ich wirklich auf Erzählungen angewiesen.

Dann kam der erste Tag, den ich wieder hellwach erlebte. Das war am frühen Morgen. Die Vögel sangen draußen, Sonnenlicht fiel durch die nur halb geschlossenen Jalousien. Ich sah den hellen, freundlichen Raum, das große Aluminiumfenster, das Tischchen neben mir mit dem Telefon. Auf der anderen Seite, da ging es wohl ins Bad. Genau meinem Bett gegenüber hing ein Vierfarbendruck, ein Bild mit einem Eichenbaum. Und als ich da noch halb im Traum in das Geäst schaute, hatte ich den Eindruck, als blicke mich ein Gesicht an, starre unverwandt auf meine Liege. Ein merkwürdiges Gefühl war das, es verblaßte erst, als ich nach Tagen wieder zu Kräften kam. Ich weiß noch, wie ich die Agnes aufforderte, sich das Gesicht doch mal anzusehen.

»Aber da ist doch nix . . .«

»Schau genau hin.«

Natürlich war da nichts, aber das Erlebnis haftet heute tief in meinem Gedächtnis. Der Mensch an der Schwelle vom Leben zum Tod – das Bewußtsein scheint sich zu erweitern, Dinge wahrzunehmen, die im Normalzustand nicht zu erkennen sind.

Irgendwas kratzte an meinem Hals. Ich versuchte, die Ursache zu ergründen, konnte mich aber kaum rühren. »Schwester«, wollte ich rufen, brachte aber nur einen röchelnden Laut heraus. Da liegst du nun, Athlet, Fußballcrack, vor wenigen Tagen noch bereit, es mit allen und mit jedem aufzunehmen. Da genügt eine momentane Unaufmerksamkeit, und jetzt bist du so hilflos wie ein Baby, mit viel Glück dem Gevatter Tod von der Schippe gesprungen.

Das Jucken am Hals ließ nicht nach. Ich betastete meinen Nacken. O Schreck, da steckte ein Schlauch. Als ich vorsichtig den Kopf drehte, sah ich das Gestell neben mir. Sah aus wie ein Kleiderständer. Voll behangen mit Flaschen, an denen wiederum Schläuche hingen. Und diese schwarzen Gummidinger führten unter meine Bettdecke. Ich hob die

Laken, sah das weite Hemd, die Verbände, in denen die Schläuche verschwanden. Schmerzen hatte ich keine. Das ganze Nervensystem war noch immer betäubt. Nachwirkungen der Spritzen, der Anästhesie, was weiß ich?

Jetzt wurde mir himmelangst.

Da, ein Klingelzug. Ich läutete. Die Tür ging auf. Eine nette Schwester trat ins Zimmer. Freundlich lächelte sie mich an. »Ah, der Herr Maier. Ausgeschlafen? Wie fühlen wir uns denn so? Übrigens, ich bin Schwester Georgine.«

»Ist's Ihnen recht, wenn ich Schwester Schorschi sage?«

Strafend wollte sie mich ansehen, aber dann wurde doch ein halbes Lächeln draus. »Gehns. Wenn Sie mit mir flirten wollen, sind Sie an der falschen Adresse . . .«

Sie rückte mir das Bett zurecht, dann öffnete sie die Tür. »Und jetzt wollen wir all die schönen Blumen hereinholen, die in den letzten Tagen eingetroffen sind.« Jessas Maria. Zu viert schleppten sie Vasen, Gestecke, Sträuße und weiß der Kuckuck noch was für anderes Zeug heran.

»Machens bloß die Fenster auf.«

»Gefallen sie Ihnen nicht, die schönen Blumen?«

»Ich komme mir vor wie in der Aussegnungshalle.«

Das war ihr zuviel. »Also so dürfens nicht reden. Dankens dem Herrn, daß Sie so gut davongekommen sind.«

Gut davongekommen, ein Witz.

Richtig darüber lachen konnte ich erst in den nächsten Tagen, als die Wirkung der Betäubungsspritzen nachließ und die Schmerzen richtig einsetzten. Ich hätte die Wände hochgehen mögen.

Mein Schädel glich einem zu stark aufgepumpten Fußball, mit dem zwei bitterböse Mannschaften um den Einzug in irgendein Finale kämpften. Ich wußte nicht mehr, wie ich liegen sollte. Entsetzlich, so ans Bett gefesselt zu sein, wenn man ständige Bewegung gewohnt ist. Sie hatten mich zwar schon am dritten Tag nach der Operation aus dem Bett geschmissen, mich zum Gehen gezwungen. Aber da war ich noch völlig beduselt. Ausgesehen habe ich – mein Körper war ein einziger Bluterguß –, als hätte ich einen Kommunionanzug an. Der Penis hing fast bis zum Knie, die Hoden waren angeschwollen.

»Könnte so bleiben«, habe ich angeblich meinen Zustand kommentiert. »Wie wär's mit 'ner Einladung zum Schlachtfest? Die Blutwurst bring' ich selber mit.«

Ein paar Tage nach der Operation erst hatten sie meinen Arm eingerichtet. Der Gips fing nun an zu drücken und machte mich fast wahnsinnig, so daß der Verband erneuert werden mußte. Na ja. Das Personal konnte sich über Arbeitsmangel nicht beklagen. Zehn Tage fast saß eine Nachtschwester an meinem Bett – ganz selten nur war ich einmal unbeobachtet.

Einen Fernseher hatte ich im Zimmer. War ja ein langes Programm an diesen Sommerabenden, aber das Bild verflimmerte mir immer vor den Augen. Später dann, als ich partout nicht schlafen konnte, ließ ich den Kasten laufen, freute mich über das Testbild und starrte sogar den Schnee an, nur um etwas Abwechslung zu haben. Die Nachtschwester Josefine schaute immer wieder von ihrer Zeitung auf.

»Schlafen Sie doch, Herr Maier. Versuchen Sie es wenigstens.«

»Wie denn? Geben Sie mir noch was.«

»Sie haben schon zwei Tabletten bekommen. Mehr kann ich nicht verantworten.«

Solche Nächte sind einfach schrecklich.

Wie schön, wenn das erste Licht das Zimmer erhellte, die Vögel draußen anfingen zu zwitschern. Da war es fünf Uhr. Noch zwei Stunden bis zum Frühstück. Das bißchen

Kauen machte mich regelmäßig so müde, daß ich prompt danach einschlief. Ausgerechnet dann kam die Visite, Professor Heberer samt Gefolge.

»Ja, Servus Sepp. Na, schauts ihn euch an, wie er daliegt. Das blühende Leben – so, als hätte er keine Operation hinter sich, sondern ein leichtes Fußballspiel.«

»Wann kann ich denn wieder raus, Herr Professor?«

»Raus? Was redens da? Sie liegen doch hier gut. Endlich können Sie sich mal ausruhen.«

Blutdruck, Fieber, Stuhlgang, eben der ganze Kram wurde überprüft. »Ich war heute schon allein auf der Toilette«, sagte ich stolz. »Sind gute zehn Meter.«

»Nur weiter so. In drei oder vier Wochen können wir dann entlassen.«

Daran glaubte der Professor wohl selber nicht so recht, ebensowenig daran, daß ich wieder meinen Beruf würde ausüben können. Gesagt hat er mir davon natürlich nichts. Hoffnung, Wille und Ehrgeiz sind nämlich drei der wichtigsten Faktoren, einen Menschen wieder auf die Beine zu kriegen.

Die Zeit im Krankenhaus bedeutet einen wichtigen Abschnitt in meinem Leben. Als es mir besser ging, erlaubte ich mir einen Luxus, den ein aktiver Hochleistungssportler sich nicht leisten kann: Ich begann nachzudenken. Als Aktiver weiß man, daß die Zeit des Erfolges begrenzt ist. Also denkt man nie ans Gestern, da zählt nur das Morgen. Darunter leidet der Reifeprozeß. Man wächst weiter, entwickelt sich, handelt mit den Jahren zielbewußter, aber das alles geschieht fast automatisch. Bilanz ziehen, Fehler einsehen, daraus lernen, kurz: reifen, dazu fehlt einem die Zeit. Wichtig ist nur der nächste Wettkampf, die Form, die Meisterschaft, der Cup, Autogrammstunden, Empfänge, Presserummel – für die Familie bleibt keine Zeit. Die Person, der Name, das Konto, das alles wächst von alleine, nur der Mensch geht dabei vor die Hunde.

Die Agnes hat sich in der ersten Zeit alle Mühe gegeben, die Zeitungen von mir fernzuhalten. War gar nicht so einfach, da doch die Nachtschwestern sich irgendwie die Zeit vertreiben mußten und ich sie nach einigen Tagen um Lektüre bat.

»Strengt Sie noch zu sehr an«, war die allgemeine und wohl auch verabredete Ausrede. Natürlich durfte ich mich als Schwerkranker nicht aufregen, natürlich hätte das der Genesung geschadet, vor allem wenn ich an die Kommentare denke, die da über den »Autorowdy«, den »Trunkenbold«, den »rücksichtslosen Fahrer Maier« so zwischen den Zeilen zu lesen waren. ... Schon einmal in Düsseldorf wegen Trunkenheit verurteilt, bringt er jetzt zwei Frauen ins Krankenhaus.

Hätte ich das damals gewußt, das hätte mich fertiggemacht, zumal ich den Unfall wirklich nicht hatte verhindern können. Tag für Tag war die Presse voll davon, die Agnes stand Todesängste aus, ich könnte so ein Blatt in die Finger kriegen. Langsam nur und sehr vorsichtig begann sie dann, mich zu informieren. Eine entsetzliche Geschichte. Eine der zwei Frauen liegt zu dem Zeitpunkt, da ich dieses Buch schreibe, noch immer mit Lähmungserscheinungen in der Unfallklinik Murnau. Daß die Lähmungen ihre Ursache in einem Herzfehler haben, ist mir nur ein schwacher Trost, und ich hoffe von tiefstem Herzen, daß sie sich bald erholen möge.

Wenn man die entsetzlichen Folgen sieht, ist es leicht zu sagen, wärst du nur vorsichtiger gewesen. Schuldgefühle? Mehr als Schuld empfinde ich heute Anteilnahme mit den Opfern.

Neunzehn Tage lag ich im Krankenhaus. In dieser Zeit

habe ich zehn Kilogramm abgenommen. Das will was heißen bei mir, da ich eh nichts dran habe. Ich bestand schon immer nur aus Haut und Knochen. Der Gewichtsverlust war enorm, ich konnte weder essen noch schlafen. Erst die künstliche Ernährung, dann die Appetitlosigkeit.

Da war es schon eine kleine Sensation, als ich nach ungefähr vierzehn Tagen nach einer Bratwurst verlangte. Die Krankenschwester brachte mir das Würstl, und damit es besser rutschte, servierte sie mir dazu einen Malventee.

»Schämt ihr euch nicht? Bratwurst und Tee? Ich will ein Bier.«

»Halleluja«, war die Reaktion des Professors, als sie ihm das erzählten. »Wenn er ein Bier will, dann soll er es haben.«

Das war mein erstes, und es hat verdammt gut geschmeckt. Das andere hat mir Uli Hoeneß weggetrunken. Wenn abends das Telefon noch klingelte, wußte ich schon: Aha, der Uli. Ich soll das Bier kalt stellen ...

Der Uli ist ein feiner Kerl. Trotz seiner vielen Arbeit kam er jeden Tag zu mir raus. Ein bißchen quatschen, ein bißchen trösten, das Neueste aus dem Verein.

Alle haben sie mich besucht. Der Katsche war da mit seiner kaputten Achillessehne. Wir beiden Bayernveteranen – der eine frisch geflickt, der andere im Gips. Flachserei, logisch, aber es war schon viel Wehmut dabei. Das Ende der Karrieren kündigte sich an.

Dettmar Cramer telefonierte aus Saudi-Arabien. Zweimal hat er sich nach meinem Befinden erkundigt. Fiffi Kronsbein von Hertha BSC, mit dem ich persönlich nie was zu tun gehabt hatte, hing am Telefon. Wildfremde Menschen schickten Berge von Post und ein ganzes Blumenmeer.

Nur mein Vereinstrainer, der Csernai Pal, dem ich beim

FC Bayern in den Sattel geholfen hatte, der ließ sich nicht sehen. Angeblich hatte er zuviel zu tun, angeblich hat er mich telefonisch nie erreicht. Komisch, daß Cramer diese Probleme nicht kannte. Irgendwann hat ihn Präsident Hoffmann mal mitgeschleppt – das war schon ein Erlebnis.

Was Menschen wert sind, siehst du erst, wenn du auf der Nase liegst. Auch diese Erkenntnis ist nicht gerade neu – aber wie gesagt, die Erfahrung macht's.

Nach knapp drei Wochen haben sie den Patienten entlassen ... Aber damit brachen die ganz schlimmen Zeiten an.

Im Krankenhaus war alles einigermaßen einfach gewesen. Kurze Wege, die Ärzte, Medikamente, alles parat. Zu Hause begannen die Probleme schon bei den Alltäglichkeiten. Viele Dinge waren liegengeblieben. Hier und da wollte ich nach dem Rechten sehen. Und das geht gleich an die Substanz. Geschlafen habe ich auf vier verschiedenen Stellen, konnte einfach nicht liegenbleiben – die Unterlagen waren zu weich, und der Körper schmerzte entsetzlich bei jeder Bewegung. Erst als ich eine Tür aushängte und darauf schlief, war es besser.

Ganz schlimm waren die täglichen Fahrten zum Arzt. Mit der S-Bahn zum Marienplatz, dann noch hundert Meter bis in die Praxis. Der Weg war fast nicht zu bewältigen, zentimeterweise bin ich nur vorangekommen. Die Leute! Jeder kennt mich ja. Wie man sich da fühlt.

Ich versuchte, meine Arzttermine auf sieben Uhr früh zu legen, um dem Haupttrubel auszuweichen. Aber zurück mußte ich ja – sozusagen am hellichten Tag. Runter in die S-Bahn, warten auf den Zug. Alle Bänke besetzt. Mir war schlecht vor Schmerzen und vor Schwäche. Einmal habe ich mich in einer winzigen Abstellkammer auf den Boden gekauert, gehechelt wie ein todkranker Hund.

Und dann zu denken ... vor einem Monat warst du noch voller Saft und Kraft. Nicht zu fassen, wie schnell der Mensch abbaut.

Die einfachste Gymnastik, mit der Dr. Müller-Wohlfahrt meine Muskulatur wieder zu festigen suchte, war mir schier ein Ding der Unmöglichkeit. Mit Hanteln fing ich an, solchen kleinen Dingern, die ein Sechsjähriger spielend schafft. Ich bekam sie einfach nicht hoch. Das hatte weniger mit Kraft zu tun – während der Operation hatten sie mir den Muskel durchtrennen müssen, der an den Rippen entlangläuft. Hat das gedauert, bis ich den Arm wieder voll belasten konnte.

Zweiter Programmpunkt: Aktivierung der Beinmuskulatur. Mit Eisenschuhen fing ich an, lernte erneut das Gehen wie damals als kleines Kind. Und dann die gymnastischen Übungen.

O je, o je ... Als kleiner Bub war ich ja mal ein Spitzenturner. Und jetzt brachte ich die Hände kaum unters Knie.

Aber es mußte schließlich weitergehen.

Ich wollte so schnell wie möglich wieder fit werden. Zurück in die Arena. Meinen Kritikern wollte ich es zeigen – der Maier ist noch lange nicht abgeschrieben.

Die Leute um mich herum waren ja alle furchtbar nett. Wildfremde Menschen auf der Straße klopften mir auf die Schulter.

»No, Sepp? Wann packst es wieder? Wir haben Wetten abgeschlossen am Stammtisch, daß du zur Europameisterschaft wieder im Tor stehst ...«

So was tut natürlich gut, so was hebt die Moral. Da werden die schlummernden Energien frei, da reißt man sich am Riemen, da akzeptiert man einfach nicht das Thema Schicksalsschlag.

Mein erster Waldlaufversuch im Ebersberger Forst: nach zweihundert Metern war ich erledigt. Aber dann schaffte ich schon fünf Kilometer. Nur die Rückenschmerzen wurde ich einfach nicht los.

»Der Halswirbel«, sagten die Ärzte. »Versuchen Sie 's mal mit einer wärmeren Gegend.«

Ich flog nach Fuerteventura, fing an mit dem Cooper-Test, machte meine Trainingssprints. Eigentlich verbesserte mein Allgemeinzustand sich rapide. Voller Hoffnung kam ich zurück, überzeugt, es noch mal zu packen.

Das war ein großes Hallo in der Kabine. »Wie geht's, Sepp? Willst den Junghans doch noch zum Althans machen?« Das war ein beliebter Flachs unter Kollegen, das Spiel mit dem Namen unseres Ersatztorwartes Walter, das ich irgendwann mal zum Vergnügen der Presse und zum Mißvergnügen des Betroffenen erfunden hatte.

Nur, der Walter ist eben ein echtes Talent, der sich in der kurzen Zeit der laufenden Saison wirklich bewährt hatte. Würde ich ihn nochmals verdrängen können?

Probieren mußte ich's – wenigstens bis zur Europameisterschaft in Italien. Raus auf den Platz! Und nun erlebte ich meine größte Überraschung.

Der Pal Csernai – tja, der übersah mich einfach. Inzwischen war er nämlich Cheftrainer geworden – so nennt er sich jedenfalls. Die wirkliche Arbeit im Verein, die macht der Paul. Und der versteht sein Geschäft.

Aber lassen wir den Csernai mal beiseite. Die Journalisten haben seine vornehme Art damals bei seiner Amtsübernahme über den grünen Klee gelobt. Ich kann nur sagen, was nützt diese Art des Umgangs schon den Beteiligten? Man weiß doch nie, woran man mit einem solchen Menschen ist. Zum letzten Mal bin ich mit ihm bei meinem Abschiedsspiel zusammengeraten. Ich hoffe, daß es das letzte Mal war. Höchste Zeit, ihn wieder in die Schachtel zu tun.

Training am Säbener.

Ein paar Runden bin ich gelaufen, habe dazwischen ein bißchen Gymnastik gemacht. Das war's auch schon. Die Schmerzen waren einfach niederschmetternd. Ich habe es zwar noch tagelang verdrängt, im Grunde wußte ich es nach dem ersten Versuch.

Es ist vorbei.

Das war am 21. November 1979.

Vierzehn Jahre war ich mit der Agnes schon verheiratet, immer haben wir bestens harmoniert. Wäre sie nicht so verständnisvoll gewesen, hätte unsere Ehe in den Wochen nach diesem Trainingsversuch einen ernsten Knacks erfahren.

Ich war unausstehlich.

Der ehrgeizige Himmelsstürmer war voll auf dem Bauch gelandet. Merkwürdig ist das. Du weißt, es ist vorbei – aber du willst es nicht wahrhaben. Daß ich dann doch zu der rechten Einsicht gelangte, dafür sorgte mein geschundener Leib. Wenn ich mich jetzt – da es schon kalt geworden war – heimlich beim Waldlauf versuchte, schrie der Körper förmlich nach Ruhe.

Natürlich nehme ich es heute noch mit jedem Normalverbraucher auf, aber Hochleistungssport, das ist schon eine andere Sache. Und die besondere Gefährdung des Torwarts ... Würden die Knochen im Kampfgetümmel halten? Saßen die Flicken auf der richtigen Stelle? Du hast zwar volles Vertrauen zu den Ärzten, aber mit der psychischen Belastung wird das Unterbewußtsein einfach nicht fertig.

Schließlich hat es doch noch fast ein halbes Jahr gedauert, bis ich meine Entscheidung bekanntgab.

Sepp Maier gibt sich die Ehre, seine verehrten Fans zum Abschiedsspiel zu bitten ...

Der Entschluß, aufzuhören, war mit das Vernünftigste, was ich je getan habe. Finanziell bin ich abgesichert. Da ist der Tennispark, da sind meine Einkünfte aus Autogrammstunden, aus der Werbung. Nun wurde immer viel Unsinn geschrieben über meine Millionenversicherungen ...

Es ist längst nicht so viel, wie man glaubt. Und die Pflichtversicherung in Höhe von zweihunderttausend Mark bekomme ich nur zur Hälfte ausgezahlt. Die Verträge sind nämlich so abgefaßt, daß Verein und Spieler jeweils die Hälfte der Prämien berappen – also teilen sie auch die Summe, wenn der Versicherungsfall eintritt.

Und was die Einkünfte aus meinem Abschiedsspiel angeht ...

Das Stadion war ausverkauft, das bedeutet eine Bruttoeinnahme von 1,2 Millionen. Das steht auch in der Zeitung. Nur von den Abzügen, da schreibt kein Mensch. Das sind erst einmal 13 Prozent Mehrwertsteuer, zehn Prozent Stadionmiete, 30000 Mark für den Ordnungsdienst, 35000 Mark für Nationalmannschaft, für Gäste und Bankett, 50000 Mark für die Geschäftsstelle des FC Bayern, das heißt, für die Leute, die tatsächliche Extraarbeit geleistet haben für mein Abschiedsspiel. Aus all diesen Abzügen errechnet sich der Nettobetrag. Auch 'ne ganz schöne Summe? Sicher, wenn ich sie behalten könnte. Auf den Nettobetrag kommen jetzt 56 Prozent Einkommenssteuer, und da ich kein Angestellter mehr bin, versteht das Abschiedsspiel sich als privates Unternehmen. Damit sind noch mal 17 Prozent Gewerbesteuer fällig.

Von den 1,2 Millionen bleibt mir also – rund gerechnet – nicht mal eine Viertelmillion. Diesen Betrag muß man nun auf zwanzig Jahre Vereinszugehörigkeit hochrechnen, dann kommt man auf einen monatlichen Sonderbonus von etwas mehr als tausend Mark. Und den glaube ich – in aller Bescheidenheit –, mir redlich verdient zu haben.

Endlich Zeit für die Familie . . .?

Mehr Zeit als früher, gewiß. Aber ich bin auch jetzt viel unterwegs. Die Autogrammstunden, Interviews, die Werbung nehmen mich noch immer sehr in Anspruch.

Nur an anderen Dingen, an Kleinigkeiten, merke ich, daß eine Wende in meinem Leben eingetreten ist.

Als aktiver Fußballer kannst du nie tun, was dir Spaß macht. Ausgehen? Ermüdend. Alkohol? Unmöglich. Einen Freundeskreis? Ach, man hat ja kaum Zeit für die Familie. Fremde Sportarten sind vertraglich verboten. Du könntest dir ja eine Verletzung zuziehen. Agnes und Alexandra laufen beide so gern Ski. Heute kann ich die beiden begleiten. Oder wir gehen zum Reitplatz. Meine Tochter liebt die Pferde über alles, und ich habe nun meinen Spaß daran, ihr zuzusehen, wie sie immer sicherer im Sattel sitzt. Früher war das unmöglich. Nur immer Trainingsplatz, Stadion, Flughafen, Hotel. Meine Frau hat am 6. Januar Geburtstag, die Alexandra am 11. November. Wann haben wir das letzte Mal zusammen feiern können? Ich weiß es nicht. Fast immer war ich im Training oder unterwegs, fast keinen Sonntag konnte ich daheim verbringen.

Kein Wunder, daß die Alexandra – die ich meistens mit »Alex« anrede – fast nur von ihrer Mutter erzogen wurde. Mich nimmt sie gar nicht so recht ernst, lacht mich ein bißchen aus, wenn ich ihr sage, sie solle dies oder jenes erledigen. Im Gegenteil, sie fordert mich auf, ich solle meine Socken nicht herumliegen lassen, denn sonst muß sie die Dinger zusammenklauben, und dazu hat sie überhaupt keine Lust.

Jetzt kann ich mich ernsthaft um die Erziehung der Kleinen kümmern, kann die Agnes etwas entlasten.

Servus Sepp

Das Recht auf ein Abschiedsspiel hatte ich mir noch von Präsident Neudecker glücklicherweise vertraglich zusichern lassen.

Nicht, daß ich mich auf Neudeckers Zusage nicht hätte verlassen können, nur solche Sachen habe ich eben gern schriftlich. Ich war – gemessen an meiner Leistung – immer ein schlechtbezahlter Spieler beim FC Bayern. 1970 – bei der WM in Mexiko – betrug mein Grundgehalt ganze viertausend Mark. Kurz vor der Abreise hatte ich irgendwelchen Knatsch mit dem Präsidium, weiß nicht mehr, worum es da genau ging. Jedenfalls nutzten die meine Abwesenheit, einen neuen Torwart nach München zu verpflichten. Löber hieß er, kam von Fürth.

Nach dem erfolgreichen Turnier wieder daheim, wurde ich zur Geschäftsstelle gerufen. »Was ist jetzt, Sepp, mit deinem Vertrag? Willst verlängern? Ja oder Nein?«

»Aber Herr Präsident, Sie haben doch einen neuen Torwart verpflichtet?«

»Ah, du warst fabelhaft in Mexiko. Den Löber ... können wir so mitziehen. Der kostet bloß siebentausend Mark monatlich. Außerdem brauchen wir einen guten Ersatzmann.«

»So? Siebentausend kriegt er. Wissen Sie eigentlich, was ich als Stammtorwart verdiene?«

Neudecker sah mich erstaunt an. Erstaunt wegen meiner Frage. Jedermann wußte, daß er von der Höhe der Spielergehälter keine Ahnung hatte. Für ihn war die Gesamtsumme wichtig. Die Einzelbeträge auszuhandeln, überließ er dem Schwan oder Fembeck. Wie schön, daß er sich mit dem Löber-Gehalt verquatscht hatte. Klar, daß ich jetzt meine Forderungen stellte. Er konnte nicht dagegen an, er mußte mit meinem Gehalt einige Stufen rauf.

Dafür mußte ich einen Vierjahresvertrag unterschreiben. Prämien liefen natürlich extra, und da ich immer langfristige Verträge hatte, den anderen gegenüber also benachteiligt war, bekam ich als Sondervergütung noch eine Erfolgsprämie. Ansonsten habe ich von 1970 bis 1974 zu den gleichen Bedingungen gearbeitet. Dann kam der berühmte Fünfjahresvertrag, gekoppelt mit dem Darlehen für den Tennispark. Und 1979 unterschrieb ich einen Zweijahresvertrag, denn 1981 wollte ich aufhören.

Gemessen an diesen Tatsachen gestand mir Neudecker – was sonst nicht üblich ist – den gesamten Nettoertrag meines Abschiedsspiels zu. Mit anderen Worten ... an meinem letzten Auftritt wollte der Verein ausnahmsweise nichts verdienen.

Dienstag, der 3. Juni 1980.

Der große Zeiger der Stadionuhren springt auf 19.30 Uhr. Die Mannschaften sind einmarschiert, der Schiedsrichter ruft in den Mittelkreis zum Anstoß.

Deutsche Nationalmannschaft gegen den frischgebakkenen deutschen Meister. Die letzten 20 Minuten meines Fußballebens sind angelaufen. Alle waren sie gekommen, die Trainer, die Kameraden, die Fans. Sie haben mich geehrt mit Worten, Medaillen, Orden und – mit Applaus. Helmut Schön, Willi Hoffmann, Hermann Neuberger ... Ehrenspielführer des FC Bayern. Ich höre die Worte gar nicht richtig – der eisenharte Kerl ist ganz Gefühl – Gänsehaut am ganzen Körper, kaum kann ich mich zusammenreißen. Ein Wunder ist geschehen. Unversöhnliche Feinde sind im gleichen Dreß eingelaufen, schieben sich in bester Profimanier die Bälle zu, bringen sich in die beste Schußposition. Kapellmann und Breitner – die Fans staunen und jubeln, aber auf der Bank, da fehlt einer. Pal Csernai ist beleidigt nach Hause gefahren und sieht sich das Spiel im Fernsehen an. Soll er ... Das ist mein Abend. Blitzartig gehen mir die Namen durch den Sinn: Du warst beim Abschiedsspiel von Uwe Seeler, von Wolfgang Overath, von Hennes Löhr. Und jetzt bist du selber an der Reihe ...

Vor zehn Tagen hatte ich das Training wiederaufgenommen. Training! Ich meine damit etwas Gymnastik, etwas Laufarbeit, Torwarttraining, aber nur auf halber Lunge. Mehr war nicht drin. Aus versicherungstechnischen Gründen durfte ich ohnehin nur zwanzig Minuten spielen.

Zehn Tage noch bis zum Abschiedsspiel. Da die Meisterschaft noch auf der Kippe stand, herrschte einigermaßen hektische Atmosphäre in der Kabine. So bekam ich gar keine Antwort, als ich gelöst und locker hereinkam und fragte: »Na, was machen wir heute. Was steht auf dem Programm?«

Komische Blicke seitens der Spieler, dann grinste Branko Oblak, einer meiner besten Freunde der letzten Jahre, mich an. »Was auf dem Programm steht? Mußt du Paul fragen ...«

Csernai hörte die Bemerkung wohl, drehte uns ostentativ den Rücken zu. Branko und ich zwinkerten uns zu. Ja, der Csernai und der Paul ... Solange es gut läuft, sind die beiden vor der Öffentlichkeit ein Herz und eine Seele. Paul, weil er ungestört regieren kann, Csernai, weil er sich als Meistermacher fühlen darf. Das geht noch so lange gut, bis die ersten Pleiten kommen. Für diese Zeit liegen die gewetzten Messer schon in der Schublade.

Die Tage vor dem Spiel brachten einen Haufen Arbeit. Ich hatte wahnsinnig viel zu tun, mußte mich um das Rahmenprogramm kümmern, die Nationalmannschaft besuchen – dann war da die Sache mit Jupp Kapellmann, der noch keine Spielberechtigung für den FC Bayern hatte. Von den Löwen aus ging die Sache wohl klar, aber das Problem war die Geschichte mit der Versicherung, die ich für jeden beteiligten Spieler extra abschließen mußte. Aber auch das Problem war zu lösen. Ich nahm Jupp einfach als dreiundzwanzigsten Mann in die Mannschafts-Police mit auf.

Der Paul erfuhr natürlich davon. »Was? Der Kapellmann spielt? Dann mußt du auf meine Mitwirkung verzichten.«

»Hör auf, das ist doch lächerlich. Das Spielfeld ist groß, 120 Meter lang und 90 Meter breit. Da werdet ihr euch ja nicht in den Weg laufen. Zu begrüßen brauchst du ihn auch nicht.«

»Wenn es das nur wäre ... Ich habe schon so vielen Arschlöchern die Hand gegeben. Auf eines mehr oder weniger kommt es mir gar nicht mehr an.«

Ich konnte nur den Kopf schütteln über so viel Verbohrtheit.

»Paul, wenigstens eine Halbzeit kannst du spielen. Du, als Kapitän. Der Jupp in der ersten, du in der zweiten.«

»Was? Der soll vor mir spielen? Das wird ja immer schöner. Ich bleibe dabei, wenn der einläuft, gehe ich spazieren ...«

Das war der Stand der Dinge, als ich am Dienstag gegen 18 Uhr ins Stadion kam. Zu meinem Erstaunen war die ganze Mannschaft bereits in der Kabine.

»Nanu, was macht ihr denn schon hier?«

Betretene Gesichter in der Runde. Hoffmann und Csernai traten auf mich zu. »Sepp, wir haben was mit dir zu bereden. Gehen wir in den Waschraum.«

Ich wußte, was jetzt kam.

Beim letzten Saisonspiel gegen Braunschweig saß ich neben dem Mucki Brenninger auf der Tribüne.

»Warum läßt der Csernai bloß den Oblak nicht einlaufen?« fragte mich der Mucki. »Obwohl das für ihn die letzte Möglichkeit ist, in der Bundesliga zu spielen, denn in der nächsten Saison geht er doch zurück nach Jugoslawien.« Ich zuckte die Achseln. »Was soll ich dir drauf antworten? Der Csernai ist halt ein Arsch.«

Diesen Dialog hatte ein Journalist mitbekommen und die Geschichte in großer Aufmachung gebracht. Hoffmann soll sich darüber geärgert haben. Der Csernai war grün vor Wut, als wir uns im Waschraum sprachen. Hoffmann räusperte sich, dann wurde er offiziell. »Stimmt das? Hast du das Wort Arschloch im Zusammenhang mit dem Trainer gebraucht?«

»Öfters.« Csernai zuckte zusammen. Hoffmann war sauer. »Sepp. Stimmt das Zitat? Hast du das zu dem Journalisten gesagt?«

»So genau weiß ich das nicht mehr. Gedacht habe ich es bestimmt.«

Csernai fletschte die Zähne. »Herr Präsident, wenn Maier sich nicht sofort und offiziell bei mir entschuldigt, kann ich die Mannschaft heute nicht betreuen.«

»Sepp, geh zu den Journalisten, entschuldige dich«, sagte Hoffmann energisch. »Wir haben eine Ehrung geplant. Das machen wir aber nur, wenn du die andere Sache vorher in Ordnung bringst.«

Ich schüttelte langsam den Kopf. »Herr Hoffmann, der DFB wird mich nachher ehren, Helmut Schön wird zu mir sprechen. Das genügt vollkommen. Wenn Sie sich mit dem Verein vor aller Öffentlichkeit blamieren wollen, ist das Ihre Sache. Und was Csernai angeht ... von diesem Arschloch lasse ich mir mein Abschiedsspiel nicht kaputtmachen. Lieber betreue ich die Mannschaft selber. Von mir aus kann er zusehen, aus der Loge in Reihe 68.«

»Den Logenplatz gibt's doch gar nicht.«

»Eben.«

Damit war der Auftritt beendet. Csernai fuhr nach Hause, und Hoffmann bereitete sich kochend vor Wut auf meine Ehrung vor. Pfeifend ging ich in die Kabine zurück.

19.05 Uhr. Die Mannschaft mit Kapellmann und Oblak war schon umgezogen, nur Paul trug noch seine Zivilklamotten, starrte finster vor sich hin. Der Schmidt Sepp, unser Hausmeister, kam herein. »Sepp, ich brauche die Mannschaftsaufstellung für den Stadionsprecher.«

Totenstille. Alle Augen auf Paul. »Was ist jetzt? Spielst oder spielst nicht?« fuhr ich ihn an. »Ich will deine Antwort, und zwar sofort.«

Da hat er geflucht, da hat er sich umgezogen, da hat er gespielt.

Der letzte Anpfiff meiner Laufbahn. Und der kam auf meinen ausdrücklichen Wunsch ausgerechnet vom Euskirchener Schiedsrichter Walter Eschweiler, der sich in den vergangenen Jahren mehrfach dadurch ausgezeichnet hatte, unberechtigte Elfmeter gegen uns zu verhängen. Andererseits hat er mir trotz meiner mitunter heftigen Beschimpfungen nie die rote Karte gezeigt, und das war ja auch einen kleinen Dank wert.

Wen wundert's, daß meine früheren Mitspieler mich nicht allzu derb geprüft haben? Ich revanchierte mich mit ein paar Einlagen, und nach genau zwanzig Minuten überließ ich Walter Junghans das Tor, das ich über fünfzehn Jahre lang alleine beherrscht hatte. Ich zog mich auf die verwaiste Trainerbank zurück und beobachtete den 3:1-Sieg der künftigen Europameister über die Bayern.

Ich hab nun mal das Image des eisenharten Burschen, und das möchte ich gern behalten. Aber als dann Helmut Schön zu mir sprach, als DFB-Vizepräsident Otto Andres meine Verdienste für den deutschen Fußball lobte, als mein alter Präse Neudecker mir die Hand schüttelte, als Willi O. Hoffmann mich mit gequältem Lächeln zum Ehrenspielführer des FC Bayern ernannte, als ich den Jubel hörte von den achtzigtausend Fans, da war der Maier Sepp eine einzige vibrierende Gänsehaut, da konnte er nur mit größter Mühe die Tränen zurückhalten, da erlebte er – vom Jubel der Massen direkt in den Fußballhimmel getragen – seinen schönsten Augenblick. Deutscher Meister, Europameister, Weltmeister – großartig gewiß, aber all das war nur ein Abklatsch gegen den Abschied, der mir an diesem Abend bereitet wurde.

Damit hätte ich das Buch gern abgeschlossen, wäre da nicht dieses Nachspiel gekommen, das ich freilich weniger beglückend fand als den mitreißenden Jubel im Stadion.

Gleich nach dem Spiel hatte ich zu einem großen Festbankett im Bayerischen Hof eingeladen. Alle Gäste waren in ausgelassener Stimmung, ich natürlich erst recht, da nahmen Uli Hoeneß und Paul Breitner mich plötzlich beiseite. Etwas verlegen erzählten sie mir, einige der Bayern-Spieler wollten für das Spiel vor ausverkauftem Haus eine Prämie haben, sie hätten an 25 000 Mark gedacht, die dann unter der Mannschaft verteilt werden sollten.

Ein bißchen sprachlos war ich schon. Schließlich wußte ich ganz gut, was bei Abschiedsspielen üblich ist, hatte ja selbst an sechs Veranstaltungen dieser Art mitgewirkt, bei den letzten Spielen von Hennes Löhr, Wolfgang Overath,

Willi Schulz, Uwe Seeler, Berti Vogts und Wolfgang Weber.

Da sind wir niemals zu dem Spieler, der gerade von der Fußballtribüne abtrat, gegangen und haben ihn zur Kasse gebeten. Ich wäre mir auch vollkommen lächerlich vorgekommen, denn ein solches Spiel ist doch eine freundschaftliche Geste, ein Lebewohl für einen anderen Spieler, mit dem man über Jahre hinweg im Verein oder in der Nationalmannschaft zusammengewesen war.

Und wenn der Uwe oder einer der anderen mir dafür Geld angeboten hätte, dann wäre ich doch glatt auf die Palme gegangen: »Ja, spinnst denn du? Für dein Abschiedsspiel will ich doch keinen Pfennig, du Depp. Das habe ich einfach gerne gemacht.« Ich bin überzeugt, auch heute würden achtzig Prozent der Bayern-Spieler ähnlich reagieren, und von der Nationalmannschaft ist sowieso keiner mit einem Wunsch dieser Art angetanzt.

Meinetwegen soll jeder denken, ich sei ein knickerter Kerl, aber ich finde diese Geschichte lächerlich, vor allem, wenn man an die Größenordnung denkt. Im Schnitt verdienen die Spieler beim FC Bayern 300000 Mark im Jahr, und jetzt stellen sich einige von ihnen auf die Hinterbeine und machen wegen einer vergleichsweise albernen Summe – 1300 Mark – so einen idiotischen Aufstand. Trotzdem habe ich dem Uli und dem Paul bei dem Festbankett die Summe zugesagt, das gehe in Ordnung.

Aber es kam noch schöner.

Den Angestellten des FC Bayern, die mit der Vorbereitung des Abschiedsspiels, mit Kartenverkauf und Einladungen eine Menge zusätzlicher Arbeit geleistet hatten, wollte ich eine ordentliche Summe auszahlen, um mich bei ihnen für ihren Einsatz zu bedanken.

So hatte ich es mit Uli Hoeneß abgesprochen, und der rief mich dann drei Tage nach dem Abschiedsspiel an und wollte mich dringend persönlich sprechen. Also lud ich ihn für den Nachmittag zu mir ein.

Da erzählte er mir eine Geschichte, die ich zuerst gar nicht glauben wollte. Er hatte nämlich Geschäftsführer Fembeck nach den Namen der Angestellten, die für mein Spiel gearbeitet hatten, gefragt, um ihnen die Belohnung auszuzahlen.

»Wieso?« antwortete Fembeck. »Das ist doch nicht nötig. Wir ziehen dem Sepp sowieso zehn Prozent von den Einnahmen ab.«

»Weiß der Sepp denn das? Mit Neudecker war doch vereinbart, daß ihm die gesamten Nettoeinnahmen gehören sollen.«

»Nein, bis jetzt weiß er das noch nicht, aber er wird es schon merken, wenn er später die Abrechnung zu sehen bekommt.«

Daraufhin bestand der Uli darauf, daß der Verein mich gefälligst zu informieren habe, und er bat mich, ich solle mir die Sache überlegen.

Meine Überlegung war klar: Das Ansinnen des FC Bayern München war eine Frechheit, ein eindeutiger Verstoß gegen den Vertrag, den ich mit Wilhelm Neudecker geschlossen hatte, und nach zwanzig Jahren, die ich praktisch nur für den Verein gelebt habe, eine glatte Zumutung.

Das sagte ich auch dem Präsidenten, der mir dauernd alles mögliche vorjammerte von ihren Steuerschulden – »du weißt doch, wir brauchen jeden Pfennig« – und von all den Dingen, die der Verein für mich getan habe. Na ja, so kann man's auch hinbiegen.

Da sehe ich überhaupt einen deutlichen Unterschied zwischen dem alten und dem neuen Präsidenten: Wilhelm Neudecker war bestimmt ein autoritärer Knochen, mit dem war gewiß nicht immer gut Kirschen essen, aber bei ihm herrschten klare Verhältnisse. Willi O. Hoffmann wirkt auf den ersten Blick liberaler, entgegenkommender, aber das ist wohl häufig nur Taktik oder auch Schwäche.

Aufgefallen war mir das zum erstenmal, als er für das Präsidentenamt kandidierte. Vorher, als er noch Schatzmeister des Vereins war, haben wir uns noch immer geduzt, waren Willi und Sepp. Das sollte jetzt anders werden, als er das höchste Amt anstrebte. Jedenfalls redete ich ihn bei einem Auswärtsspiel in Gegenwart mehrerer Journalisten wie üblich an, da nahm er mich hinterher beiseite: »Du, wenn wir unter uns sind, kannst mich natürlich weiterhin Willi nennen. Aber wenn andere Leute dabei stehen, mußt jetzt schon Sie zu mir sagen.«

Jedenfalls blieb ich in der Frage der zehn Prozent hart, und Hoffmann meinte schließlich, wir würden schon einen Weg finden. Werden wir sicher auch, aber ein armseliger, kleinlicher Hickhack bleibt das alles trotzdem.

Wenn's um Geld geht, hört die Freundschaft auf. Nicht gerade eine neue Erkenntnis, aber die Erfahrung macht's.

Nach dem ganzen Theater haben die Agnes und ich uns jedenfalls vorgenommen, daß das Kapitel Bayern München für uns abgeschlossen ist: Für die nächste Saison kaufen wir uns eine Dauerkarte für einen Logenplatz bei den Sechzigern und schauen uns deren Spiele an.

Deshalb soll mein Buch aber um Gottes willen keinen unversöhnlichen, bitteren Ausklang bekommen. Denn trotz aller Tiefschläge, die einfach dazugehören, habe ich ja doch viel Massel gehabt, Glück im Beruf, mit meiner Familie, mit meinen Freunden.

Gut zu arbeiten, gut zu leben und einen anständigen Abschluß zu finden, das war immer mein Wunsch, den ich mir erfüllen konnte.

Aber glaubt ja nicht, daß es deswegen mit mir vorbei ist. Der Maier Sepp kommt wieder. Womit? Weiß ich noch nicht. Aber irgendwas wird mir schon einfallen. Das Wichtigste für eine erfolgreiche Zukunft besitze ich in überreichem Maße. Meine Erfahrungen. Und daß ich die richtig einsetzen werde im zweiten Lebensabschnitt, darauf könnt ihr euch verlassen. Schließlich: Ich bin doch kein Tor!

Servus. Auf bald.

Bildnachweis

Die Seitenangaben beziehen sich auf die gesonderte Seitenzählung des Bildteils.

Umschlagfoto: Fred Joch
Frontispiz: Simon/Werek

Deutsche Presse Agentur: S. 10 oben (Witsche), S. 11
Dieter Frinke: S. 23 oben
Horstmüller: S. 7, S. 13 unten, S. 23 unten
Fred Joch: S. 4 oben, S. 5 oben, S. 15 unten, S. 21 oben, S. 29 oben und unten, S. 30, S. 31
Rainer Martini: S. 18 oben
Nordbild: S. 14 oben, S. 22
Pressefoto Baumann: S. 9, S. 14 unten, S. 15 oben
Privatbesitz: S. 1, S. 2
Sven Simon: S. 4 unten, S. 6 oben und unten, S. 8 unten, S. 12 oben, S. 16, S. 19, S. 20 unten, S. 21 unten, S. 26 oben und unten, S. 27, S. 28
Simon/Werek: S. 5 unten, S. 13 oben, S. 18 unten
Sport-Foto Metelmann: S. 10 unten, S. 12 unten
Ullstein: S. 3 (Schirner), S. 17 (Horstmüller)
Werek: S. 8 oben, S. 20 oben, S. 24, S. 25, S. 32